"十四五"职业教育国家规划教材

微课版

# 报关实务
（第五版）

新世纪高职高专教材编审委员会 组编
主　编　张淑欣　姚长佳
副主编　王　燕　金　凤
主　审　赵丽娟

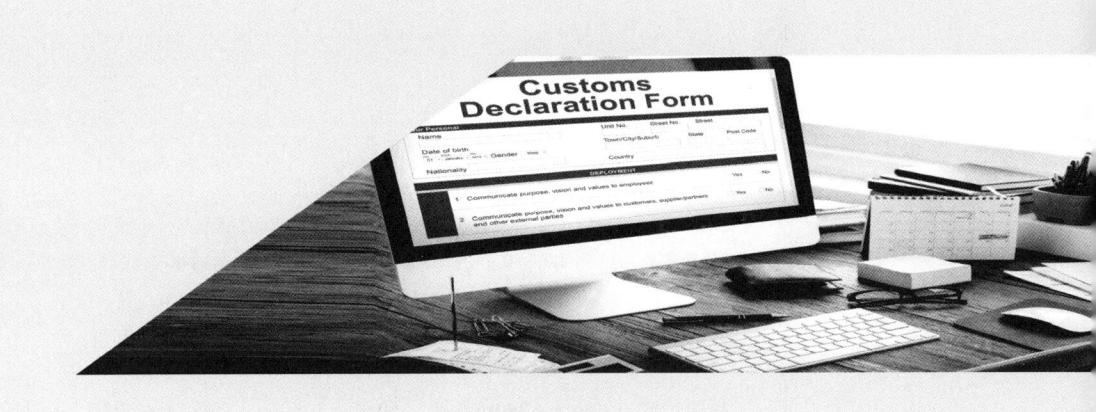

大连理工大学出版社

# 图书在版编目(CIP)数据

报关实务 / 张淑欣，姚长佳主编. -- 5 版. -- 大连：大连理工大学出版社，2021.2(2025.7重印)
新世纪高职高专物流管理专业系列规划教材
ISBN 978-7-5685-2742-2

Ⅰ. ①报… Ⅱ. ①张… ②姚… Ⅲ. ①进出口贸易－海关手续－中国－高等职业教育－教材 Ⅳ. ①F752.5

中国版本图书馆 CIP 数据核字(2020)第 214051 号

大连理工大学出版社出版

地址：大连市软件园路 80 号　邮政编码：116023
营销中心：0411-84707410　84708842　邮购及零售：0411-84706041
E-mail：dutp@dutp.cn　URL：https://www.dutp.cn
大连永盛印业有限公司印刷　　大连理工大学出版社发行

幅面尺寸：185mm×260mm　　印张：17.5　　字数：426千字
2008 年 10 月第 1 版　　　　　　　　　　2021 年 2 月第 5 版
2025 年 7 月第 8 次印刷

责任编辑：刘丹丹　　　　　　　　　　　　责任校对：夏圆圆
封面设计：对岸书影

ISBN 978-7-5685-2742-2　　　　　　　　定　价：51.80 元

本书如有印装质量问题，请与我社营销中心联系更换。

# 前言

《报关实务》(第五版)是"十四五"职业教育国家规划教材,也是新世纪高职高专教材编审委员会组编的现代物流管理专业系列规划教材之一。

为加快落实国务院"放管服"改革要求,进一步提升口岸通关效率,持续优化营商环境,海关监管服务的模式、手段、政策正在经历着全面深化的改革,从而对报关人才的职业胜任能力提出了新的要求。因此,我们再次对《报关实务》教材的内容进行了修订,力求为广大读者呈现一本高质量的教材。本版教材具有以下特点:

1. 校企双元合作开发

教学内容由校企依据教育部报关实务课程教学标准、报关企业典型工作任务及岗位能力要求设计,突出以学生为中心、工学结合、项目驱动、教学做一体化的教学理念,融入1＋X证书内容,真实反映报关业务实操过程。

2. 巧妙融入课程思政

本教材全面贯彻落实党的二十大精神,精心设计课程思政内容,专业能力与品德培养相得益彰。教学内容设计中爱国主义情怀、责任意识巧妙融入,精益求精、团队合作的工作态度体现在点点滴滴,创新意识及国际视野润物细无声,诚实守信品质潜移默化,守法、规则意识贯穿全程。

3. 教材体例新颖、图文并茂

以报关员的视角设计教学内容,从准职业人的身份出发,首先了解海关、海关报关窗口、中国国际贸易单一窗口、报关单的样式,再到各种海关监管货物的报关操作,安排了各种实操环境的截图、表格等,使学生有身临其境之感。

4. 教学内容循序渐进、实用性强

从初识海关到一般进出口货物及其他各种海关监管货物的报关,教学内容循序渐进,编排了各种海关监管货物报关单的填制、报关流程等内容,实操性强。此外,还安排了主要实操教学内容的微课,不仅使学生学习更加方便,而且可以从不同的侧面了解报关内容。

5. 教学内容与时俱进

教学内容反映了目前我国"两步申报"等通关政策、海关

监管法规和规章等,并且融入了我国迅猛发展的跨境电商货物的报关内容,以增强学生的职业适应能力。

6. 嵌入与学习情境相应的职场活动素材

教学内容的设计遵循学生职业能力养成规律以及认知规律,建构了相应的学习情境。学习情境下链接真实的职场看点,如新闻速递、海关热线、行业动态等,以帮助学生更快地进入准职业人的状态,为将来从事报关工作打下坚实的基础。

7. 删减文字赘述,力求知识载体表现形式多样化

我国对外贸易政策和海关监管制度种类繁杂、形式多样,包括法律、法规、规章、公告等诸多形式,本版教材尽量减少枯燥烦琐的文字阐述,多采用图表进行区别与归纳,直观形象;通过"案例导入""知识链接"等多种形式的插篇来拟构职场氛围与职业情境,以增强教材的适用性、可读性与趣味性。

本教材由河北建材职业技术学院张淑欣、天津电子信息职业技术学院姚长佳任主编,河北建材职业技术学院王燕、金凤任副主编,沧州大通报关有限公司秦皇岛分公司褚艳侠、秦皇岛秉阳贸易有限公司宋晓梅、河北建材职业技术学院黄志茹、石家庄财经职业学院张文慧参与了部分内容的编写。具体编写分工如下:张淑欣负责教材内容及编写体例的整体设计,拟定编写大纲,并编写学习情境2、4、5、12;姚长佳编写学习情境3、6、9、10、11;王燕负责教材的统稿工作并编写学习情境8;黄志茹编写学习情境1;张文慧编写学习情境7;褚艳侠参与了教材大纲、样章的编写及教材体例的确定,并提供了大量报关业务案例及实操截图;宋晓梅提供了减免税货物的报关业务案例及实操截图;金凤编写12个学习情境的导入性内容(包括"新闻速递""案例导入""行业动态"等模块)和"知识链接""职场热线""职场警示"等内容。河北建材职业技术学院赵丽娟审阅了全稿并提出了宝贵的修改意见。

为方便教师教学和学生自学,本教材配有电子课件、案例库、习题库、考试样卷等教学资源。如有需要,请登录职教数字化服务平台进行下载。

在编写本教材的过程中,我们参考、引用和改编了国内外出版物中的相关资料以及网络资源,在此对这些资料的作者表示诚挚的谢意。请相关著作权人看到本教材后与出版社联系,出版社将按照相关法律的规定支付稿酬。此外,本教材的编写还得到了中国石油工程建设有限公司王强、天津青源关务供应链管理有限公司张益海等的大力支持,在此一并表示衷心的感谢!

限于编者水平和时间,教材中仍可能存在不妥之处,敬请读者批评指正。

编 者

所有意见和建议请发往:dutpgz@163.com
欢迎访问职教数字化服务平台:https://www.dutp.cn/sve/
联系电话:0411-84706104　84707492

# 目 录

学习情境 1　初识海关 ········································································· 1
 1.1　认知海关 ············································································· 1
 1.2　了解海关的法律体系与管理体制 ············································· 5
 1.3　了解海关权力 ······································································· 7

学习情境 2　报关准备 ······································································· 12
 2.1　认知报关 ············································································ 12
 2.2　了解海关对报关单位的管理 ·················································· 16
 2.3　了解海关对报关人员的管理 ·················································· 24
 2.4　了解海关对报检的管理 ························································ 26
 2.5　熟悉海关报关、报检窗口 ····················································· 30
 2.6　熟悉进出口货物报关单 ························································ 34
 2.7　了解海关监管货物的类别 ····················································· 37

学习情境 3　我国对外贸易管制的管理措施 ········································· 41
 3.1　认知我国对外贸易管制 ························································ 41
 3.2　我国对外贸易管制的主要管理措施 ········································· 46
 3.3　进出境货物监管证件的获取 ·················································· 57

学习情境 4　一般进出口货物的报关 ···················································· 62
 4.1　认知一般进出口货物 ··························································· 62
 4.2　一般进出口货物的报关程序("一次申报,分步处置"通关模式) ··· 63
 4.3　一般进出口货物报关单的填制 ··············································· 82
 4.4　一般进出口货物的报关程序(进口"两步申报"通关模式) ········ 114

学习情境 5　保税加工货物的报关 ···················································· 127
 5.1　认知保税加工货物 ···························································· 127
 5.2　保税加工货物的监管 ························································· 128
 5.3　电子手册管理下保税加工货物的报关程序 ····························· 131
 5.4　电子账册管理下保税加工货物的报关程序 ····························· 137
 5.5　出口加工区进出货物的报关程序 ·········································· 140
 5.6　保税加工货物报关单的填制 ················································ 143

学习情境 6　保税物流货物的报关 ···················································· 158
 6.1　认知保税物流货物 ···························································· 158
 6.2　保税物流货物的监管 ························································· 159
 6.3　保税仓库货物与出口监管仓库货物的报关程序 ······················· 161
 6.4　保税物流中心货物的报关程序 ············································· 163

6.5　保税物流园区货物的报关程序 …………………………………… 165
　　6.6　保税区货物的报关程序 …………………………………………… 167
　　6.7　保税港区货物的报关程序 ………………………………………… 168
　　6.8　保税物流货物报关单的填制 ……………………………………… 170

## 学习情境 7　减免税货物的报关　176
　　7.1　认知减免税货物 …………………………………………………… 176
　　7.2　特定减免税货物的监管 …………………………………………… 178
　　7.3　特定减免税货物的报关程序 ……………………………………… 179
　　7.4　减免税货物报关单的填制 ………………………………………… 184

## 学习情境 8　暂时进出境货物的报关　190
　　8.1　认知暂时进出境货物 ……………………………………………… 190
　　8.2　暂时进出境货物的监管 …………………………………………… 191
　　8.3　暂时进出境货物的报关程序 ……………………………………… 191
　　8.4　暂时进出境货物报关单的填制 …………………………………… 196

## 学习情境 9　其他进出境货物的报关　203
　　9.1　跨境电商货物的报关 ……………………………………………… 203
　　9.2　过境、转运、通运货物的报关 …………………………………… 209
　　9.3　进出境快件的报关 ………………………………………………… 211
　　9.4　其他不同性质进出境货物的报关 ………………………………… 212

## 学习情境 10　进出口商品归类与原产地确定　225
　　10.1　认知我国海关进出口商品分类目录 …………………………… 225
　　10.2　《商品名称及编码协调制度公约》的归类总规则 ……………… 227
　　10.3　商品归类的方法与步骤 ………………………………………… 233
　　10.4　进出口货物原产地的确定 ……………………………………… 236
　　10.5　进出口货物的适用税率 ………………………………………… 238

## 学习情境 11　进出口税费的核算与缴纳　244
　　11.1　认知进出口税费 ………………………………………………… 244
　　11.2　进出口货物完税价格的确定 …………………………………… 249
　　11.3　进出口税费的计算 ……………………………………………… 254
　　11.4　进出口税费的缴纳与退补 ……………………………………… 256

## 学习情境 12　新手上路——报关业务综合实训　261
　　12.1　报关随附单证及相关信息的获取与审核 ……………………… 262
　　12.2　办理"征免税证明" ……………………………………………… 266
　　12.3　报关单的填制与单一窗口录入 ………………………………… 267
　　12.4　现场作业及善后 ………………………………………………… 269

## 参考文献 …………………………………………………………………… 274

# 学习情境 1

# 初识海关

## 学习目标

**知识目标**：了解海关的产生与发展；知晓海关的性质和任务；理解海关管理的法律体系；熟悉海关管理体制与机构；了解海关权力的特点，熟悉海关权力的内容。

**技能目标**：识别海关关徽，认知所在地海关的关区分布与组织机构，能够辨别适用的海关权力。

**素质目标**：通过了解我国积极参与共建"一带一路"的举措，树立国际合作、互利共赢、构建人类共同体意识；通过了解我国海关的权力、法律体系与管理体制等，牢固树立守法意识；通过了解我国海关的发展历程及我国外贸的整体发展成就，培养爱国主义精神和民族自豪感。

### 知识准备 >>>

## 1.1 认知海关

### 新闻速递

**黄埔海关助力"一带一路"国际班列通关提速**

党的十八大后新时代十年的伟大变革中，我国实行更加积极主动的开放战略，构建面向全球的高标准自由贸易区网络，共建"一带一路"成为深受欢迎的国际公共产品和国际合作平台。随着"一带一路"合作倡议的持续推进，铁路国际货运班列以其"发班准""速度快"等优势，逐渐成为连接中国与中亚、欧洲各国之间的物流"升级版"。为落实"一带一路"合作倡议，黄埔海关在广州保税区举办"'一带一路'国际货运班列业务推进会"，邀请辖区29家大型企业代表参加并向企业介绍广东(石龙)铁路国际物流中心国际货运班列业务，帮助广大企业用好"一带一路"国际货运班列，降低国际物流成本。

"目前该物流中心对于国际货运班列的出口转关主要采用'二次转关'或'运抵申报'模式，监管手续相对烦琐。为满足企业'属地申报、径行装车'的业务需求，我关经过近一年的调研和论证，在政策范围内优化了监管模式。新监管模式启用后，企业可自主选择在黄埔关区任何一个现场'一站式'完成报关单申报及货物验放施封手续，货物可'自行选择'运输方式径行运抵广东(石龙)铁路国际物流中心并直接办理装车离境手续，没有其他中间环节，通关效率进一步大幅提升。初步测算，今后中欧班列、中亚班列将比海运班轮节约近2/3的时间，较空运航班节约近50%的费用。"黄埔海关监管通关处柯处长介绍说。

1. 海关有哪些基本任务?
2. 黄埔海关办理具体海关业务吗? 黄埔关区有几个隶属海关?

报关是对外贸易活动中的重要环节,是依法向海关办理运输工具、货物、物品进出境的相关手续的过程。因此,报关与海关有着十分密切的关系。"海关"作为进出境监督管理机关的名称,其来源不论是汉语还是英文,都有着各自的演进过程。

## 一、海关的产生与发展

### (一)海关词源的由来

文献中带"关"称谓的有很多,如钞关、常关、户关等。钞关始见于明宣德四年(1429年)。据《明史》记载:"宣德四年,以钞法不通,由商居货不税。由是于京省商贾凑集地市镇店肆门摊税课……悉令纳钞。"钞关是明朝政府为疏通钞法而设,因起初系以钞(纸币)交税,故称钞关。最初,钞关主要设置于江北运河一线,后来逐渐扩展到江南运河和长江中游。清沿旧制,将钞关改称常关。

常关因隶属户部管辖,亦称户关,另有旧关、老关、大关等俗称。在常关行文中,"钞关"和"常关"名称往往被混淆,直到1915年7月税务处明文规定,才统一使用"常关"名称。海关之名始于康熙二十四年(1685年),清政府为阻碍郑成功反清复明,顺治十三年(1656年)清帝下"禁海令"。康熙二十三年(1684年)开海禁,翌年,设江、浙、闽、粤四海关,海关之名始于此。

英语"Customs"一词,其词源意义来自海关的征税职能。早期是指商人贩运商品途中缴纳的一种地方捐税,这种捐税带有"买路钱""港口、市场通过费、使用费"的性质。这种地方捐税取消后,"Customs"开始专指政府征收的进出口税。"The Customs"则是指征收进出口税的政府机关。

### (二)我国海关的产生与发展

据史书记载,我国是从西周开始设关的,当时奴隶制已经有相当程度的发展,国家机构和政治制度完备,西周建国后即开始建立管理陆路进出境事务的关卡机构,其目的在于防止奴隶外逃和奸细潜入,具有一定的军事色彩。西周以后,逐步进入封建社会,关卡增多,并开始征收关税,在古籍中出现了许多关于"关市之征"的记录,这可以说是我国海关的萌芽。

1860年鸦片战争失败后,割地赔款使清政府的财政捉襟见肘,外国列强又凭借不平等的条约(《南京条约》《天津条约》等)夺取了中国关税的自主权、行政管理权和关税收支权。

中华人民共和国成立后,彻底结束了西方列强控制中国海关长达90年的屈辱历史。1949年10月25日,中华人民共和国海关总署成立,统一管理全国海关。1951年5月,《中华人民共和国暂行海关法》颁布实施,这是中国历史上第一部海关法典。在新的形势下,海关提出了"依法行政,为国把关,服务经济,促进发展"的工作方针。依法行政,保护公平竞争,维护贸易秩序,从而最大限度地促进社会经济的发展。

在中国特色社会主义新海关建设中,中国海关以习近平新时代中国特色社会主义思想为指引,加快落实国务院"放管服"改革要求。首先,以风险管理为主线,加强监管,严守国门安全。二是通过整合海关作业内容和政务服务资源,加快"互联网+海关"和信息公共服务平台建设,持续深化口岸工作改革,进一步优化营商环境,全力促进贸易便利化。

**知识链接**

### 海关的职业标志——海关关徽

关徽由商神手杖与金钥匙交叉组成。盘有双蛇和双翅的金商神手杖是古希腊神话中赫尔墨斯的手持物。传说赫尔墨斯拿着这支手杖做买卖发了财,因而这支手杖成为国际贸易的象征。金钥匙代表国门钥匙,象征海关为祖国把关。海关关徽寓意中国海关依法实施进出境监督管理,维护国家的主权和利益,促进对外经济贸易发展和科技文化交往,保障社会主义现代化建设。

## 二、海关的性质与任务

### (一)海关的性质

海关是国家行政机关,海关总署是国务院内设的直属机构。《中华人民共和国海关法》(以下简称《海关法》)规定:"中华人民共和国海关是国家的进出关境(以下简称进出境)监督管理机关。海关依照本法和其他有关法律、行政法规,监管进出境的运输工具、货物、行李物品、邮递物品和其他物品(以下简称进出境运输工具、货物、物品),征收关税和其他税、费,查缉走私,并编制海关统计和办理其他海关业务。"

**知识链接**

### 关境与国境的区别

关境是世界各国海关通用的概念,指适用于同一海关法或实行同一关税制度的领域。关境同国境一样,包括其领域内的领水、领陆和领空,是一个立体的概念。

在一般情况下,关境的范围等于国境;但对于关税同盟的每个成员方来说,关境大于国境,如欧盟;我国关境小于国境,目前我国的单独关境有香港、澳门和台、澎、金、马单独关税区。

### (二)海关的任务

海关有四项基本任务,是一个统一、有机联系的整体,主要包括:

#### 1.海关监管

海关监管是指海关运用国家赋予的权力,通过一系列管理制度与管理程序,依法对进出境运输工具、货物、物品的进出境活动的合法性、真实性进行审查并实施全过程监控的行政执法活动。现代的海关监管不仅是在货物、物品、运输工具实际进出境时,还延伸到保税、减免税等货物在海关放行后的后续管理,以及对进出口货物收发货人、报关企业等经营活动实施的规范性风险评估、海关稽查等措施。因此,监管不是监督管理的简称,是海关全部行政执法活动的统称。

#### 2.海关征税

海关征税是指海关依据《海关法》《中华人民共和国进出口关税条例》以及其他有关法律、行政法规征收关税和进口环节海关代征税。

#### 3.查缉走私

查缉走私是海关监管的延续。目前,我国实行联合缉私、统一处理、综合治理的缉私体制。海关负责组织、协调、管理查缉走私工作。除了海关以外,公安、税务、烟草专卖等部门也有查缉走私的权力,但这些部门查获的走私案件,必须按照法律规定,统一处理。各有关行政部门查获的走私案件,应当给予行政处罚的,应移送海关依法处理;涉嫌犯罪的,应当移送海关缉私部门或地方公安机关依据案件管辖分工和法定程序办理。

## 知识链接

### 走私行为和按走私行为论处的情形

违反《海关法》及有关法律、行政法规,逃避海关监管,偷逃应纳税款,逃避国家有关进出境的禁止性或者限制性管理,有下列情形之一的,是走私行为:①未经批准,从未设立海关的地点运输、携带国家禁止或限制进出境的货物、物品或依法应缴纳税款的货物、物品进出境的;②经过设立海关的地点,以藏匿、伪造、瞒报、伪报或其他方式逃避海关监管,运输、携带、邮寄国家禁止或限制进出境的货物、物品或依法应缴纳税款的货物、物品进出境的;③使用伪造、变造的手册、单证、印章、账册、电子数据或以其他方式逃避海关监管,擅自将海关监管货物、物品、进境的境外运输工具在境内销售的;④使用伪造、变造的手册、单证、印章、账册、电子数据或以伪报加工贸易制成品单位耗料量等方式,致使海关监管货物、物品脱离监管的;⑤以藏匿、伪造、瞒报、伪报或其他方式逃避海关监管,擅自将保税区、出口加工区等海关特殊监管区域内的海关监管货物、物品运出区外的;⑥有逃避海关监管、构成走私的其他行为的。

有下列行为之一的,按走私行为论处:①明知是走私进口的货物、物品,直接向走私人非法收购的;②在内海、领海、界河、界湖,船舶及所载人员运输、收购、贩卖国家禁止或限制进出境的货物、物品,或运输、收购、贩卖依法应缴纳税款的货物,没有合法证明的。

**4. 海关统计**

海关统计是海关依法对进出口货物贸易的统计,是国民经济统计的组成部分,是国家制定对外经济贸易政策、进行宏观经济调控的重要依据,是研究中国对外经济贸易发展和国际经济贸易关系的重要资料。海关统计的任务是对进出口货物贸易进行统计调查、统计分析和统计监督,进行进出口监测预警,编制、管理和公布海关统计资料,提供统计服务。

## 知识链接

### 2019 年我国外贸发展总体态势

海关总署发布的数据显示,2019 年我国货物贸易进出口总值 31.54 万亿元,比 2018 年增长 3.4%。其中,出口 17.23 万亿元,增长 5%;进口 14.31 万亿元,增长 1.6%;贸易顺差 2.92 万亿元,扩大 25.4%。

2019 年我国外贸额呈现逐季提升态势。仅 12 月份,我国进出口 3.01 万亿元,同比增长 12.7%,当月外贸进出口、出口、进口规模均创下月度历史峰值。

2019 年民营企业进出口达到 13.48 万亿元,增长 11.4%,占我国外贸总值的 42.7%,比 2018 年提升 3.1 个百分点。这一数据意味着,民营企业超过外商投资企业首次成为我国最大外贸经营主体。

另一个数据同样值得关注。2019 年我国主要贸易伙伴位次发生变化,东盟成为我国第二大贸易伙伴。

同期,我国对"一带一路"沿线国家进出口 9.27 万亿元,增长 10.8%,高出整体增速 7.4 个百分点。

总的来看,在国内、外风险挑战明显上升的情况下,我国全年外贸进出口实现了量的稳定增长和质的稳步提升。

## 1.2 了解海关的法律体系与管理体制

**职场动态**

**海关总署公告 2020 年第 21 号**
**关于临时延长加工贸易手(账)册核销期限**
**和有关注册登记备案事宜**

根据新型冠状病毒感染的肺炎疫情口岸防控工作需要，为进一步做好海关保税监管和企业注册登记备案服务，现将有关事项公告如下：

一、加工贸易企业(含海关特殊监管区域内企业)按照各级政府要求，延迟复工造成加工贸易手(账)册超过有效期(核销周期)的，主管海关可办手(账)册延期手续，企业事后补充提交有关材料。加工贸易手(账)册项下深加工结转、内销征税等各类申报业务超过规定时限的，主管海关可延期办理相关手续。

二、因疫情防控工作需要，企业捐赠或被征用的保税货物，主管海关凭企业申请，在登记货物品名、数量、捐赠(征用)单位等基本信息后加快放行。

三、对因进口疫情防控物资需要办理企业注册登记或者备案的，海关予以优先办理。

特此公告。

中华人民共和国海关总署
2020 年 2 月 6 日

1. 此文件属于我国海关法律体系的哪个组成部分？
2. 谁是其制定的主体？

我国海关管理任务艰巨、日常管理事务庞杂、涉及面广，并且管理手段多样、管理技术性强，客观上要求海关管理活动必须纳入法制轨道，必须制定一系列的海关法律规范。

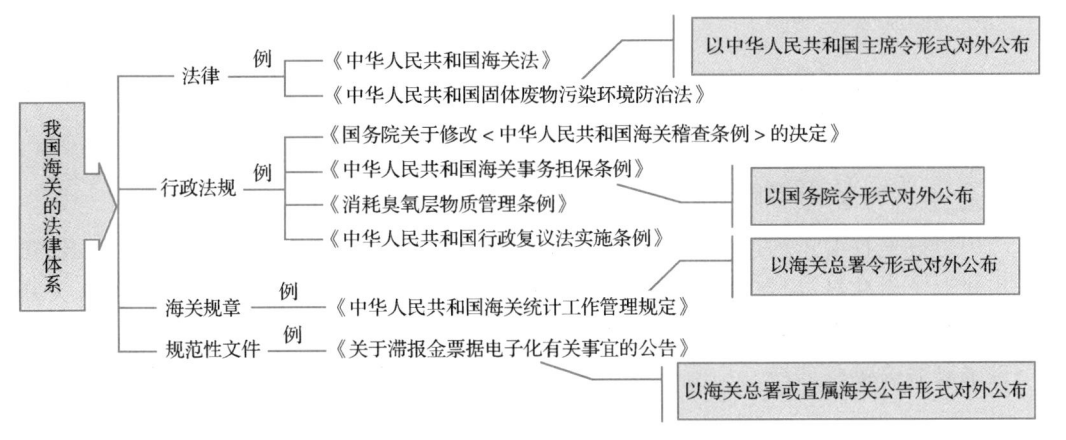

### 一、我国海关的法律体系

我国海关的法律体系由法律、行政法规、海关规章和规范性文件等组成，如图 1-1 所示。

```
                  ┌─ 法律 ──── 例 ──┬─《中华人民共和国海关法》──── 以中华人民共和国主席令形式对外公布
                  │                 └─《中华人民共和国固体废物污染环境防治法》
                  │
我国海关的法律体系 ├─ 行政法规 ── 例 ──┬─《国务院关于修改〈中华人民共和国海关稽查条例〉的决定》
                  │                   ├─《中华人民共和国海关事务担保条例》── 以国务院令形式对外公布
                  │                   ├─《消耗臭氧层物质管理条例》
                  │                   └─《中华人民共和国行政复议法实施条例》── 以海关总署令形式对外公布
                  │
                  ├─ 海关规章 ── 例 ──《中华人民共和国海关统计工作管理规定》
                  │
                  └─ 规范性文件 ─ 例 ──《关于滞报金票据电子化有关事宜的公告》── 以海关总署或直属海关公告形式对外公布
```

图 1-1　我国海关的法律体系

## 二、海关的管理体制

海关作为国家的进出境监督管理机关,为了履行其进出境监督管理职能、提高管理效率、维持正常的管理秩序,必须建立完善的领导体制。《海关法》规定,"国务院设立海关总署,统一管理全国海关","海关依法独立行使职权,向海关总署负责",我国海关实行集中统一的垂直领导体制。

## 三、海关的设关原则

《海关法》以法律形式明确了海关的设关原则:"国家在对外开放的口岸和海关监管业务集中的地点设立海关。海关的隶属关系,不受行政区划的限制。"

"对外开放的口岸"是指由国务院批准,允许运输工具及所载人员、货物、物品直接出入国(关)境的港口、机场、车站以及允许运输工具、人员、货物、物品出入国(关)境的边境通道。国家规定,在对外开放的口岸必须设置海关。

"海关监管业务集中的地点"是指虽非国务院批准对外开放的口岸,但是海关某类或者某几类监管业务比较集中的地方。这一设关原则为海关管理从口岸向内地,进而向全关境的转化奠定了基础,同时也为海关业务制度的发展预留了空间。

## 四、海关的组织机构

海关的组织机构设置为海关总署、直属海关单位和隶属海关机构三级。

### (一)海关总署

海关总署是国务院的直属机构,在国务院领导下统一管理全国海关机构、人员编制、经费物资和各项海关业务,是海关系统的最高领导部门。

### (二)直属海关单位

全国海关目前共有47个直属海关单位(广东分署、天津特派办、上海特派办、42个直属海关、两所海关院校)。直属海关由海关总署领导,负责其地域管辖范围(关区)内全面贯彻执行海关各项政策、法律、法规、管理制度和作业规范。

### (三)隶属海关机构

隶属海关机构由直属海关领导,负责办理具体海关业务,是海关进出境监督管理职能的基本执行单位,一般设在口岸和海关业务集中的地点。

## 五、海关缉私警察机构

为了更好地打击走私违法活动,充分发挥海关打击走私的整体效能,海关总署、公安部联合组建海关缉私局,设在海关总署。缉私局实行海关总署和公安部双重领导,以海关领导为主的体制。海关缉私局下辖海关总署广东分署缉私局、各直属海关缉私局;直属海关缉私局下辖隶属海关缉私分局。

### 知识链接

**海关关衔**

海关实行关衔制度,海关系统的国家公务员可以被授予海关关衔,海关缉私警察适用警衔制度。

海关关衔设五等十三级:(一)海关总监、海关副总监;(二)关务监督,一级、二级、三级;(三)关务督察,一级、二级、三级;(四)关务督办,一级、二级、三级;(五)关务员,一级、二级。

## 1.3 了解海关权力

### 案例导入　　　　　　　　　　　　　　　　　　　海关权力的行使

某年12月,中外合资企业利达公司向海关申报免税进口数台机器设备,价值人民币160余万元,免征税款人民币42万元。上述设备办结通关手续后一直由该公司经营使用。但两年之后的3月,某海关对上述免税设备进行后续核查时,发现利达公司于前一年12月投资设立了鼎利公司,并将包括上述免税设备在内的大部分企业财产转入鼎利公司,利达公司也已经停产。该海关发现上述违法情事后,立即立案调查;同时,责令其向海关提供价值相当于应纳税款的担保。因利达公司未能按要求提供担保,经该关关长批准,海关于当年3月20日扣留了利达公司所有的3辆汽车。

案例中海关行使的是哪项权力?

《海关法》在规定了海关任务的同时,为了保证任务的完成,赋予了海关许多具体权力,主要包括:

### 一、行政许可权

行政许可权是海关依据相关法律、行政法规对公民、法人或其他组织的申请,经依法审查,准予其从事与海关进出境监督管理相关的特定活动的权力。如报关企业注册登记,出口监管仓库、保税仓库设立审批,承运境内海关监管货物的运输企业、车辆注册等。

### 二、税费征收权

税费征收权是海关依据相关法律、行政法规对进出境的货物、物品和运输工具征收税费的职权,包括价格审定、化验鉴定、补征及追征税款、减征或免征关税等。

### 三、进出境监管权

进出境监管权是海关依据相关法律、行政法规对货物、物品、运输工具进出境活动实施监管的职权,包括检查权、查阅及复制权、查问权、查验权、查询权、稽查权等,具体见表1-1。

表 1-1　　　　　　　　　　　　海关进出境监管权

| 序号 | 名称 | 内容 |
|---|---|---|
| 1 | 检查权 | 检查进出境运输工具，不受海关监管区域的限制 |
| | | "两区"内，检查有走私嫌疑的运输工具，有藏匿走私货物、物品嫌疑的场所，检查走私嫌疑人的身体； |
| | | "两区"外，经直属海关关长或者其授权的隶属海关关长批准，可以对有走私嫌疑的运输工具和除公民住处以外的有藏匿走私货物、物品嫌疑的场所进行检查 |
| 2 | 查阅及复制权 | 查阅进出境人员的证件，查阅、复制与进出境运输工具、货物、物品有关的合同、发票、账册、单据、记录、文件、业务函电、录音录像制品和其他有关资料 |
| 3 | 查问权 | 海关有权对违反《海关法》或者其他有关法律、行政法规的嫌疑人进行查问，调查其违法行为 |
| 4 | 查验权 | 海关有权查验进出境货物、物品；海关查验货物认为必要时，可以径行提取货样 |
| 5 | 查询权 | 海关在调查走私案件时，经直属海关关长或者其授权的隶属海关关长批准，可以查询案件涉嫌单位和涉嫌人员在金融机构、邮政企业的存款、汇款 |
| 6 | 稽查权 | 海关在法律规定的年限内，对企业进出境活动及与进出口货物有关的财务、记账凭证、单证资料等有权进行稽查 |

注："两区"指海关监管区和海关附近沿海、沿边规定地区。

## 四、进出境检验检疫权

2018年4月20日，原国家质量监督检验检疫总局的出入境检验检疫管理职责和人员划入海关总署，海关在原有安全准入（出）、税收征管、风险防控基础上，增加了卫生检疫、动植物检疫、商品检验、进出口食品安全监管等职权。

## 五、行政强制权

海关行政强制包括行政强制措施和行政强制执行。

### （一）海关行政强制措施

海关行政强制措施是指海关在行政管理过程中，为制止违法行为、防止证据损毁、避免危害发生、控制危险扩大等情形，依法对公民的人身自由实施暂时性限制，或者对公民、法人或其他组织的财务实施暂时性控制的行为，具体见表1-2。

表 1-2　　　　　　　　　　　　海关行政强制措施

| 措施 | 内容 |
|---|---|
| 限制公民人身自由 | "两区"内对走私罪嫌疑人，"经批准"可以扣留，扣留时间不得超过24小时，特殊情况下可延长至48小时 |
| | 个人违抗海关监管逃逸的，海关可以连续追至"两区"外，将其带回 |
| | 受海关处罚的当事人或其法定代表人、主要负责人在出境前未缴清罚款、违法所得和依法追缴的货物、物品、走私运输工具的等值价款，又未提供担保的，海关可以通知出境管理机关阻止其出境 |
| 扣留财物 | 对违反《海关法》的进出境运输工具、货物、物品以及与之有牵连的合同、发票、账册、单据、记录、文件、业务函电、录音录像制品和其他资料，可以扣留 |
| | "两区"内，对有走私嫌疑的运输工具、货物、物品，"经批准"可以扣留 |
| | "两区"外，对有证据证明有走私嫌疑的运输工具、货物、物品可以扣留 |
| | 有违法嫌疑的货物、物品、运输工具无法或不便扣留，当事人或运输工具负责人未提供等值担保的，海关可以扣留当事人等值的其他财产 |
| | 海关不能以暂停支付方式实施税收保全措施时，可以扣留纳税义务人其价值相当于应纳税款的货物或其他财产 |
| | 进出口货物纳税义务人、担保人自规定的纳税期限届满之日起超过3个月未缴纳税款的，"经批准"，海关可以扣留其价值相当于应纳税款的货物或其他财产 |
| | 对涉嫌侵犯知识产权的货物，海关可以依申请扣留 |

续表

| 措 施 | 内　容 |
|---|---|
| 冻结存款、汇款 | 进出口货物的纳税义务人在规定的纳税期限内有明显的转移、藏匿其应税货物以及其他财产迹象，不能提供纳税担保的，"经批准"，海关可通知银行或其他金融机构暂停支付相当于应纳税款的存款 |
| 封存货物或账簿单证 | 海关稽查时，发现被稽查人的进出口货物有违反《海关法》和其他法律、行政法规嫌疑的，"经批准"，可以封存有关进出口货物 |
|  | 海关稽查时，发现被稽查人有可能篡改、转移、隐匿、毁弃账簿、单证等资料的，"经批准"，在不妨碍被稽查人正常的生产经营活动的前提下，可以暂时封存其账簿、单证等有关资料 |
| 其 他 | 进出境运输工具违抗海关监管逃逸的，海关可以连续追至"两区"外，将其带回 |
|  | 对于海关监管货物，海关可以加施封志 |

注："经批准"即经直属海关关长或其授权的隶属海关关长批准。

### （二）海关行政强制执行

海关行政强制执行是指在有关当事人不依法履行义务的前提下，为实现海关的有效行政管理，依法强制当事人履行法定义务的行为，包括加收滞纳金、加收滞报金、扣缴税款和抵缴、变价抵缴。

### 知识链接

#### 抵缴、变价抵缴的情形

1. 当事人逾期不履行海关的处罚决定又不申请复议或提起诉讼的，海关可以将其保证金抵缴或将其被扣留的货物、物品、运输工具依法变价抵缴。

2. 进出口货物的纳税义务人、担保人自规定的纳税期限届满之日起超过3个月未缴纳税款的，"经批准"，海关可以依法变卖应税货物，或依法变卖其价值相当于应纳税款的货物或其他财产，以变卖所得抵缴税款。

3. 海关以扣留方式实施税收保全措施，即进出口货物的纳税义务人在规定的期限内未缴纳税款的，"经批准"，海关可以依法变卖所扣留的货物或其他财产，以变卖所得抵缴税款。

4. 进口货物收货人自运输工具申报进境之日起超过3个月未向海关申报的，其进口货物由海关依法提取变卖处理。

5. 确属误卸或溢卸的进境货物，原运输工具负责人或货物的收发货人逾期未办理退运或进口手续的，由海关依法提取变卖处理。

## 六、行政处罚权

海关有权对不予追究刑事责任的走私行为和违反海关监管规定行为及法律、行政法规规定由海关实施行政处罚的行为进行处罚，主要包括对走私货物、物品、运输工具及违法所得处以没收，对有走私行为和违反海关监管规定行为的当事人处以罚款，对有违法情事的报关单位处以罚款或暂停其从事有关业务或撤销报关注册登记等。

## 七、佩带和使用武器权

海关工作人员履行职责时，可以依法佩带武器，并使用武器。

## 八、其他权力

除上述海关权力外,海关还有行政裁定权、行政复议权、行政命令权、行政奖励权、知识产权保护权等权力。

### 基础知识 >>>

一、单项选择题

1.海关总署在( )设置了分署。
A.天津　　　　　　B.上海　　　　　　C.广东　　　　　　D.北京

2.《国务院关于修改〈中华人民共和国海关稽查条例〉的决定》对外公布的形式是( )。
A.主席令　　　　　B.国务院令　　　　C.海关总署令　　　D.海关总署公告

3.海关行使( )权力时需经直属海关关长或者其授权的隶属海关关长批准。
A.在调查走私案件时,查询案件涉嫌单位和涉嫌人员在金融机构、邮政企业的存款、汇款
B.在海关监管区和海关附近沿海沿边规定地区,检查走私嫌疑人的身体
C.检查有走私嫌疑的进出境运输工具
D.询问被稽查人的法定代表人、主要负责人员和其他有关人员与进出口活动有关的情况和问题

4.对走私犯罪嫌疑人,海关扣留时间不得超过多少小时?在特殊情况下可以延长至多少小时?( )
A.12;24　　　　　　B.24;48　　　　　　C.24;36　　　　　　D.38;48

5.下列选项中不属于走私行为的是( )。
A.进出口申报时伪报品名,无证进口重点旧机电产品
B.擅自将海关监管年限内的减免税设备移作他用
C.与走私人通谋为走私人提供走私货物的提取、发运、运输便利的
D.进口属于自动进口许可管理的货物,申报时不能提交自动进口许可证的

6.海关增加出入境检验检疫职责的时间是( )。
A.2018年4月　　　B.2019年4月　　　C.2016年9月　　　D.2018年9月

二、多项选择题

1.我国的单独关境地区有( )。
A.经济特区　　　　　　　　　　　　B.香港特区
C.澳门特区　　　　　　　　　　　　D.台、澎、金、马地区

2.下列属于海关任务的是( )。
A.监督管理　　　　B.海关征税　　　　C.查缉走私　　　　D.海关统计

3.中华人民共和国设立海关的地点包括( )。
A.边境　　　　　　　　　　　　　　B.沿海城市
C.对外开放口岸　　　　　　　　　　D.海关监管业务集中的地方

4. 下列情形属于海关行政强制措施的有（　　）。
   A. 扣留财物　　　　B. 封存账簿单证　　C. 加收滞纳金　　D. 冻结存款
5. 在（　　）情况下海关行使检查权无须经直属海关关长或其授权的隶属海关关长批准。
   A. 在海关监管区和海关附近沿海沿边规定地区以外，检查进出境运输工具
   B. 在海关监管区和海关附近沿海沿边规定地区，检查走私嫌疑人的身体
   C. 在海关监管区和海关附近沿海沿边规定地区以外，检查有走私嫌疑的运输工具
   D. 在海关监管区和海关附近沿海沿边规定地区，检查有藏匿走私货物、物品嫌疑的场所
6. 下列属于海关强制执行的是（　　）。
   A. 加收滞纳金　　　　　　　　　　B. 加施海关封志
   C. 限制公民人身自由　　　　　　　D. 变价抵缴税款

三、判断题
（　）1. 目前，我国实行的是联合缉私、统一处理、综合治理的缉私体制。
（　）2. 海关对进出境运输工具的检查不受海关监管区域的限制。
（　）3. 根据《海关法》规定的设关原则，如果出于海关监督管理需要，国家可以在现有的行政区划之外安排海关的上下级关系和海关的相互关系。
（　）4. 海关统计是国家进出口货物贸易统计，是国民经济统计的组成部分。

### 操作技能 >>>

某年11月28日，97台日本生产的二手挖掘机被国际运输船舶载抵广西防城港。到港后，该船就向防城海关申报进境，从该船向海关递交的载货清单来看，该批货物的收货人是云南顺鑫进出口公司。但是该船申报进境后，收货人却迟迟不露面。

次年2月23日，防城海关根据载货清单上的地址，向收货人发出了催报通知，请收货人在2月28日前向海关办理货物进口报关手续，并申明如逾期不向海关办理报关手续，海关将按《海关法》第三十条的规定提取变卖该批货物。3月1日，收货人通过某地方政府部门，以无法领取自动进口许可证为由，向防城海关提出退运该批货物的申请。由于其提出退运申请的时间超过海关总署规定的退运提出期限，不符合退运条件，因此防城海关于4月7日做出答复，不同意退运，并告知收货人。海关决定提取拍卖该批货物。

收到防城海关的答复，云南顺鑫进出口公司报关人员应做哪些工作？

任务1：查询资料、咨询专家以确认海关是否有权拍卖该批进口货物。

任务2：准备齐全相关资料向防城海关申领拍卖余款以减少公司的经济损失。

# 学习情境 2

# 报关准备

## 学习目标

**知识目标**：了解报关、报检、报关单位的概念及海关对报关单位、报关人员的管理规定；熟悉报关人员的权利和义务；知晓报关人员的法律责任；了解海关监管货物的类别。

**技能目标**：能够办理报关单位、报关人员海关注册备案、变更、注销手续；熟悉海关报关、报检窗口及中国电子口岸——中国国际贸易单一窗口；熟悉中华人民共和国海关进/出口货物报关单的样式。

**素质目标**：通过关检合一的行业动态，了解党的十八大以来我国国家机构改革的伟大成就，树立改革创新意识，增强对中国特色社会主义制度的认同感；通过学习海关对报关的相关规定、管理措施及报关员的权利和义务、法律责任，牢固树立守法意识、诚信意识、规则意识；通过了解海关对报关单位的报关差错管理等，养成认真负责、一丝不苟、忠实企业的工作态度。

### 知识准备 >>>

## 2.1 认知报关

### 案例导入

**新年礼物的风波**

早上 8:30，李霞像平时一样来到办公室，一如既往地忙着上班前的准备工作：换工装，清理桌面，整理文件，收看邮件……但心情却与往日不同。

×××（美国朋友）寄来的新年礼物——手机、化妆品要到了。带着这种期盼的心情，李霞打开了电脑，登录UPS（美国联合包裹运送服务公司）邮件查询系统，不幸的是系统显示邮件被海关扣下了。李霞万分焦急，拿起电话拨通了UPS的服务热线。"哦，这个事您得问海关，我们不是很清楚，我把海关的电话给您，您直接打电话问问吧。"

李霞放下电话，立刻按刚刚记录的号码打了过去，对方语气温和、严肃地问李霞："您的地址，您的姓名……嗯，是的，您的东西现在在海关呢，您来报关吧！"

"怎么还用报关呢？"

"寄的什么东西?"

"手机、化妆品,美国朋友寄来的。"

"按照海关规定,邮寄或是自带手机进境是需要向海关申报缴纳关税的。另外,个人寄自或寄往除我国香港、澳门、台湾地区以外的其他国家或地区的物品,超过每次限值1 000元人民币的,收件人应该按规定向海关办理报关手续,否则海关有权扣留。请您尽快来办理报关手续,需要缴纳关税。"

1. 此新年礼物是进出境货物还是进出境物品?
2. 进出境个人邮递物品海关有哪些监管规定?

国际贸易和国际交流、交往活动往往都是通过运输工具、货物、物品的进出境来实现的。报关是国际贸易流程中不可缺少的环节。

## 一、报关的含义

报关是指进出境运输工具负责人、进出口货物收发货人、进出境物品的所有人或者他们的代理人向海关办理运输工具、货物、物品进出境手续及相关海关事务的过程。

### 知识链接

#### 报关与通关的异同

相同点:两者的工作对象相同,都是针对运输工具、货物、物品的进出境而言的。

不同点:工作的视角不同,报关是从被管理者的角度,向海关办理进出境及相关手续;而通关是从管理者的角度,不仅包括被管理者向海关办理有关手续,还包括海关对进出境运输工具、货物、物品依法进行监督管理,核准其进出境的管理过程。

## 二、报关的分类

### (一) 按照报关的对象划分

按照报关的对象,可分为运输工具报关、货物报关和物品报关。由于海关对进出境运输工具、货物、物品的监管要求各不相同,故报关可分为运输工具报关、货物报关和物品报关三类。

### (二) 按照报关的目的划分

按照报关的目的,可分为进境报关和出境报关。由于海关对运输工具、货物、物品的进出境有不同的管理要求,故运输工具、货物、物品根据进境或出境的目的分别形成了一套进境和出境报关手续。

### (三) 按照报关的行为性质划分

按照报关的行为性质,可分为自理报关和代理报关。进出境运输工具、货物、物品的报关是一项专业性较强的工作,尤其是进出境货物的报关比较复杂,可自理报关,也可代理报关。

1. 自理报关

进出口货物收发货人自行办理报关手续称为自理报关。进出口货物收发货人必须依法向海关备案登记后方能办理报关业务。

## 2. 代理报关

代理报关是指报关企业接受进出口货物收发货人的委托代其办理报关手续的行为。报关企业必须向海关办理注册登记后方能从事代理报关业务。

根据代理报关法律行为承担责任的不同,代理报关又分为直接代理报关和间接代理报关(表2-1)。目前,我国报关企业大多采取直接代理报关,间接代理报关只适用于经营快件业务的国际货物运输代理企业。

表 2-1　　　　　　　　　　代理报关的行为属性与法律责任

| 代理方式 | 行为属性 | 法律责任 |
| --- | --- | --- |
| 直接代理 | 以委托人的名义办理报关手续 | 法律后果直接作用于进出口货物收发货人;报关企业承担相应的法律责任 |
| 间接代理 | 以报关企业自身的名义办理报关手续 | 法律后果直接作用于报关企业;由报关企业承担进出口货物收发货人自己报关时所应承担的相同的法律责任 |

# 三、报关的基本内容

## (一)进出境运输工具报关的基本内容

我国《海关法》规定,所有进出我国关境的运输工具必须经由设有海关的港口、空港、车站、国界孔道、国际邮件互换局(交换站)及其他可办理海关业务的场所申报进出境。运输工具申报是进出境申报的主要内容,根据海关监管的不同要求,不同种类的运输工具报关时所需递交的单证及所要申明的具体内容不尽相同;运输工具舱单是反映进出境运输工具所载货物、物品及旅客信息的载体,运输工具舱单申报是进出境运输工具报关的重要事项。运输工具申报和运输工具舱单申报的主要内容见表2-2。

表 2-2　　　　　　运输工具申报和运输工具舱单申报的主要内容

| 运输工具申报的主要内容 | 运输工具舱单申报的主要内容 |
| --- | --- |
| ①运输工具进出境的时间、航次;<br>②运输工具进出境时所载货物情况,包括过境货物、转运货物、通运货物、溢短卸(装)货物的基本情况;<br>③运输工具服务人员名单及其自用物品、货币等情况;<br>④运输工具所载旅客情况;<br>⑤运输工具所载邮递物品、行李物品的情况;<br>⑥其他需要向海关申报清楚的情况,如由于不可抗力,被迫在未设关地点停泊、降落或者抛掷、起卸货物、物品等情况;<br>⑦运输工具从事国际合法性运输必备的相关证明文件,如船舶国籍证书、吨税证书、海关监管簿、签证簿等,必要时还需出具保证书或缴纳保证金 | 进出境运输工具负责人(舱单传输人)应当按照海关备案的范围在规定时限内向海关传输舱单电子数据。<br>①原始舱单:反映进境运输工具装载货物、物品或者乘载旅客信息的舱单;<br>②预配舱单:反映出境运输工具预计装载货物、物品或者乘载旅客信息的舱单;<br>③装载舱单:反映出境运输工具实际配载货物、物品或者乘载旅客信息的舱单 |

## (二)进出境货物报关的基本内容

根据海关规定,进出境货物的报关业务应由在海关备案的报关人员办理。报关人员应该按规定填制报关单,在中国电子口岸——中国国际贸易单一窗口(以下简称单一窗口)录入报关单数据;办理缴纳税费和退税、补税事宜;申请办理加工贸易合同备案、变更和核销及保税监管等事宜;申请办理进出口货物减税、免税等事宜;办理进出口货物的查验、结关等事宜;办理应当由报关单位办理的其他事宜。

### (三)进出境物品报关的基本内容

海关监管的进出境物品包括行李物品、邮递物品和其他物品,三者在报关要求上有所不同。

《海关法》规定,"个人携带进出境的行李物品、邮寄进出境的物品,应当以自用、合理数量为限"。所谓自用、合理数量,对于行李物品而言,"自用"指的是进出境旅客本人用、馈赠亲友而非为出售或出租,"合理数量"是指海关对进出境旅客旅行目的地和居留时间所规定的正常数量;对于邮递物品,则指的是海关对进出境邮递物品规定的征、免税限制。

#### 1.进出境行李物品的报关

当今世界上大多数国家的海关法律都规定旅客进出境采用"红绿通道"制度。我国海关也采用了"红绿通道"制度。进出境旅客在向海关申报时,可以在分别以红色和绿色作为标记的通道中进行选择,具体见表 2-3。

表 2-3　　　　　　　　　　绿色通道和红色通道的选择

| 通道 | 适用条件 |
| --- | --- |
| 绿色通道<br>(无申报通道) | 适用于携带物品在数量和价值上均不超过免税额,且无国家限制和禁止进出境物品的旅客 |
| 红色通道<br>(申报通道) | 适用于携带应向海关申报物品的旅客;必须填写《中华人民共和国海关进出境旅客行李物品申报单》或海关规定的其他申报单证 |

**职场热线**

1.春节去欧洲旅游买块手表携带入境,手表价值 2 万元人民币左右,海关征税吗?

海关总署公告 2010 年第 54 号(关于进境旅客所携行李物品验放标准有关事宜)规定,进境居民旅客携带超出 5 000 元人民币的个人自用物品进境时,经海关审核确属自用的,海关需对超出部分的个人自用物品征税。由于手表价值超过了 5 000 元人民币,因此需要纳税。

2.某工程师去德国访问交流携带单位委托购买的 B 型超声波诊断仪的零配件进境,该商品应如何申报?

对于通过随身携带或邮政渠道进出境的货物应按货物办理进出境报关手续。

#### 2.进出境邮递物品的报关

进出境邮递物品一般由进出境快件运营人(快递公司)集中向海关申报,进出境快件运营人应当如实向海关申报所寄物品的品种、数量和价值等内容。如果邮递物品超出海关免税限值,收件人可委托进出境快件运营人向海关申报,也可自行申报。邮运进出境的物品,经海关查验放行后,有关快递经营单位方可投递或者交付。

## 知识链接

### 进出境个人邮递物品的海关管理措施

个人邮递进出境的物品,应当以自用、合理数量为限,并不得超过一定限值。个人邮递进出境物品的限值规定为:寄自或寄往我国香港、澳门地区的个人物品,每次允许进出境的限值为800元;寄自或寄往国外的个人物品,每次允许进出境的限值为1 000元。

个人邮递进出境物品超出规定限值的,应办理退运手续或者按照货物规定办理通关手续;但邮包内仅有一件物品且不可分割的,虽超出规定限值,经海关审核确属个人自用的,可以按照个人物品规定办理通关手续。

3. 进出境其他物品的报关

(1) 暂时免税进出境物品

个人携带进出境的暂时免税进出境物品在进境或出境时须向海关做出书面申报,并经海关批准登记,方可免税携带进出境,并由本人复带出境或进境。

(2) 享有外交特权和豁免权的外国机构或者人员进出境物品

这包括外国驻中国使馆和使馆人员以及国际组织驻中国代表机构及其人员等进出境的公务用品和自用物品。

**要点提示 >>>**

## 2.2 了解海关对报关单位的管理

**案例导入**　　　　　　　　　　　　　　　　　飓风改航报关口岸的变更

某年3月,力凡进出口公司与美国一公司签订进口500吨玉米的合同,并约定贸易条件为CIF SHANGHAI。但由于运输船只途中遭遇飓风偏离航线而被迫停靠在厦门,待天气好转再运往上海,船公司将此情况及时通知了买卖双方。考虑到这样会耽搁很长时间,力凡进出口公司和美国公司商定在厦门交货并通知船公司卸货,同时力凡进出口公司委托新成立的上海顺通报关行办理进口报关手续。

1. 这批货物可以在厦门海关办理报关手续吗?
2. 作为上海顺通报关行的报关人员应如何操作?

### 一、报关单位的概念

报关单位是指依法在海关注册登记的进出口货物收发货人和报关企业。依法向海关注册登记是法人、其他组织或个人成为报关单位的法定要求。

(一) 进出口货物收发货人

进出口货物收发货人是指依法直接进口或者出口货物的中华人民共和国关境内的法人、其他组织或个人。对于一些未取得对外贸易经营资格但按照国家有关规定需要从事非贸易性进出口活动的单位,在进出口货物时,可向海关申请成为临时进出口货物收发货人。

**知识链接**

未取得对外贸易经营者备案登记表,但按照国家有关规定需要从事非贸易性进出口活动的单位包括:

1. 境外企业、新闻和经贸机构、文化团体等依法在中国境内设立的常驻代表机构。
2. 少量货样进出境的单位。
3. 国家机关、学校、科研院所等组织机构。
4. 临时接受捐赠、礼品、国际援助的单位。
5. 其他可以从事非贸易性进出口活动的单位。

微课:报关单位注册登记

(二)报关企业

报关企业是指依照规定经海关准予注册登记,接受进出口货物收发货人的委托,以进出口货物收发货人的名义或者以自己的名义,向海关办理代理报关业务,从事报关服务的境内企业法人。

目前,我国的报关企业主要有两类:一类是经营国际货物运输代理等业务,兼营进出口货物报关业务的国际货物运输代理公司等;另一类是主营代理报关业务的报关公司或报关行。

## 二、报关单位的海关注册登记

报关单位的海关注册登记是指进出口货物收发货人、报关企业依法向海关提交规定的注册登记申请材料,经注册地海关依法对申请注册登记材料进行审核,准予其办理报关业务的管理制度。

(一)进出口货物收发货人注册登记

进出口货物收发货人应当按照规定到所在地海关办理报关单位注册登记手续。进出口货物收发货人在海关办理注册登记后可以在中华人民共和国大陆关境内口岸或者海关监管业务集中的地点办理本企业的报关业务。

1. 办理注册登记需要提交的资料

根据《中华人民共和国海关报关单位注册登记管理规定》(海关总署令第240号附件37)以及海关总署2014年第26号公告,进出口货物收发货人申请办理注册登记时,应当提交如下文件材料:

(1)报关单位情况登记表(可在中华人民共和国海关总署网站下载,见表2-4,填写规范可在海关总署网站查询)。

(2)报关单位管理人员情况登记表(可在中华人民共和国海关总署网站下载)。

(3)《企业法人营业执照》副本原件及复印件。

(4)《税务登记证书》副本原件及复印件。

(5)《组织机构代码证书》副本原件及复印件。

(6)对外贸易经营者登记备案表原件及复印件、外商投资企业批准证书原件及复印件。

(7)企业公章、法人名章、报关专用章的印模原件。

(8)其他与注册登记有关的文件材料。

表 2-4　　　　　　　　　　　　　报关单位情况登记表

| 统一社会信用代码 | | | | | |
|---|---|---|---|---|---|
| 经营类别 | | 行政区划 | | 注册海关 | |
| 中文名称 | | | | | |
| 英文名称 | | | | | |
| 工商注册地址 | | | | 邮政编码 | |
| 英文地址 | | | | | |
| 其他经营地址 | | | | | |
| 经济区划 | | | | 特殊贸易区域 | |
| 组织机构类型 | | 经济类型 | | 行业种类 | |
| 企业类别 | | 是否为快件运营企业 | | 快递业务经营许可证号 | |
| 法定代表人（负责人） | | 法定代表人（负责人）移动电话 | | 法定代表人（负责人）固定电话 | |
| 法定代表人（负责人）身份证件类型 | | 身份证件号码 | | 法定代表人（负责人）电子邮箱 | |
| 海关业务联系人 | | 海关业务联系人移动电话 | | 海关业务联系人固定电话 | |
| 上级单位统一社会信用代码 | | 与上级单位关系 | | 海关业务联系人电子邮箱 | |
| 上级单位名称 | | | | | |
| 经营范围 | | | | | |
| 序号 | 出资者名称 | | 出资国别 | 出资金额（万） | 出资金额币制 |
| 1 | | | | | |
| 2 | | | | | |
| 3 | | | | | |
| 本单位承诺，我单位对向海关所提交的申请材料以及本表所填报的注册登记信息内容的真实性负责并承担法律责任。<br>　　　　　　　　　　　　　　　　　　　　　　　　　　（单位公章）<br>　　　　　　　　　　　　　　　　　　　　　　　　　　　年　月　日 ||||||

### 报关单位情况登记表（所属报关人员）

| 所属报关单位统一社会信用代码 | | | | |
|---|---|---|---|---|
| 序号 | 姓名 | 身份证件类型 | 身份证件号码 | 业务种类 |
| 1 | | | | □备案　□变更　□注销 |
| 2 | | | | □备案　□变更　□注销 |
| 3 | | | | □备案　□变更　□注销 |
| 4 | | | | □备案　□变更　□注销 |
| 5 | | | | □备案　□变更　□注销 |
| 我单位承诺对本表所填报备案信息内容的真实性和所属报关人员的报关行为负责并承担相应的法律责任。<br>　　　　　　　　　　　　　　　　　　　　　　　　　（单位公章）<br>　　　　　　　　　　　　　　　　　　　　　　　　　　年　月　日 |||||

**2. 办理要求**

(1) 企业需要通过单一窗口录入申请信息,申请信息提交成功后,方可到所在地海关企管业务窗口递交纸质申请材料。

(2) 申请人应将申请材料按上述顺序排列提交,按规定提交复印件的,应当加盖公章,同时向海关交验原件。

(3) 报关单位可以在办理注册登记手续的同时办理所属报关人员备案。

**3. 报关单位注册登记证书的核发**

注册地海关对申请材料齐全、符合法定形式的申请人核发《中华人民共和国海关报关单位注册登记证书》。申请人同时取得10位海关注册编码和10位检验检疫备案号。

报关单位应当在每年6月30日前向注册地海关提交《报关单位注册信息年度报告》(可在海关总署网站下载)。

## 知识链接

### 临时注册登记

未取得对外贸易经营者备案登记表但从事非贸易性进出口活动的单位在向海关申报前,应当向所在地海关办理临时注册登记备案手续。特殊情况下可以向拟进出境口岸或者海关监管业务集中地海关办理备案手续。

办理临时注册登记,应当持本单位出具的委派证明或者授权证明以及非贸易性活动证明材料。

海关出具临时注册登记证明,但不予核发注册登记证书;临时注册登记有效期最长为1年,有效期届满后应当重新办理临时注册登记手续。

**(二)报关企业注册登记**

报关企业注册登记属于海关行政许可事项,报关企业应当经所在地直属海关或者其授权的隶属海关办理注册登记许可后,才能办理报关业务。基于便利、高效的原则,采用了两步并一步的简化方式,即在申请行政许可的同时办理注册登记。

**1. 报关企业注册登记的申请条件**

(1) 具备境内企业法人资格条件。

(2) 法定代表人无走私记录。

(3) 无因走私违法行为被海关撤销注册登记许可记录。

(4) 有符合从事报关服务所必需的固定经营场所和设施。

(5) 海关监管所需要的其他条件。

**2. 报关企业注册登记需提交的文件材料**

根据《中华人民共和国海关报关单位注册登记管理规定》(海关总署令第240号附件37)以及海关总署2014年第26号公告,申请报关企业注册登记许可,应当提交下列文件材料:

(1)《报关企业注册登记许可(延续)申请书》(可在海关总署网站下载,如图2-1所示)。

```
                    报关企业注册登记许可(延续)申请书
        _____海关：
          本申请人已具备《中华人民共和国海关报关单位注册登记管理规定》所列报关企业注
        册登记许可(延续)条件，并备齐申请材料，承诺所提交的材料真实、有效。现向你关提出
        报关企业注册登记许可(延续)申请，请予以受理。
          联系人：                          联系电话：
                                                      申请人签印
                                                      年   月   日
```

图 2-1 《报关企业注册登记许可(延续)申请书》

(2)报关单位情况登记表(表2-4)。
(3)企业法人营业执照副本以及组织机构代码证书副本原件及复印件。
(4)报关服务营业场所所有权证明或者使用权证明。
(5)授权委托书(申请人委托代理人提出注册登记许可申请的提交)。
(6)拟备案报关人员有效身份证件原件(同时申请办理所属报关人员备案的提交)。

3.办理要求

(1)企业需要通过单一窗口录入申请信息，申请信息提交成功后，方可到所在地海关企管业务窗口递交纸质申请材料；

(2)申请人应将申请材料按上述顺序排列提交，按规定提交复印件的，应当加盖公章同时向海关交验原件；

(3)报关单位可以在办理注册登记手续的同时办理所属报关人员备案。

4.报关单位注册登记证书的核发

申请人的申请符合法定条件的，海关应当依法做出准予注册登记许可的书面决定，同时核发《中华人民共和国海关报关单位注册登记证书》，如图2-2所示。申请人取得10位海关注册编码和10位检验检疫备案号，企业经营类别为报关企业。申请人的申请不符合法定条件的，海关应当依法做出不准予注册登记许可的书面决定，并且告知申请人享有依法申请行政复议或者提起行政诉讼的权利。

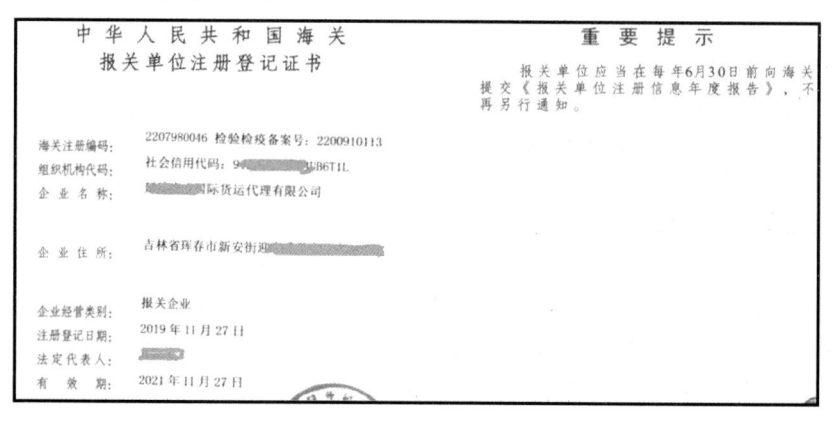

图 2-2 《中华人民共和国海关报关单位注册登记证书》

报关单位应当在每年6月30日前向注册地海关提交《报关单位注册信息年度报告》(可在海关总署网站下载)。

## 三、报关单位注册登记管理的相关规定

报关单位注册登记管理的相关规定见表2-5。

表2-5　　　　　　　　报关单位注册登记管理的相关规定

| 项目 | 内容 |
| --- | --- |
| 期限 | ①进出口货物收发货人报关单位注册登记证书长期有效；<br>②报关企业注册登记许可期限为2年，延续有效期为2年；<br>③临时注册登记有效期最长为1年 |
| 延续、换证 | 报关企业应在有效期届满40日前办理注册登记许可延续手续，同时办理换领注册登记证书手续 |
| 变更 | ①报关企业的企业名称、法定代表人发生变更的：自变更生效之日起30日内，提交报关单位情况登记表、报关单位注册登记证书、变更后的营业执照或者其他批准文件办理注册登记许可变更手续；<br>②所属报关人员备案内容发生变更的：自变更事实发生之日起30日内，提交变更证明文件等相关材料办理变更手续 |
| 注销 | 海关依法注销注册登记许可的情形包括：<br>①有效期届满未申请延续的；<br>②报关企业依法终止的；<br>③注册登记许可依法被撤销、撤回，或者注册登记许可证件依法被吊销的；<br>④由于不可抗力导致注册登记许可事项无法实施的；<br>⑤法律、行政法规规定的应当注销注册登记许可的其他情形 |

## 四、报关单位的信用管理

为了推进社会信用体系建设，建立企业进出口信用管理制度，保障贸易安全与便利，海关总署制定了《中华人民共和国海关企业信用管理办法》，自2018年5月1日起施行。

### (一)信用信息采集和公示

海关对企业进出口信用状况信息，如企业注册登记或者备案信息、进出口经营信息、AEO(经认证的经营者)互认信息以及其他与企业进出口相关的信息，进行采集并建立企业信用信息管理系统。

**知识链接**

**经认证的经营者(AEO)**

经认证的经营者(Authorized Economic Operator, AEO)是来自世界海关组织(WCO)的称谓，是指以任何一种方式参与货物国际流通，符合《中华人民共和国海关企业信用管理办法》规定的条件及《海关认证企业标准》并通过海关认证的企业。

海关应当在保护国家秘密、商业秘密和个人隐私的前提下，通过公布的查询平台公示企业信用信息，包括企业在海关注册登记或者备案信息、海关对企业信用状况的公示结果、行政处罚信息(公示期限为5年)以及其他应公示的企业信息。

自然人、法人或者非法人组织认为海关公示的信用信息不准确的，可以向海关提出异议。

## (二)企业信用状况的认定标准

海关根据企业信用状况将企业认定为高级认证企业、一般认证企业、一般信用企业和失信企业,按照诚信守法便利、失信违法惩戒原则,分别适用相应的管理措施。

### 1. 认证企业

海关按照《海关认证企业标准》对企业实施高级认证或一般认证。《海关认证企业标准》包括内部控制、财务状况、守法规范、贸易安全和附加标准五个方面,由于海关对一般认证企业和高级认证企业的要求不同,其认证标准亦有所不同。一般认证企业是海关对高信用企业的基本要求,享受国内海关提供的通关便利;高级认证企业则是海关对高信用企业的较高要求,是和其他国家(地区)海关 AEO 互认的企业,除享受国内海关比一般认证企业更多的通关便利外,还可享受互认国家(地区)海关优惠措施和通关便利。因此,一般认证企业标准低于高级认证企业标准,主要降低了内部控制、贸易安全等方面的要求。

### 2. 失信企业

企业有下列情形之一的,海关认定为失信企业:

(1)有走私犯罪或者走私行为的。

(2)非报关企业 1 年内违反海关监管规定行为次数超过上年度报关单、进出境备案清单、进出境运输工具舱单等相关单证总票数千分之一且被海关行政处罚金额超过 100 万元的;报关企业 1 年内违反海关监管规定行为次数超过上年度报关单、进出境备案清单、进出境运输工具舱单等相关单证总票数万分之五且被海关行政处罚金额累计超过 30 万元的。

(3)拖欠应缴税款或者拖欠应缴罚没款项的。

(4)有《中华人民共和国海关企业信用管理办法》第八条第一款第(二)项情形,被海关列入信用信息异常企业名录超过 90 日的。

(5)假借海关或者其他企业名义获取不当利益的。

(6)向海关隐瞒真实情况或者提供虚假信息,影响企业信用管理的。

(7)抗拒、阻碍海关工作人员依法执行职务,情节严重的。

(8)因刑事犯罪被列入国家失信联合惩戒名单的。

(9)海关总署规定的其他情形。

当年注册登记或者备案的非报关企业、报关企业,1 年内因违反海关监管规定被海关行政处罚金额分别累计超过 100 万元、30 万元的,海关认定为失信企业。

### 3. 一般信用企业

企业有下列情形之一的,海关认定为一般信用企业:

(1)在海关首次注册登记或者备案的企业。

(2)认证企业不再符合《海关认证企业标准》,并且未发生《中华人民共和国海关企业信用管理办法》第十二条规定情形的。

(3)自被海关认定为失信企业之日起连续 2 年未发生《中华人民共和国海关企业信用管理办法》第十二条规定情形的。

### 4. 认定结果的动态调整

海关对企业信用状况的认定结果实施动态调整。海关对高级认证企业每 3 年重新认证一次,对一般认证企业不定期重新认证。认证企业被海关调整为一般信用企业管理的,1 年内不得申请成为认证企业。认证企业被海关调整为失信企业管理的,2 年内不得成为一般信用企业。高级认证企业被海关调整为一般认证企业管理的,1 年内不得申请成为高级认证企业。自被海关认定为失信企业之日起连续 2 年未发生《中华人民共和国海关企业信用管理办法》第十二条规定情形的,海关应当将失信企业调整为一般信用企业。失信企业被调整为一般信用企业满 1 年,可以向海关申请成为认证企业。

(三)管理措施

海关企业信用管理措施见表 2-6。

表 2-6　　　　　　　　　　　海关企业信用管理措施

| | 一般认证企业 | 高级认证企业 |
| --- | --- | --- |
| 认证企业 | ①进出口货物平均查验率在一般信用企业平均查验率的 50% 以下;<br>②优先办理进出口货物通关手续;<br>③海关收取的担保金额可以低于其可能承担的税款总额或海关总署规定的金额;<br>④海关总署规定的其他管理措施 | 高级认证企业除适用一般认证企业管理措施外,还适用下列管理措施:<br>①进出口货物平均查验率在一般信用企业平均查验率的 20% 以下;<br>②可以向海关申请免除担保;<br>③减少对企业稽查、核查频次;<br>④可以在出口货物运抵海关监管区之前向海关申报;<br>⑤海关为企业设立协调员;<br>⑥AEO 互认国家或者地区海关通关便利措施;<br>⑦国家有关部门实施的守信联合激励措施;<br>⑧因不可抗力中断国际贸易恢复后优先通关;<br>⑨海关总署规定的其他管理措施 |
| | 认证企业涉嫌走私被立案侦查或者调查的,海关应当暂停适用相应管理措施。认证企业涉嫌违反海关监管规定被立案调查的,海关可以暂停适用相应管理措施。海关暂停适用相应管理措施的,按照一般信用企业实施管理 | |
| 失信企业 | ①进出口货物平均查验率在 80% 以上;<br>②不予免除查验没有问题企业的吊装、移位、仓储等费用;<br>③不适用汇总征税制度;<br>④除特殊情形外,不适用存样留像放行措施;<br>⑤经营加工贸易业务的,全额提供担保;<br>⑥提高对企业稽查、核查频次;<br>⑦国家有关部门实施的失信联合惩戒措施;<br>⑧海关总署规定的其他管理措施 | |

## 五、报关单位的报关差错管理

海关对报关单位办理海关业务中出现的报关差错予以记录并公布,以促进报关单位加强管理,提高报关质量。关于报关差错有关事项的公告(海关总署公告 2014 年第 80 号)明确规定了列入报关差错的项目,具体包括 6 大部分:①被电子审单退回的情事;②被人工审单退回的情事;③修改报关单的情事;④撤销报关单的情事;⑤导致加工贸易手册设立、变更、核销被退回的情事及未按时办理手册、账册延期、核销的情事;⑥报关单随附单证不符合规范、不符合规定的情事。

## 六、报关单位的报关行为规则

(一)报关企业的报关行为规则

(1)遵守法律、行政法规、海关规章的各项规定,依法履行职责,配合海关监管工作。

(2)依法建立账簿和营业记录。真实、正确、完整地记录其受委托办理报关业务的所有活动,详细记录进出口时间、收发货单位、报关单号、货值、代理费等内容,完整保留委托单位提供的各种单证、票据、函电,接受海关稽查。

(3)报关企业应当与委托方签订电子代理报关委托协议,委托协议应当载明受托报关企业名称、地址、委托事项、双方责任、期限以及委托人的名称、地址等内容。

(4)报关企业接受进出口货物收发货人的委托,办理报关手续时,应当承担对委托人所提供情况的真实性、完整性进行合理审查的义务。审查内容包括:证明进出口货物的实际情况的资料,包括进出口货物的品名、规格、用途、产地、贸易方式等;有关进出口货物的合同、发票、运输单据、装箱单等商业单据;进出口所需的许可证件及随附单证;海关要求的加工贸易手册及其他进出口单证等。报关企业未对进出口货物收发货人提供情况的真实性、完整性履行合理审查义务或违反海关规定申报的,应当承担相应的法律责任。

(5)报关企业不得以任何形式出让其名义,供他人办理报关业务。

(6)对于代理报关的货物涉及走私违规情事的,应当接受或者协助海关进行调查。

(7)报关企业应对其所属报关人员的报关行为承担相应的法律责任。

### (二)进出口货物收发货人的报关行为规则

(1)进出口货物收发货人在海关办理注册登记后,可以在中华人民共和国关境内各个口岸或者海关监管业务集中的地点办理本单位进出口货物的报关业务,不能代理其他单位报关;也可以委托海关准予注册登记的报关企业办理报关业务。

(2)进出口货物收发货人办理报关业务时,必须如实向海关申报进出口货物的详细情况。

(3)进出口货物收发货人应对其所属报关人员的报关行为承担相应的法律责任。

## 2.3 了解海关对报关人员的管理

### 案例导入

**走私陷阱**

青岛某报关有限公司报关人员小安在从事报关业务时遇到这样一件事情:卓达进出口贸易公司从韩国进口了一种人造纤维纱线,委托小安所在的青岛某报关有限公司报关。小安报关时,海关要求验货,开箱后发现不是人造纤维纱线,而是一种关税比人造纤维纱线高出很多的氨纶丝。海关认为是小安所在公司与卓达进出口贸易公司串通,高值低报偷逃税款。后经海关进一步调查发现是卓达进出口贸易公司有意隐瞒,以逃避巨额关税。

1. 小安未履行哪项报关人员义务?
2. 海关对报关人员小安可予以怎样的行政处罚?
3. 某岛某报关有限公司应对小安承担相应的法律责任吗?

### 一、报关人员的概念

根据《中华人民共和国海关报关单位注册登记管理规定》,报关人员是指经报关单位向海关备案,专门负责办理所在单位报关业务的人员;报关单位可以在办理注册登记手续的同时办理所属报关人员备案。

海关准予报关人员备案后,核发报关IC卡或U盘(图2-3),用于报关。

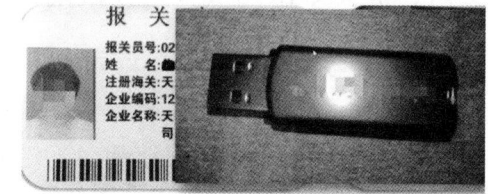

图2-3 报关IC卡、U盘

使用方法：将报关 IC 卡插在读卡器中，读卡器的 USB 接口连在电脑上；U 盘直接连于电脑即可。

## 二、报关人员的权利和义务

我国《海关法》规定，报关人员必须受雇于一个依法向海关注册登记的进出口货物收发货人或报关企业，并代表其向海关办理报关业务。

### （一）报关人员的权利

报关人员具有如下权利：
(1) 以所在报关单位名义执业，办理报关业务。
(2) 向海关查询其办理的报关业务情况。
(3) 拒绝海关工作人员的不合法要求。
(4) 对海关对其做出的处理决定享有陈述、申辩、申诉的权利。
(5) 依法申请行政复议或者提起行政诉讼。
(6) 合法权益因海关违法行为受到损害的，依法要求赔偿。
(7) 参加执业培训。

微课：报关人员认知

### （二）报关人员的义务

报关人员应履行如下义务：
(1) 熟悉所申报货物的基本情况，对申报内容和有关材料的真实性、完整性进行合理审查。
(2) 提供齐全、正确、有效的单证，准确、清楚、完整填制海关单证，并按照规定办理报关业务及相关手续。
(3) 海关查验进出口货物时，配合海关查验。
(4) 配合海关稽查和对涉嫌走私违规案件的查处。
(5) 协助落实海关对报关单位管理的具体措施。

## 三、报关人员的海关法律责任

我国《海关法》规定，报关人员要对其报关行为承担法律责任。在报关活动中，构成走私犯罪的，或 1 年内有 2 次以上走私行为的，海关可以取消其报关从业资格。

报关人员违反海关监管规定的行为及其处罚如下：
(1) 报关人员因工作疏忽或在代理报关业务中因对委托人所提供情况的真实性未进行合理审查，致使发生进出口货物的品名、税则号列、数量、规格、价格、贸易方式、原产地、起运地、运抵地、最终目的地或其他应当申报的项目未申报或申报不实的，海关可以暂停其 6 个月以内报关执业，取消其报关从业资格。
(2) 报关人员被海关暂停报关，恢复从事有关业务后 1 年内再次被暂停报关执业的，海关可以取消其报关从业资格。

(3)报关人员非法代理他人报关或超出海关准予的从业范围进行报关活动的,责令改正,处5万元以下罚款,暂停其6个月以内报关执业;情节严重的,取消其报关从业资格。

(4)报关人员向海关工作人员行贿的,取消其报关从业资格,并处10万元以下罚款;构成犯罪的,依法追究刑事责任,并不得重新取得报关从业资格。

## 2.4 了解海关对报检的管理

### 行业动态  关检合一

党的十八大后新时代十年的伟大变革中,我国坚决破除各方面体制机制弊端,各领域基础性制度框架基本建立,许多领域实现历史性变革、系统性重塑、整体性重构,新一轮党和国家机构改革全面完成,中国特色社会主义制度更加成熟、更加定型,国家治理体系和治理能力现代化水平明显提高。2018年4月20日,中华人民共和国海关总署与原中华人民共和国出入境检验检疫局合并,以中华人民共和国海关总署的名义对外行使权力。这就意味着原中华人民共和国出入境检验检疫局的进出口商品检验检疫职能由海关接管。进出口收发货人或其代理人可以在单一窗口同时进行报关、报检,使用一张报关单、一个平台界面、一套单证、一组参数即可完成进出口货物的通关,大大简化了通关手续,提高了通关效率。

1. 所有进出境货物均需报检吗?
2. 出境货物可以同时进行报关、报检吗?

### 一、报检的概念

报检是指报关单位按照法律、法规或规章规定等向海关申请进出境货物检验检疫的过程。

一般而言,报关单位除了向海关进行报关注册登记外,同时也要进行报检注册登记。

### 二、报检的分类

(一)根据进出口货物的流向划分

根据进出口货物的流向,报检分为进境报检、出境报检两类。

(二)根据报检的行为性质划分

根据报检的行为性质,报检分为自理报检和代理报检。

1. 自理报检

进出口货物收发货人自行办理报检手续称为自理报检。进出口货物收发货人必须依法向海关注册登记后才能办理报检业务。

2. 代理报检

代理报检是指报关企业接受进出口货物收发货人的委托代理其办理报检手续的行为。报关企业必须向海关办理注册登记后才能从事代理报检业务。

## 三、常见的出入境检验检疫机构

常见的出入境检验检疫机构及编码见表2-7。

表2-7　　　　　　　　　常见的出入境检验检疫机构及编码

| 编码 | 中文全称 | 中文简称 |
| --- | --- | --- |
| 110000 | 中华人民共和国北京出入境检验检疫机关本部 | 北京机关本部 |
| 110040 | 中华人民共和国北京出入境检验检疫机关天竺综合保税区办事处 | 北京机关天竺综合保税区办事处 |
| 110101 | 中华人民共和国首都机场出入境检验检疫机关快件工作点 | 首都机场机关快件工作点 |
| 120010 | 中华人民共和国天津出入境检验检疫机关保税区办事处 | 天津机关保税区办事处 |
| 120030 | 中华人民共和国天津出入境检验检疫机关国际贸易与航运服务中心办事处 | 天津机关国际贸易与航运服务中心办事处 |
| 120300 | 中华人民共和国天津东港出入境检验检疫机关本部 | 天津东港机关本部 |
| 120900 | 中华人民共和国天津出入境检验检疫机关新港办事处 | 天津机关新港办事处 |
| 130000 | 中华人民共和国河北出入境检验检疫机关本部 | 河北机关本部 |
| 130020 | 中华人民共和国河北出入境检验检疫机关石家庄机场办事处 | 河北机关石家庄机场办事处 |
| 130100 | 中华人民共和国秦皇岛出入境检验检疫机关本部 | 秦皇岛机关本部 |
| 210100 | 中华人民共和国大窑湾出入境检验检疫机关本部 | 大窑湾机关本部 |
| 210300 | 中华人民共和国沈阳出入境检验检疫机关本部 | 沈阳机关本部 |
| 211920 | 中华人民共和国大连出入境检验检疫机关大连保税区办事处 | 大连机关大连保税区办事处 |
| 310710 | 中华人民共和国上海外高桥出入境检验检疫机关外高桥物流园区办事处 | 上海外高桥机关物流园区办事处 |
| 311030 | 中华人民共和国上海洋山出入境检验检疫机关临港办事处 | 上海洋山机关临港办事处 |
| 320000 | 中华人民共和国江苏出入境检验检疫机关本部 | 江苏机关本部 |
| 320100 | 中华人民共和国南京出入境检验检疫机关本部 | 南京机关本部 |
| 350403 | 中华人民共和国福州出入境检验检疫机关福州出口加工区工作点 | 福州机关福州出口加工区工作点 |
| 370120 | 中华人民共和国青岛出入境检验检疫机关海港办事处 | 青岛机关海港办事处 |
| 390020 | 中华人民共和国厦门出入境检验检疫机关象屿保税区办事处 | 厦门机关象屿保税区办事处 |
| 910000 | 中国检验认证集团本部 | 中国检验认证集团本部 |

## 四、报检的地点、时间

### (一)出境货物报检

**1. 出境货物的产地与出境地不同**

报关单位在出境货物的产地向属地隶属海关申请报检,取得出境电子检验检疫申请受理凭条(图2-4),生成电子底账数据。货物出境时凭出境电子检验检疫申请受理凭条、电子底账在出境地海关报关。

图 2-4　出境电子检验检疫申请受理凭条

### 2. 出境货物的产地与出境地相同

报关单位向属地隶属海关报检，报关、报检同时进行。

### (二) 进境货物报检

进境货物的收货人或其代理人需在进境货物收货人的目的地报检，报关、报检同时进行。

## 五、报检的规定

### (一) 法定检验商品

法定检验商品，简称法检商品，是指列入出入境检验检疫目录的商品。法检商品进出境时必须报检，否则海关不接受报关。

### (二) 非法定检验商品

非法定检验商品，简称非法检商品，是指出入境检验检疫目录以外的商品。非法检商品进出境时，海关没有报检的法定要求，进出口货物收发货人可以酌情选择是否报检。进出口货物收发货人对非法检商品报检的情况主要有：

(1) 出口贸易中，合同或是信用证等要求出口商提交商品检验证书、产地证书等需要海关出入境检验检疫机构出具相关证书的。

(2) 进口贸易中，进口商担心进口商品质量问题或是数量短少等，需要海关出入境检验检疫机构出具相关商检证书的。

## 六、中华人民共和国海关出境货物检验检疫申请样本

中华人民共和国海关出境货物检验检疫申请样本见表 2-8。

表 2-8　中华人民共和国海关出境货物检验检疫申请样本（系统自动生成）

2020/01/07

# 中华人民共和国海关
## 出境货物检验检疫申请

电子底账数据号：415100××××××30000

＊编　　号：220000000077761

申请单位（加盖公章）：××××有限公司

申请单位登记号：4100110032　　联系人：　　　　电话：64882669　　申请日期：2020 年 01 月 07 日

| 发货人 | （中文）××××有限公司 |||||
|---|---|---|---|---|---|
| | （外文）＊＊＊ |||||
| 收货人 | （中文）＊＊＊ |||||
| | （外文）＊＊＊ |||||
| 货物名称（中/外文） | H.S.编码 | 产地 | 数/重量 | 货物总值 | 包装种类及数量 |
| 腌渍萝卜 | 2005999990(P.R/Q.S) | 平顶山市市辖区 | 17 000 千克 | 10 200 美元 | 其他箱/20 |
| 运输工具名称 | 水路运输/船舶 | 贸易方式 | 一般贸易 | 货物存放地点 | 仓库 |
| 合同号 | PDS2020-J005-2 | 信用证号 | | 用途 | 食用 |
| 发货日期 | 2020/01/16 | 输往国家（地区） | 韩国 | 许可证/审批号 | 4100/08542 |
| 启运地 | 秦皇岛 | 到达口岸 | 韩国 | 生产单位注册号 | 41××/××××有限公司 |
| 集装箱规格、数量及号码 | |||||

| 合同、信用证订立的检验检疫条款或特殊要求 | 标记及号码 | 随附单据（画"√"或补填） ||
|---|---|---|---|
| | N/M | □ 合同<br>□ 信用证<br>□ 发票<br>□ 换证凭单<br>□ 装箱单<br>☑ 厂检单 | □ 包装性能结果单<br>□ 许可/审批文件<br>☑ 其他单据<br>☑ 合格保证<br>□ |

| 需要证单名称（画"√"或补填） || ＊检验检疫费 ||
|---|---|---|---|
| □ 品质证书　　　正　副<br>□ 重量证书　　　正　副<br>□ 数量证书　　　正　副<br>□ 兽医卫生证书　正　副<br>□ 健康证书　　　正　副<br>□ 卫生证书　　　正　副<br>□ 动物卫生证书　正　副 | □ 植物检疫证书　　正　副<br>□ 熏蒸/消毒证书　　正　副<br>□ 出境货物换证凭单　正　副<br>☑ 电子底账　　　　正　副<br>□ | 总金额<br>（人民币元） | |
| | | 计费人 | |
| | | 收费人 | |

| 申请人郑重声明：<br>1.本人被授权申请检验检疫。<br>2.上列填写内容正确属实，货物无伪造或冒用他人的厂名、标志、认证标志，并承担货物质量责任。<br>　　　　　　　　　　签名： | 领 取 证 单 |
|---|---|
| | 日期 |
| | 签名 |

注：有"＊"号栏由海关填写

## 2.5 熟悉海关报关、报检窗口

### 行业动态

**指尖上的通关**

近些年来,全国范围内通关基本实现了无纸化,传统的海关现场通关情况越来越少。很多情况下,报关人员不用跑海关,在工作单位通过单一窗口就能完成进出口货物的申报,实现了指尖上的通关。目前,单一窗口形成了"监管＋服务"的各大功能模块,主要有进出口货物报关、报检以及运输工具申报、舱单申报、跨境电商货物申报、个人物品清单申报等。这大大简化了申报单位的报关、报检等手续,节省了通关时间,提高了通关效率。

1. 单一窗口都有哪些功能?
2. 可在单一窗口缴纳税费吗?

### 一、海关现场报关、报检窗口

一般情况下,各地隶属海关根据通关业务流程设有报关、报检的各类窗口。通关业务较多的海关还会分别设有进境货物、出境货物的报关、报检窗口。其主要有:申报、交单、税费缴纳、查验、放行等窗口。

进出口业务繁忙的港口或是内陆口岸,还设有国际贸易与航运服务中心等,申报单位可以在一个中心内办理进出口货物的租船订舱、报检、报关、装运/提货、出口退税等手续。

### 二、单一窗口

微课:单一窗口与报关单

单一窗口是报关单位进行进出口货物申报的平台,该平台实现了与进出口货物管理有关的各个政府部门之间的数据共享,不仅提高了进出口货物的通关效率,也对打击走私、套汇、出口骗税等违法行为起到了积极的促进作用。平台具有线上登记备案、运输工具申报、舱单申报、货物申报、综合查询等功能,进出口货物申报单位可以在一个平台上办理报检、报关、缴纳税费等通关手续。具体操作步骤如下:

(1)在浏览器中搜索"中国电子口岸",进入中国电子口岸官网,其首页如图2-5所示。也可直接搜索"中国国际贸易单一窗口"。

(2)单击右下角"中国国际贸易单一窗口",进入如图2-6所示的界面。

(3)单击右上角"标准版应用",如图2-7所示;或是单击"我要办事",再单击申报单位所在的省份、直辖市、自治区。

图 2-5　中国电子口岸官网首页

图 2-6　中国国际贸易单一窗口

(4)单击需要办理的业务按钮,可以办理相关业务。业务按钮包括:企业资质、许可证件、原产地证、运输工具、舱单申报、货物申报、加工贸易、税费办理、跨境电商、物品通关、出口退税、查询统计、口岸物流。如进行进出口货物申报,则单击"货物申报",如图2-8所示。

(5)单击下拉菜单中的"货物申报",进入登录界面,如图2-9所示。

图 2-7 "标准版应用"界面

图 2-8 货物申报

图 2-9 登录界面

(6)使用报关 IC 卡或 U 盘,输入用户名、密码,可以进入申报状态界面,如图 2-10 所示。申报状态界面共有表头、表体、集装箱信息、随附单证四部分。如涉及报检事宜,则点开表头、标题之间的折叠栏目,可出现检验检疫信息,如图 2-11 所示。

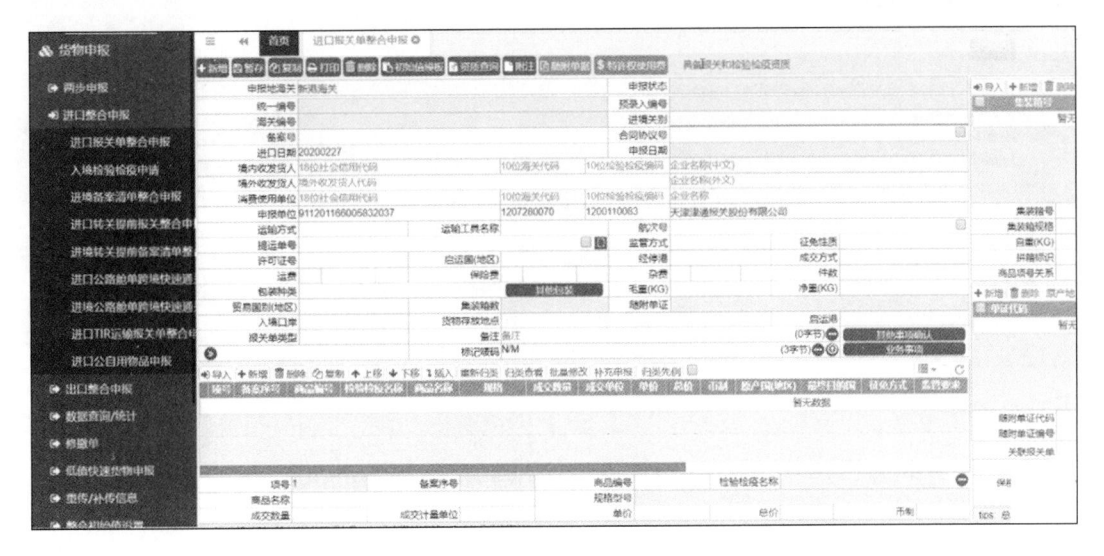

图 2-10　申报状态界面

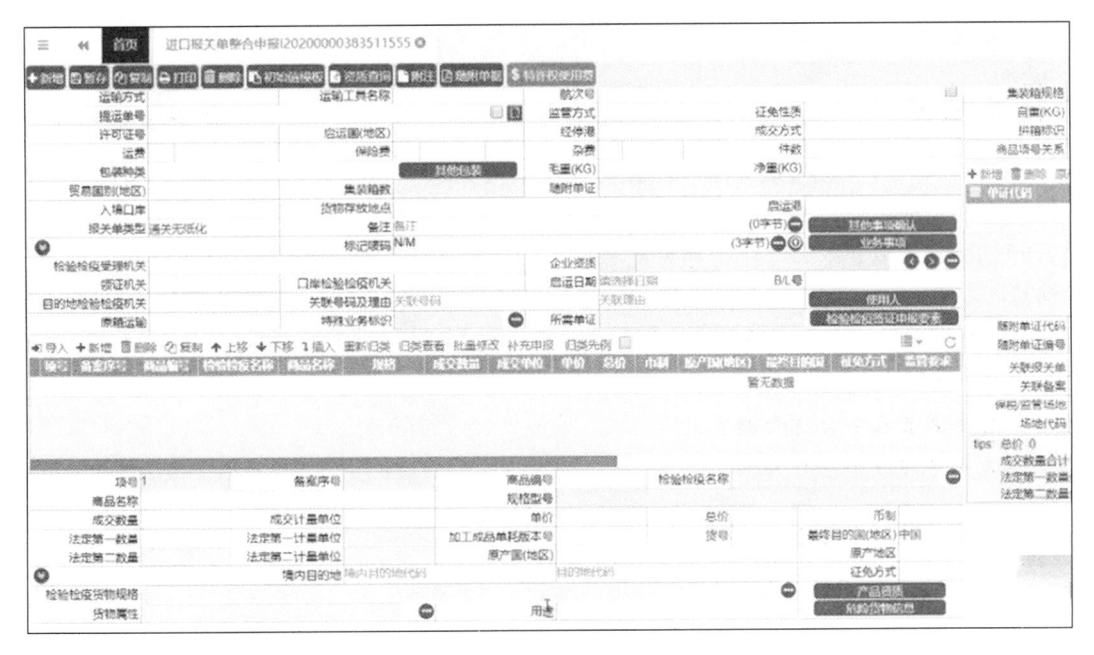

图 2-11　检验检疫信息界面

(7) 录入所需的各个字段栏目。录入完毕、上传随附单证后,单击"暂存"按钮,系统自动保存录入的数据。单击"打印"按钮可打印预录入的报关单(图 2-12),核对无误后即可发送提交至计算机系统。

(8) 后续可在单一窗口完成税费缴纳等通关手续及出口货物的出口退税手续的办理等。

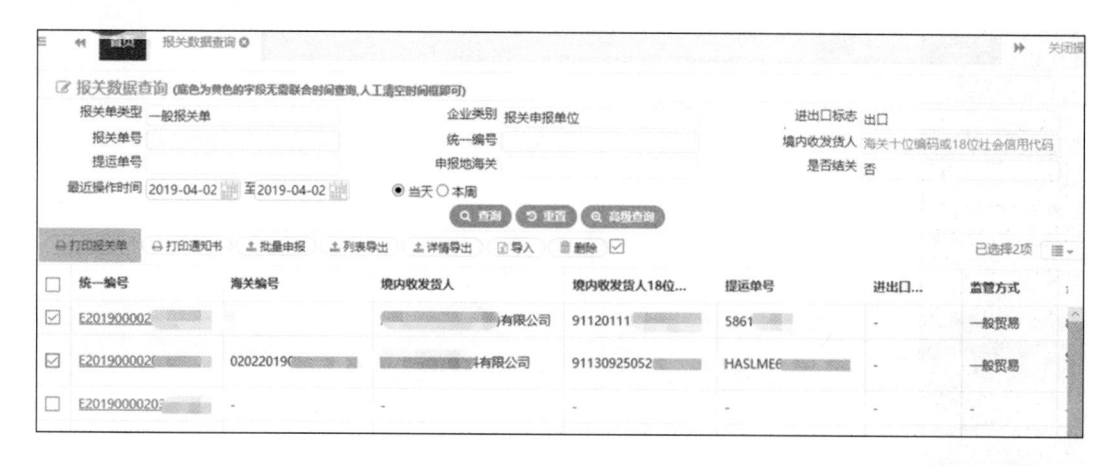

图 2-12　打印报关单

## 2.6　熟悉进出口货物报关单

### 行业动态

**最新横版报关单**

自 2018 年 8 月以来，报关单格式及打印纸质报关单方式等有了较大调整。报关单由原来的竖版改为横版，布局更加科学，并且越来越与国际接轨。原报关单的栏目有了较大调整，同时报关、报检参数也进行了调整。全面取消了原来使用海关总署统一印制的纸质报关单套打的方式，改为使用 A4 打印纸打印。单一窗口中每份报关单可录入 50 项商品，新版报关单可打印 8 项商品。报关人员在单一窗口录入报关数据，经检查无误后提交至计算机系统，系统可自动生成横版 PDF 格式报关单，报关单位可打印存档。

1. 报关单录入平台有哪些？
2. 报关单都有哪些种类？

### 一、报关单录入平台及种类

（一）报关单录入平台

报关单录入平台为单一窗口或"互联网＋海关"一体化网上办事平台。

（二）报关单的种类

报关单主要分为中华人民共和国海关进/出口货物报关单、中华人民共和国海关进/出境货物备案清单两大类，可简称为进口货物报关单、出口货物报关单、进境货物备案清单、出境货物备案清单。

1. 中华人民共和国海关进/出口货物报关单

中华人民共和国海关进/出口货物报关单是常见、使用较多的报关单，其使用范围如下：

(1) 海关特殊监管区域以外的企业进出口货物的报关。

(2) 海关特殊监管区域内的企业与境内区外的企业之间进出货物的报关。

## 2. 中华人民共和国海关进/出境货物备案清单

中华人民共和国海关进/出境货物备案清单用于海关特殊监管区域内的企业进出境、进出区货物的报关。

## 二、中华人民共和国海关进/出口货物报关单样本(单一窗口系统自动生成)

为了方便查看,这里给出的报关单样本采用竖版格式。

(一)中华人民共和国海关进口货物报关单(空白)(表2-9)

表2-9　　　　　　中华人民共和国海关进口货物报关单(空白)

### 中华人民共和国海关进口货物报关单

预录入编号:　　　　　　海关编号:

| 境内收货人 | 进境关别 | 进口日期 | 申报日期 | 备案号 |
|---|---|---|---|---|
| 境外发货人 | 运输方式 | 运输工具名称及航次号 | 提运单号 | 货物存放地点 |
| 消费使用单位 | 监管方式 | 征免性质 | 许可证号 | 启运港 |
| 合同协议号 | 贸易国(地区) | 启运国(地区) | 经停港 | 入境口岸 |
| 包装种类 | 件数 | 毛重 | 净重 | 成交方式 | 运费 | 保费 | 杂费 |
| 随附单证及编号 |||||||||
| 标记唛码及备注 |||||||||
| 项号　商品编号　商品名称及规格型号　数量及单位　单价/总价/币制　原产国(地区)　最终目的国(地区)　境内目的地　征免 |||||||||
| 　 |||||||||
| 特殊关系确认:　　　价格影响确认:　　　支付特许权使用费确认:　　　自报自缴: |||||||||
| 报关人员　报关人员证号　电话　兹申明对以上内容承担如实申报、依法纳税之法律责任 | 海关批注及签章 |
| 申报单位 | 申报单位(签章) |

## (二)中华人民共和国海关出口货物报关单(空白)(表2-10)

表2-10　　中华人民共和国海关出口货物报关单(空白)

### 中华人民共和国海关出口货物报关单

预录入编号：　　　　　海关编号：

| 境内发货人 | 出境关别 | | 出口日期 | | 申报日期 | | 备案号 | |
|---|---|---|---|---|---|---|---|---|
| 境外收货人 | 运输方式 | | 运输工具名称及航次号 | | 提运单号 | | | |
| 生产销售单位 | 监管方式 | | 征免性质 | | 许可证号 | | | |
| 合同协议号 | 贸易国(地区) | | 运抵国(地区) | | 指运港 | | 离境口岸 | |
| 包装种类 | 件数 | 毛重 | 净重 | 成交方式 | 运费 | | 保费 | 杂费 |
| 随附单证及编号 | | | | | | | | |
| 标记唛码及备注 | | | | | | | | |

| 项号 | 商品编号 | 商品名称及规格型号 | 数量及单位 | 单价/总价/币制 | 原产国(地区) | 最终目的国(地区) | 境内货源地 | 征免 |
|---|---|---|---|---|---|---|---|---|
|  |  |  |  |  |  |  |  |  |
|  |  |  |  |  |  |  |  |  |
|  |  |  |  |  |  |  |  |  |
|  |  |  |  |  |  |  |  |  |

| 特殊关系确认： | 价格影响确认： | 支付特许权使用费确认： | 自报自缴： |
|---|---|---|---|
| 报关人员　　报关人员证号　　电话　　兹申明对以上内容承担如实申报、依法纳税之法律责任<br>申报单位　　　　　　　　　　　　　　　　　　　　　　　　申报单位(签章) | | | 海关批注及签章 |

## 2.7 了解海关监管货物的类别

> **案例导入**　　　　　　　　　　　　　　　　　　　　　　　　　　**报关的职业慧眼**
>
> 泉眼通关服务有限公司以规范、高效的服务赢得了客户的信任,业务范围不断扩大,最近其又接受了几笔进口报关委托:①厦门某进出口贸易公司出口德国西服一批;②某公司进口红酒循环使用的橡木桶出口报关;③广州某公司进口一批冷轧铁条用于加工成品出口;④某地合资企业拟投资以生产果汁饮料为主的项目(国家鼓励发展的外资项目),进口一批罐装生产线设备。泉眼通关服务有限公司业务部赵经理从中选择"一般贸易"的报关委托,准备让报关人员常娅熟悉一般进出口货物报关的操作流程。
>
> 赵经理选择的是哪笔报关委托?

海关对不同性质的进出境货物实施不同的监督管理,分别建立了相应的海关监管制度。进出境货物收发货人或其代理人需根据不同的海关监管货物类别,办理相关货物的报关手续。

### 一、海关监管货物的分类

根据货物进出境的目的不同,海关监管货物可以分成五大类,见表 2-11。

表 2-11　　　　　　　　　　海关监管货物的分类

| 类别 | 含义 |
| --- | --- |
| 一般进出口货物 | 一般进口货物是指办结海关手续进入国内生产、消费领域流通的进口货物 |
| | 一般出口货物是指办结海关手续到境外生产、消费领域流通的出口货物 |
| 保税货物 | 主要为经海关批准未办理纳税手续进境,在境内加工、装配后复运出境的货物和在境内分拨、配送或储存后复运出境的货物 |
| 特定减免税货物 | 经海关依法准予免税进口的用于特定地区、特定企业、特定用途的货物 |
| 暂准进出境货物 | 经海关批准凭担保进(出)境在境内(外)使用后原状复运出(进)境的货物 |
| 其他进出境货物 | 跨境电子商务货物;由境外起运,通过中国境内继续运往境外的货物,如过境货物、转运货物、通运货物;其他办结海关手续的进出境货物,如进出境快件、无代价抵偿货物、退运货物等;其他尚未办结海关手续的进出境货物,如加工贸易不作价设备、租赁货物、出境加工货物等 |

### 二、报关程序

报关程序是指进出口货物收发货人、运输工具负责人、物品所有人或其代理人按照海关的规定,办理货物、物品、运输工具进出境及相关海关事务的手续和步骤。

从海关对进出境货物进行监管的全过程看,报关程序按时间先后可以分为三个阶段:前期阶段、进出境阶段、后续阶段。

#### (一)前期阶段

前期阶段是指进出口货物收发货人或其代理人根据海关对进出境货物的监管要求,在货物进出口之前,向海关办理备案手续的过程。

#### (二)进出境阶段

进出境阶段是指进出口货物收发货人或其代理人根据海关对进出境货物的监管要求,

在货物进出境时,向海关办理进出口申报、缴纳税费、配合查验、提取或装运货物手续的过程。

(三)后续阶段

后续阶段是指进出口货物收发货人或其代理人根据海关对进出境货物的监管要求,在货物进出境储存、加工、装配、使用、维修后,在规定的期限内,按照规定的要求,向海关办理上述进出口货物核销、销案、申请解除监管等手续的过程。

**基础知识** >>>

一、单项选择题

1. 报关人员需经( )。
   A. 报关单位向海关注册登记　　　　B. 个人向海关注册登记
   C. 报关单位向海关备案　　　　　　D. 个人向海关备案

2. 我国报关企业代理报关的形式是( )。
   A. 货物报关　　B. 物品报关　　C. 直接代理　　D. 间接代理

3. 反映出境运输工具实际配载货物、物品或者乘载旅客信息的舱单是( )。
   A. 装载舱单　　B. 装货舱单　　C. 预配舱单　　D. 原始舱单

4. 下列关于报关企业和进出口货物收发货人报关范围的表述,正确的是( )。
   A. 两者均可在关境内各海关报关
   B. 两者均只能在注册地海关辖区内各海关报关
   C. 报关企业可以在关境内各海关报关;进出口货物收发货人只能在注册地海关辖区内各海关报关
   D. 报关企业只能在注册地海关辖区内各海关报关;进出口货物收发货人可以在关境内各海关报关

5. 报关企业注册登记许可应由( )做出。
   A. 海关总署　　　　　　　　　　　　B. 直属海关
   C. 隶属海关　　　　　　　　　　　　D. 海关总署授权的直属海关或隶属海关

6. 报关企业报关注册登记证书和进出口货物收发货人报关注册登记证书的有效期为( )。
   A. 均为2年
   B. 均为3年
   C. 报关企业为2年,进出口货物收发货人为3年
   D. 报关企业为2年,进出口货物收发货人长期有效

二、多项选择题

1. 按照报关的对象,报关可分为( )。
   A. 运输工具报关　　B. 货物报关　　C. 物品报关　　D. 服务报关

2. 下列属于报关人员报关执业禁止行为的有( )。
   A. 故意制造海关与报关单位、委托人之间的矛盾和纠纷
   B. 同时在两个或两个以上报关单位执业

C. 假借海关名义,以明示或者暗示的方式向委托人索要委托合同约定以外的酬金或者其他财物、虚假报销

D. 私自接受委托办理报关业务,或者私自收取委托人酬金及其他财物

3. 进出境运输工具申报的内容包括(　　)。

A. 载运货物情况　　　　　　　　　B. 进出境的时间

C. 服务人员名单　　　　　　　　　D. 船舶国籍证书

4. 下列关于报关单位信用管理的表述,正确的有(　　)。

A. 除认证企业需申请外,其他企业信用等级无须企业申请

B. 海关根据企业信用状况将企业认定为认证企业、一般信用企业和失信企业

C. 首次注册登记的企业海关认定为一般信用企业

D. 认证企业涉嫌走私被立案侦查或者调查的,海关暂停适用相应管理措施,按照一般信用企业进行管理

5. 报关企业注册登记应具备的条件包括(　　)。

A. 具备境内企业法人资格条件

B. 报关人员人数不少于5人

C. 法定代表人、报关业务负责人、报关人员无走私记录

D. 有符合从事报关服务所必需的固定经营场所和设施

6. 根据海关规定,报关企业接受进出口货物收发货人的委托,办理报关手续时,应当对委托人所提供的情况的真实性、完整性进行合理的审查。审查内容包括(　　)。

A. 证明进出口货物的实际情况的资料,包括进出口货物的品名、规格、用途、产地、贸易方式等

B. 有关进出口货物的合同、发票、运输单据、装箱单等商业单据

C. 进出口所需的许可证件及其随附单证

D. 海关要求的加工贸易手册及其他进出口单证

7. 下列属于现场海关已经放行但尚未结关的进境货物的是(　　)。

A. 保税加工货物　　　　　　　　　B. 特定减免税货物

C. 暂准进境货物　　　　　　　　　D. 无代价抵偿货物

8. 进出口货物收发货人对非法检商品报检的情况主要有(　　)。

A. 出口贸易中,合同或是信用证等要求出口商提交商品检验证书、产地证书等需要海关出入境检验检疫机构出具相关证书

B. 进口贸易中,进口商担心进口商品质量存在问题,需要海关出入境检验检疫机构出具相关商检证书

C. 进口贸易中,进口商担心进口商品数量短少,需要海关出入境检验检疫机构出具相关商检证书

D. 进出口商品为法检商品

三、判断题

(　　)1. 进出境邮递物品都应按个人物品规定办理通关手续。

(　　)2.《海关法》规定个人携带进出境的行李物品、邮递进出境的物品,应当以自用、合理数量为限。

（　　）3. 进境运输工具载有货物、物品的，运输工具负责人应当在规定时间内向海关传输原始舱单主要数据，并在进境货物、物品运抵目的港以前向海关传输原始舱单其他数据。

（　　）4. 因企业信用状况认定结果不一致导致适用的管理措施相抵触的，海关按照就高原则实施管理。

（　　）5. 报关单位必须在取得对外贸易经营权并依法在海关注册登记后，才能办理报关手续。

（　　）6. 报关企业、进出口货物收发货人应对其所属的报关人员的报关行为承担相应的法律责任。

（　　）7. 海关对报关单位办理海关业务中出现的报关差错进行记分考核并予以公布，以促进报关单位加强管理，提高报关质量。

（　　）8. 法检商品进出境时必须报检，否则海关不接受报关。

（　　）9. 报关单位主要分为进出口货物收发货人、报关企业两大类。

（　　）10. 报关单录入平台为单一窗口或"互联网＋海关"一体化网上办事平台。

### 操作技能 >>>

**【项目一】**

某年5月，博远报关有限公司（以下简称博远公司）的报关人员杜璇接到了一个客户的咨询电话。客户李某称其公司近期要进口一批家具，希望博远公司能够协助办理报关手续，并且想知道进口此批家具需要多少费用。杜璇非常认真地解答了李某的问题，告之可以代办报关手续。几日后，李某按照杜璇的要求送来了报关所需的单据，并且与博远公司签订了电子代理报关委托协议。货物很快到达了港口，杜璇顺利地向海关进行了申报，可是在配合海关查验货物时她被吓出了一身冷汗，原来集装箱里的"家具"是两辆某品牌汽车。杜璇知道事情的严重性，当即向公司经理进行了汇报。

任务1：分析这次报关业务中杜璇的主要失误所在，其是否应该对这次报关业务承担法律责任。

任务2：分析杜璇所在的博远公司是否应对其报关行为承担法律责任。

任务3：如果你是海关关员，应该如何处理此案？

**【项目二】**

青岛飞瑞机械制造有限公司是刚刚取得营业执照的内资企业，从事集装箱自卸拖车的生产加工，尚未取得报关权。马来西亚客户对青岛飞瑞机械制造有限公司的产品质量非常满意，表示可以给公司下订单，希望5月份发运3台拖车车架到马来西亚巴生港。青岛飞瑞机械制造有限公司该如何办理相关手续？

任务1：办理对外贸易经营者的备案登记。

任务2：办理进出口货物收发货人海关注册登记。

任务3：妥善安排第一笔订单的出口报关。

# 学习情境 3

# 我国对外贸易管制的管理措施

**学习目标**

**知识目标**：理解我国对外贸易管制制度的主要内容，掌握我国货物进出口许可管理制度的主要内容。

**技能目标**：熟悉我国对外贸易管制的主要管理措施及报关规范，能登录网站查找相关资料，利用工具查找所需的监管证件及报关要点。

**素质目标**：通过学习我国对外贸易管制的法律体系及相关管理措施，牢固树立遵纪守法意识和四个自信，增强对中国特色社会主义制度的认同感。

**知识准备 >>>**

## 3.1 认知我国对外贸易管制

**案例导入** 固体废物之痛

某年8月，S进出口有限公司（以下简称S公司）向A海关申报进口一批铅铋合金粉，A海关对该批货物进行查验，并取样送深圳海关工业品检测技术中心检验。经鉴定，该批货物送检样品为以铅阳极泥为主的混合物，夹杂有金属残物，属于生产过程中产生的废弃物质，为禁止进口的固体废物。同年10月，A海关根据有关规定，对S公司做出罚款10万元的行政处罚，并责令退运该批固体废物。由于境外发货人不同意退运，S公司无法将该批货物退运出境，因此S公司只得将其移交有处置资质的单位进行了无害化处理，为此还承担了相关的滞港费用和处置费用。

1. 我国禁止进口货物目录包括哪几类商品？
2. 该批货物属于哪类禁止进口货物？

对外贸易管制是各国政府为保护和促进国内生产与发展、适时限制进出口而采取的鼓励或限制措施，或为政治目的对进出口采取禁止或限制的措施。对外贸易管制已成为各国不可或缺的一项重要政府职能，也是一个国家对外经济和外交政策的具体体现。

### 一、我国对外贸易管制概况

维护对外贸易秩序，保障国家经济安全，保护合法贸易的正当权益，发展对外贸易，促进社会主义市场经济健康发展,从而实现国家对外经济战略目标,是我国对外贸易管制的根本出发点。

(一)我国对外贸易管制的法律体系

我国对外贸易管制是一种国家管制,其所涉及的法律渊源只限于宪法、法律、行政法规、部门规章以及相关的国际条约,不包括地方性法规、规章及各民族自治区的地方条例和单行条例,具体见表3-1。

表 3-1　　　　　　　　　　我国对外贸易管制的法律体系

| 类别 | 举例 |
| --- | --- |
| 宪法 | ◆《中华人民共和国宪法》 |
| 法律 | ◆《中华人民共和国对外贸易法》<br>◆《中华人民共和国海关法》<br>◆《中华人民共和国进出口商品检验法》<br>◆《中华人民共和国进出境动植物检疫法》<br>◆《中华人民共和国固体废物污染环境防治法》<br>◆《中华人民共和国国境卫生检疫法》<br>◆《中华人民共和国野生动物保护法》<br>◆《中华人民共和国药品管理法》<br>◆《中华人民共和国文物保护法》<br>◆《中华人民共和国食品卫生法》 |
| 行政法规 | ◆《中华人民共和国货物进出口管理条例》<br>◆《中华人民共和国技术进出口管理条例》<br>◆《中华人民共和国进出口关税条例》<br>◆《中华人民共和国知识产权海关保护条例》<br>◆《中华人民共和国野生植物保护条例》<br>◆《中华人民共和国外汇管理条例》<br>◆《中华人民共和国反倾销条例》<br>◆《中华人民共和国反补贴条例》<br>◆《中华人民共和国保障措施条例》 |
| 部门规章 | ◆《货物进口许可证管理办法》<br>◆《货物出口许可证管理办法》<br>◆《货物自动进口许可管理办法》<br>◆《出口收汇核销管理办法》<br>◆《进口药品管理办法》<br>◆《放射性药品管理办法》<br>◆《两用物项和技术进出口许可证管理办法》 |
| 国际条约 | ◆ 我国加入世界贸易组织(WTO)所签订的有关双边或多边的各类贸易协定<br>◆《关于简化和协调海关业务制度的国际公约》(《京都公约》)<br>◆《濒危野生动植物种国际贸易公约》(《华盛顿公约》)<br>◆《关于消耗臭氧层物质的蒙特利尔议定书》<br>◆ 关于麻醉品和精神药物的国际公约<br>◆《关于化学品国际贸易资料交换的伦敦准则》<br>◆《关于在国际贸易中对某些危险化学品和农药采用事先知情同意程序的鹿特丹公约》<br>◆《控制危险废物越境转移及其处置的巴塞尔公约》<br>◆《建立世界知识产权组织公约》 |

(二)我国对外贸易管制的实施

我国对外贸易管制是通过商务主管部门及其他政府职能主管部门,依据国家贸易管制政策发放各类许可证件或者下发相关文件,最终由海关依据许可证件和相关文件对实际进出口货物的合法性实施监督管理来实现的。

海关通过审核"单""证""货"三大要素来确认货物进出口的合法性,其中"单"和"证"是通过报关活动的申报环节向海关递交的,再通过配合海关查验环节确认"单""证""货"是否相符。因此报关是海关确认进出口货物合法性的先决条件。

## 二、我国对外贸易管制制度

我国对外贸易管制制度是一种综合管理制度，主要由货物、技术进出口许可管理制度，对外贸易经营者管理制度，出入境检验检疫制度，货物贸易外汇管理制度及对外贸易救济制度等构成。

### （一）货物、技术进出口许可管理制度

货物、技术进出口许可管理制度是我国对外贸易管制中极其重要的管理制度，其管理范围包括禁止进出口的货物和技术、限制进出口的货物和技术、自由进出口的技术以及自由进出口中部分实行自动许可管理的货物。这里仅重点阐述货物进出口许可管理制度。

#### 1. 禁止进出口管理

对列入国家公布的禁止进出口目录以及其他法律、法规明令禁止或停止进出口的货物、技术，任何对外贸易经营者不得经营进出口。这主要包括列入由国务院商务主管部门或由其会同国务院有关部门制定的《禁止进口货物目录》《禁止进口固体废物目录》《禁止出口货物目录》的商品；国家有关法律、法规明令禁止进出口的商品以及其他由于各种原因停止进出口的商品。禁止进出口的货物见表 3-2。

表 3-2　　　　　　　　　　禁止进出口的货物

| 类别 | 目录及批次 | 商品 |
| --- | --- | --- |
| 禁止进口 | 《禁止进口货物目录》第一批：<br>◇ 保护自然生态环境和生态资源<br>◇ 履行我国所缔结或参加的与保护世界生态环境有关的国际条约协定 | ①四氯化碳(破坏臭氧层物质)；<br>②犀牛角、麝香、虎骨(世界濒危物种) |
| | 《禁止进口货物目录》第二批：<br>◇ 涉及生产安全、人身安全、环境保护的旧机电产品类 | ①旧压力容器类；<br>②旧电器、医疗设备类；<br>③旧汽车、工程及车船机械类 |
| | 《禁止进口货物目录》第三、四、五批：<br>◇ 对环境有污染的固体废物类 | 废动植物产品，矿渣、矿灰及残渣，废药物，杂项化学品废物，废橡胶、皮革，废特种纸，废纺织原料及制品，废玻璃，金属和金属化合物废物，废电池，废弃机电产品和设备及其未经分拣处理的零部件、拆散件、破碎件和砸碎件等，废石膏、石棉，其他未列名固体废物等 |
| | 《禁止进口货物目录》第六批：<br>◇ 保护人的健康，维护环境安全，淘汰落后产品<br>◇ 履行《鹿特丹公约》和《斯德哥尔摩公约》 | ①长纤维青石棉(须淘汰的落后产品)；<br>②二噁英 |
| | 明令禁止进口商品 | ①来自动植物疫情流行的国家和地区的有关动植物及其产品和其他检疫物；<br>②动植物病源(包括菌种、毒种等)及其他有害生物、动物尸体、土壤；<br>③带有违反"一个中国"原则的货物及其包装；<br>④以氯氟烃物质为制冷剂、发泡剂的家用电器产品和以氯氟烃物质为制冷工质的家用电器用压缩机；<br>⑤滴滴涕、氯丹；<br>⑥莱克多巴胺和盐酸莱克多巴胺 |

续表

| 类别 | 目录及批次 | 商品 |
|---|---|---|
| 禁止进口 | 其他 | ①以CFC-12为制冷工质的汽车及以CFC-12为制冷工质的汽车空调压缩机(含汽车空调器);<br>②旧服装;<br>③Ⅷ因子制剂等血液制品;<br>④氯酸钾、硝酸铵;<br>⑤100瓦及以上普通照明白炽灯 |
| 禁止出口 | 《禁止出口货物目录》第一批:<br>◇ 保护自然生态环境和生态资源<br>◇ 履行我国所缔结或参加的与保护世界生态环境有关的国际条约协定 | ①四氯化碳(破坏臭氧层物质);<br>②犀牛角、麝香、虎骨(世界濒危物种);<br>③发菜、麻黄草(具有防风固沙作用) |
| | 《禁止出口货物目录》第二批:<br>◇ 保护我国匮乏的森林资源 | 木炭 |
| | 《禁止出口货物目录》第三批:<br>◇ 保护人的健康,维护环境安全,淘汰落后产品<br>◇ 履行《鹿特丹公约》和《斯德哥尔摩公约》 | ①长纤维青石棉(须淘汰的落后产品);<br>②二噁英 |
| | 《禁止出口货物目录》第四批:<br>◇ 天然砂 | 硅砂、石英砂,其他天然砂(对我国香港、澳门、台湾地区出口天然砂实行出口许可证管理) |
| | 《禁止出口货物目录》第五批:<br>◇ 森林凋落物和泥炭(无论是否经化学处理) | ①腐叶、腐根、树皮、树根等森林凋落物;<br>②沼泽(湿地)中、植物枯死、腐烂堆积而成的有机矿体 |
| | 明令禁止出口商品 | ①未定名的或者新发现并有重要价值的野生植物;<br>②原料血浆;<br>③商业性出口的野生红豆杉及其部分产品;<br>④劳改产品;<br>⑤以氯氟烃物质为制冷剂、发泡剂的家用电器产品和以氯氟烃物质为制冷工质的家用电器用压缩机;<br>⑥滴滴涕、氯丹;<br>⑦莱克多巴胺和盐酸莱克多巴胺 |

2.限制进出口管理

我国限制进口货物的管理按照其限制方式划分为进口许可证件管理和进口关税配额管理;限制出口货物的管理按照其限制方式划分为出口配额管理和出口许可证管理。

## 知识链接

### 进口关税配额管理与出口配额管理的区别

进口关税配额管理是指在一定时期(一般是1年)内,国家对部分商品的进口制定关税配额税率并规定该商品进口数量总额;企业经批准取得关税配额证后允许按照关税配额税率征税进口,如超出限额则按照配额外税率征税进口。如2020年我国进口毛条关税配额总量为8万吨,关税配额税率为3%,最惠国税率为38%。因此进口关税配额管理是一种相对数量的限制。

出口配额管理是指在一定时期(一般是1年)内,国家对部分商品以规定绝对数量的方式限制出口,包括出口配额许可证管理和出口配额招标管理两种方式。任何方式下企业取得配额证后都需凭配额证明到商务主管部门申领出口许可证方可出口。

### 3. 自由进出口管理

除上述国家禁止、限制进出口货物外的其他货物均属于自由进出口货物范围。自由进出口货物不受限制，但基于监测进出口情况的需要，国家对部分属于自由进出口的货物实行自动进口许可管理。进口属于自动进口许可管理的货物，企业凭相关部门发放的自动进口许可证，向海关办理报关手续。

### （二）对外贸易经营者管理制度

我国对对外贸易经营者的管理实行备案登记制。法人、其他组织或者个人在从事进出口经营前，必须按国家的有关规定，依法定程序在国家商务主管部门备案登记进出口经营权。

为对关系国计民生的重要进出口商品实行有效的宏观管理，国家对部分货物的进出口实行国有贸易管理。实行国有贸易管理的货物的进出口业务只能由经授权的企业经营，但国家允许部分数量的国有贸易管理的货物的进出口业务由非授权企业经营的除外。

目前，我国实行国有贸易管理的商品主要包括：玉米、大米、钨及钨制品、锑及锑制品、煤炭、原油、成品油、棉花、白银等。

### （三）出入境检验检疫制度

我国出入境检验检疫制度实行目录管理，海关总署根据对外贸易需要，公布并调整《出入境检验检疫机构实施检验检疫的进出境商品目录》（以下简称《法检目录》）；《法检目录》所列明的商品称为法定检验商品，即国家规定实施强制性检验的进出境商品。

我国出入境检验检疫制度内容包括：进出口商品检验制度、进出口动植物检疫制度以及国境卫生监督制度，见表 3-3。

表 3-3　　　　　　　　　我国出入境检验检疫制度一览表

| 项目 | 进出口商品检验制度 | 进出口动植物检疫制度 | 国境卫生监督制度 |
| --- | --- | --- | --- |
| 法律根据 | 《中华人民共和国进出口商品检验法》 | 《中华人民共和国进出境动植物检疫法》 | 《中华人民共和国国境卫生检疫法》 |
| 目的 | 保证进出口商品的质量，维护对外贸易有关各方的合法权益，促进对外经济贸易关系的顺利发展 | 防止动物传染病、寄生虫病和植物危险性病、虫、杂草以及其他有害生物传入、传出国境，保护农、林、牧、渔业生产和人体健康，促进对外经济贸易的发展 | 防止传染病由国外传入或者由国内传出，实施国境卫生检疫，保护人体健康 |
| 检验检疫内容 | 商品的质量、规格、数量、包装以及是否符合安全、卫生要求 | 对进出境动植物、动植物产品的生产、加工、存放过程实行动植物检疫 | 在进出口口岸对出入境的交通工具、货物、运输仪器以及口岸辖区的公共场所、环境、生活设施、生产设备进行卫生检查、鉴定、评价和采样检验 |
| 检验要求 | 列入《法检目录》的实施法定检验；其他的是否检验由货主自行决定 | 属法定检验检疫性质，不能自行决定检验检疫与否 | |
| 检验种类 | 法定检验、合同检验、公证鉴定、委托检验 | 进境检疫、出境检疫、边境检疫、进出境携带和邮寄物检疫以及出入境运输工具检疫 | 进出境检疫、国境传染病检测、进出境卫生监督 |

### (四)货物贸易外汇管理制度

我国自2012年8月1日起实施货物贸易外汇管理制度改革,国家外汇管理局通过货物贸易外汇监测系统,全面采集企业货物进出口和贸易外汇收支数据,定期比对、评估企业货物流与资金流总体匹配情况,一方面便利合规企业贸易外汇收支,另一方面对存在异常的企业进行重点监测,必要时实施现场核查。

国家外汇管理局对货物外汇的主要监管方式包括:企业名录登记管理、非现场核查、现场核查和ABC分类管理、电子数据核查、贸易外汇收支业务审核、企业报告及登记管理等。

### (五)对外贸易救济制度

世界贸易组织(WTO)允许成员方在进口产品倾销、补贴和过激增长等给其境内产业造成损害的情况下,使用反倾销、反补贴和保障措施等手段保护境内产业不受损害。

反倾销与反补贴针对的是不公平贸易或不公平竞争,而保障措施是针对公平条件下数量猛增的进口产品,这三项救济措施具有不同的功能,在适用对象、实施形式等方面不尽相同,见表3-4。

表3-4　　　　　　　　　　反倾销、反补贴和保障措施的区别

| 类别 | 适用对象 | 实施形式 临时 | 实施形式 最终 |
| --- | --- | --- | --- |
| 反倾销措施 | 出口商的个人行为造成低于正常价格的低价,对进口方境内同类产业造成损害 | ①征收临时反倾销税;②提供现金保证金、保函或其他形式的担保;③期限:不超过4个月,可延长至9个月 | 商务部提出建议,国务院关税税则委员会做出决定,商务部予以公告,征收反倾销税 |
| 反补贴措施 | 因政府补贴造成低于正常价格的低价,对进口方境内产业造成损害 | ①以现金保证金或保函作为担保征收临时反补贴税;②期限:不超过4个月 | 商务部提出建议,国务院关税税则委员会做出决定,商务部予以公告,征收反补贴税 |
| 保障措施 | 进口产品的数量激增,对进口方境内产业造成难以补救的损害 | ①提高关税;②期限:不超过200天 | 形式:提高关税、数量限制期限:一般不超过4年,可延长,但不得超过10年 |

**要点提示 >>>**

## 3.2　我国对外贸易管制的主要管理措施

**案例导入**　　　　　　　　　　　　　　　　　　　　　旧挖掘机的乔装改扮

某年3月,广州一家进出口贸易公司以一般贸易方式向黄埔海关申报进口3台六成新的"旧履带式凿地机",生产年份分别是2002年或2003年,型号分别是"加藤HD823MR""日立ZX210H""日立ZX210K"。经海关现场查验发现,该批申报进口的"旧履带式凿地

机"除工作头为破碎锤外,其余部分均与挖掘机相同,存在企业通过改装进口"旧挖掘机"的嫌疑。海关随即将有关情况提交国家商务主管部门进行鉴定。不久,国家商务主管部门反馈的鉴定结果证实了海关的怀疑:该批货物已具备了挖掘机的主要特征。

1. 企业为什么要将"旧挖掘机"改装成"旧履带式凿地机"?
2. 我国对外贸易管制中关于"旧挖掘机"有哪些管理措施?

我国对外贸易管制是一项综合制度,涉及的管理规定繁多。我国对外贸易管制的主要管理措施是从事报关工作的人员必须了解的专业知识。

## 一、进出口许可证管理

进出口许可证管理是以签发进出口许可证的形式对《进口许可证管理货物目录》《出口许可证管理货物目录》商品实行行政许可管理。商务部统一管理、指导全国各发证机构的进出口许可证签发工作。除国家另有规定外,企业应当在进口或出口前按规定向指定的发证机构申领进出口许可证,凭以向海关办理进出口通关手续。

### (一) 管理范围

商务部会同海关总署每年调整、发布年度《进口许可证管理货物目录》和《出口许可证管理货物目录》。2020 年实行进口许可证管理的商品有消耗臭氧层物质和重点旧机电产品;实行出口许可证管理的商品有 43 种,分别实行出口配额许可证、出口配额招标和出口许可证管理。

**知识链接**

商务部、海关总署公告 2019 年第 65 号
公布进口许可证管理货物目录(2020 年)

依据《中华人民共和国对外贸易法》《中华人民共和国货物进出口管理条例》《消耗臭氧层物质管理条例》《货物进口许可证管理办法》《机电产品进口管理办法》《重点旧机电产品进口管理办法》等法律、行政法规和规章,现公布《进口许可证管理货物目录(2020 年)》,自 2020 年 1 月 1 日起执行。商务部、海关总署公告 2018 年第 107 号同时废止。

附件:进口许可证管理货物目录(2020 年)

商务部 海关总署
2019 年 12 月 31 日

**知识链接**

商务部公告 2019 年第 71 号
公布 2020 年进出口许可证件发证机构名录

依据《中华人民共和国对外贸易法》《中华人民共和国行政许可法》《货物进口许可证管理办法》《机电产品进口管理办法》《重点旧机电产品进口管理办法》《货物出口许可证管理办法》,现公布《2020 年进出口许可证件发证机构名录》和有关事项。

一、2020年属于许可证管理的进口货物为消耗臭氧层物质和重点旧机电产品,详见进口许可证管理货物目录(2020年)。商务部或者受商务部委托的省级地方商务主管部门负责对上述货物的进口实施许可,并向符合条件的申请人签发《中华人民共和国进口许可证》(以下简称为进口许可证)。

二、2020年属于许可证管理的出口货物为43种,详见出口许可证管理货物目录(2020年)。商务部或者受商务部委托的省级地方商务主管部门及副省级市商务主管部门负责对上述货物的出口实施许可,并向符合条件的申请人签发《中华人民共和国出口许可证》(以下简称为出口许可证)。

三、为维护对外贸易秩序,对部分出口货物实行指定机构发证。出口此类货物需向指定机构申领出口许可证。

四、进出口许可证件的签发,应严格按照《进口许可证签发工作规范》(商配发〔2007〕360号)、《出口许可证签发工作规范》(商配发〔2008〕398号)、《货物进出口许可证电子证书申请签发使用规范(试行)》(商办配函〔2015〕494号)等有关规定执行。许可证局负责对进出口许可证件签发工作进行监督检查和指导。

五、本公告所称省级地方商务主管部门,是指各省、自治区、直辖市、计划单列市及新疆生产建设兵团商务主管部门。本公告所称副省级市商务主管部门,是指沈阳市、长春市、哈尔滨市、南京市、武汉市、广州市、成都市、西安市商务主管部门。

六、本公告自2020年1月1日起执行。商务部公告2018年第110号和第111号同时废止。

商务部

2019年12月31日

(注:限于篇幅,这里仅摘录部分内容。)

(二)报关规范

(1)进口许可证的有效期为1年,当年有效。特殊情况需要跨年度使用时,有效期不得超过次年3月31日,逾期自行失效。

(2)出口许可证的有效期不得超过6个月,当年有效。商务部可视具体情况,调整某些货物出口许可证的有效期。

(3)进出口许可证一经签发,不得擅自更改内容。如需更改,经营者应当在许可证有效期内提出更改申请,由原发证机构重新签发许可证。

(4)进出口许可证实行"一证一关"管理。一般情况下,进出口许可证为"一批一证"。

(5)为实施出口许可证联网核销,对不属于"一批一证"制的货物,出口许可证签发时应在备注栏内填注"非一批一证"。在出口许可证有效期内,"非一批一证"制货物可以多次报关使用,但不得超过12次。12次报关后,出口许可证即使尚存余额,海关也停止接受报关。

(6)对实行"一批一证"进出口许可证管理的大宗、散装货物,溢装数量不得超过其许可证所列数量的5%,其中原油、成品油溢装数量不得超过其许可证所列数量的3%。对实行"非一批一证"进出口许可证管理的大宗、散装货物,在每批货物进出口时,按其实际进出口数量进行核扣,最后一批货物进出口时,其溢装数量按该许可证实际剩余数量并在规定的溢装上限5%内(原油、成品油在溢装上限3%内)计算。

(7)消耗臭氧层物质的进出口许可证管理实行"一批一证"制。

(8)出口实行"非一批一证"制管理的货物包括：小麦、玉米、大米、小麦粉、玉米粉、大米粉、活牛、活猪、活鸡、牛肉、猪肉、鸡肉、原油、成品油、煤炭、摩托车(含全地形车)及其发动机和车架、汽车(包括成套散件)及其底盘、加工贸易项下出口货物、补偿贸易项下出口货物等。出口上述货物的,可在出口许可证有效期内多次通关使用,但不得超过12次。

(9)为维护货物出口经营秩序,对甘草、甘草制品和天然砂(对我国台湾、香港、澳门地区)实行指定口岸管理。其中甘草出口的通关口岸为天津海关、上海海关、大连海关;甘草制品出口的通关口岸为天津海关、上海海关;天然砂(对我国台湾、香港、澳门地区)的出口通关口岸限定于企业所在省(自治区、直辖市)的海关。

> **职场警示**
>
> 某年8月,国内某企业承建某国水电站项目,向海关申报出口用于运输散装水泥的货运机动车辆,车辆品牌为华威驰乐,型号为SGZ5310GFLZZ3W。企业将该车辆按"特殊用途的机动车辆"归入商品编码8705909090。海关查验认定,该车辆应按"货运机动车辆"归入商品编码8704230090。
>
> 按照相关规定,"货运机动车辆"出口需办理商务部签发的出口许可证,"特殊用途的机动车辆"则无须办理出口许可证,因此,该企业存在逃证的违法情形,海关给予其罚款及降级处理。

## 二、进口关税配额管理

进口关税配额管理属限制进口,实行关税配额证管理,其主管部门为商务部以及国家发展和改革委员会。2020年我国实施进口关税配额管理的农产品有小麦、玉米和大米、食糖、羊毛及毛条、棉花;实施进口关税配额管理的工业品为尿素、复合肥、磷酸氢铵三种化肥。

### (一)实施进口关税配额管理的农产品

(1)农产品进口关税配额管理的主管部门为商务部及国家发展和改革委员会,海关凭其签发的"农产品进口关税配额证"办理验放手续。

(2)商务部、国家发展和改革委员会按规定的期限对外公布每种农产品下一年度的关税配额总量,其中食糖、羊毛、毛条由商务部负责受理申请,小麦、玉米、大米、棉花由国家发展和改革委员会负责受理申请。

(3)"农产品进口关税配额证"实行"一证多批",即在有效期内,凭"农产品进口关税配额证"可多次办理通关手续,直至海关核注栏填满为止。

(4)由境外进入保税仓库、保税区、出口加工区的上述农产品,无须提交"农产品进口关税配额证"。

## (二)实施进口关税配额管理的工业品

商务部负责化肥进口关税配额管理工作,海关凭"化肥进口关税配额证明"按配额内税率征税,并验放货物。

## 三、两用物项和技术进出口许可证管理

两用物项和技术是指《中华人民共和国核出口管制条例》《中华人民共和国核两用品及相关技术出口管制条例》《中华人民共和国导弹及相关物项和技术出口管制条例》《中华人民共和国生物两用品及相关设备和技术出口管制条例》《中华人民共和国监控化学品管理条例》《易制毒化学品管理条例》《有关化学品及相关设备和技术出口管制办法》所规定的相关物项和技术。

商务部和海关总署依据上述法规联合颁布《两用物项和技术进出口许可证管理办法》,并调整、发布《两用物项和技术进出口许可证管理目录》,规定对列入该目录的物项及技术的进出口统一实行两用物项和技术进出口许可证管理。

商务部指导全国各发证机构的两用物项和技术进出口许可证的发证工作,两用物项和技术进出口前,进出口经营者应当向发证机关申领"中华人民共和国两用物项和技术进/出口许可证",凭以向海关办理进出口通关手续。

### (一)管理范围

2020年实施两用物项和技术进口许可证管理的商品包括:监控化学品管理条例名录所列物项(69种)、易制毒化学品(48种)、放射性同位素(10种)共3类。

2020年实施两用物项和技术出口许可证管理的商品包括:核出口管制清单所列物项和技术(159种);核两用品及相关技术出口管制清单所列物项和技术(204种);生物两用品及相关设备和技术出口管制清单所列物项和技术(144种);监控化学品管理条例名录所列物项(69种);有关化学品及相关设备和技术出口管制清单所列物项和技术(37种);导弹及相关物项和技术出口管制清单所列物项和技术(186种);易制毒化学品(48种),易制毒化学品向缅甸、老挝、阿富汗等特定国家(地区)出口(17种);无人驾驶航空飞行器或无人驾驶飞艇及其部分设备部件、部分计算机及其电子组件、外部互联设备等6种;耙吸式挖泥船、绞吸式挖泥船等5种特殊民用物项和技术。

### (二)报关规范

(1)两用物项和技术进口许可证实行"非一批一证"制和"一证一关"制;两用物项和技术出口许可证实行"一批一证"制和"一证一关"制。

(2)两用物项和技术进出口许可证有效期一般不超过1年。跨年度使用时,在有效期内只能使用到次年3月31日,逾期发证机构将根据原许可证有效期换发许可证。

(3)两用物项和技术进口许可证证面的进口商、收货人应分别与进口货物报关单的收货人、消费使用单位一致;两用物项和技术出口许可证证面的出口商和发货人应分别与出口货物报关单的发货人、生产销售单位一致。

(4)在境内与保税区、出口加工区等海关特殊监管区域、保税场所之间进出的,或者在海关特殊监管区域、保税场所之间进出的两用物项和技术,无须办理两用物项和技术进出口许

可证。

## 四、自动进口许可证管理

根据监测货物进口情况的需要,国家对部分自由进口货物实行自动许可管理。商务部负责自动进口许可证货物的管理,并指导全国各发证机构自动进口许可证的签发。

### (一)管理范围

2020年实行自动进口许可证管理的商品包括非机电产品类和机电产品类,见表3-5。

表3-5　　　　　　　2020年实行自动进口许可证管理的商品范围

| 签发部门 | 货物类别 | 商品范围 |
| --- | --- | --- |
| 商务部 | 非机电产品类 | 牛肉、猪肉、羊肉、鲜奶、奶粉、木薯、大麦、高粱、大豆、油菜籽、食粮、玉米酒糟、豆粕、烟草、原油、成品油、化肥、二醋酸纤维丝束共18种 |
|  | 机电产品类 | 烟草机械,移动通信产品,卫星、广播、电视设备及关键部件,汽车产品,飞机,船舶共6种 |
| 商务部委托的省级地方商务主管部门或地方、部门机电办 | 非机电产品类 | 肉鸡、植物油、铁矿石、铜精矿、煤、成品油、化肥、钢材共8种 |
|  | 机电产品类 | 工程机械、印刷机械、纺织机械、金属冶炼及加工设备、金属加工机床、电气设备、汽车产品、飞机、船舶、医疗设备共10种 |

### (二)报关规范

进口列入《自动进口许可管理货物目录》的商品,在办理报关手续时须向海关提交自动进口许可证,但下列情形免交:

(1)加工贸易项下进口并复出口的(原油、成品油除外)。

(2)外商投资企业作为投资进口或者投资额内生产自用的(旧机电产品除外)。

(3)货样广告品、实验品进口,每批次价值不超过5 000元人民币的。

(4)暂时进口的海关监管货物。

(5)进入保税区、出口加工区等海关特殊监管区域及进入保税仓库、保税物流中心的属自动进口许可管理的货物。

(6)加工贸易项下进口的不作价设备监管期满后留在原企业使用的。

(7)国家法律、法规规定的其他免领自动进口许可证的。

自动进口许可证有效期为6个月,但仅限公历年度内有效。

自动进口许可证项下货物原则上实行"一批一证"管理,对部分货物也可实行"非一批一证"管理。对实行"非一批一证"管理的,在有效期内可以分批次累计报关使用,但累计使用不得超过6次。

对实行"一批一证"的自动进口许可管理的大宗、散装货物,其溢装数量在货物总量±5%以内(原油、成品油、化肥、钢材的溢装数量在货物总量±3%以内)的予以免证;对实行"非一批一证"的自动进口许可管理的大宗、散装货物,每批货物进口时,按其实际进口数量核扣自动进口许可证额度数量;最后一批货物进口时,其溢装数量按该自动进口许可证实际剩余数量并在规定的允许溢装上限内计算。

## 五、固体废物进口管理

为防止固体废物污染环境,保障人体健康,我国对固体废物实施禁止进口、限制进口以及非限制进口分类管理。

### (一)管理范围

生态环境部是进口废物的国家主管部门,其会同商务部、国家发展和改革委员会、海关总署制定、调整并公布《禁止进口固体废物目录》(以下简称禁止目录)、《限制进口类可用作原料的废物目录》(以下简称限制目录)及《非限制进口类可用作原料的废物目录》(以下简称非限制目录),并负责签发"中华人民共和国限制进口类可用作原料的固体废物进口许可证"。

### (二)报关规范

(1)不论以何种方式进口列入限制目录的固体废物,包括由境外进入海关特殊监管区域和保税监管场所的,均须事先申领固体废物进口许可证。

(2)进口列入非限制目录的固体废物,必须符合进口可用作原料的固体废物环境保护控制标准或者相关技术规范等强制性要求;经检验检疫,不符合进口可用作原料的固体废物环境保护控制标准或者相关技术规范等强制性要求的固体废物,不得进口。

(3)国家允许进口的固体废物应当从《限定固体废物进口口岸目录》进口,并办理报关手续;进口者申领固体废物进口许可证时应填写《限定固体废物进口口岸目录》中的关区代码。

(4)废物进口许可证当年有效,若延期,则只能延期一次,且延期不得超过60日。

(5)废物进口许可证实行"一证一关",一般情况下实行"非一批一证"。

(6)对废金属、废塑料、废纸进口实施分类装运管理。

(7)固体废物从海关特殊监管区域和保税监管场所进口到境内区外或在海关特殊监管区域和保税监管场所之间进出的,无须办理固体废物进口许可证。

(8)海关特殊监管区域和保税监管场所不得以转口货物为名存放进口固体废物。

> **职场警示**
>
> **上海海关对进口垃圾说"NO"**
>
> 进口垃圾是指一些不是本国产生的废弃的工业用品、日用品等,也被称为"进口固体废物"。
>
> 2018年以来,上海海关持续开展打击固体废物走私的"蓝天"行动,先后组织6轮集中打击,立案侦办走私进口垃圾刑事案件14起,查证各类固体废物3 707吨,查获1 051吨;立案调查固体废物走私违法案件363起,查获1.92万吨。上海地区固体废物走私高发态势得到有效遏制。
>
> 在实际监管中,上海海关严格落实对进口可用作原料的进口固体废物"三个100%"的查验要求,加强风险分析与单证验核,重点检查固体废物进口许可证、报关单、舱单等单证的完整性及关联性,对易伪报品名货物一律实施人工开箱查验。同时,强化口岸监管查验,加强风险布控和专项稽查,加强进口固体废物原料环保项目检验检疫,对固体废物走私实施持续不间断的严厉打击,坚决将走私违规固体废物封堵在国门之外。

## 六、野生动植物种进出口管理

野生动植物种进出口管理是指国家濒危物种进出口管理办公室会同国家其他部门,依法制定或调整《进出口野生动植物种商品目录》并以签发"《濒危野生动植物种国际贸易公约》允许进出口证明书"(简称公约证明)、"中华人民共和国野生动植物进出口证明书"(简称非公约证明)或"非《进出口野生动植物种商品目录》物种证明"(简称物种证明)的形式,对该目录列明的依法受保护的珍贵、濒危野生动植物及其产品实施的进出口限制管理。

### (一)管理范围

(1)对列入《进出口野生动植物种商品目录》中属于《濒危野生动植物种国际贸易公约》成员国(地区)应履行保护义务的物种,不论以何种方式进出口,均须事先申领公约证明。

(2)对列入《进出口野生动植物种商品目录》中属于我国自主规定管理的野生动植物及其产品,不论以何种方式进出口,均须事先申领非公约证明。

(3)对列入《进出口野生动植物种商品目录》中适用公约证明、非公约证明管理以外的野生动植物及相关货物或物品和含野生动植物成分的纺织品,均须事先申领物种证明。

### (二)报关规范

(1)公约证明、非公约证明实行"一批一证",有效期不得超过180日。

(2)物种证明分为"一次使用"和"多次使用":

①"一次使用"的物种证明有效期自签发之日起不得超过180日,"多次使用"的物种证明有效期自签发之日起不得超过360日。

②"多次使用"的物种证明只适用于同一物种、同一货物类型、在同一报关口岸多次进出口的野生动植物及其产品。

(3)对进出境货物或物品包装、说明中标注含有商品目录所列野生动植物成分的,经营者应主动如实向海关申报,海关按实际含有该野生动植物的商品进行监管。

## 七、进出口药品管理

国家药品监督管理局会同国务院商务主管部门制定、调整管理目录,如《进口药品目录》《生物制品目录》《精神药品管制品种目录》《麻醉药品管制品种目录》《兴奋剂目录》等,并签发进出口许可证件。

药品必须经国务院批准的允许药品进口的口岸进口。目前,我国允许进口药品的口岸城市共19个,即北京、天津、上海、大连、青岛、成都、武汉、重庆、厦门、南京、杭州、宁波、福州、广州、深圳、珠海、海口、西安、南宁。

进出口药品管理范围及报关规范见表3-6。

表 3-6　　　　　　　　　　　进出口药品管理范围及报关规范

| 管理类别 | 管理范围 | 报关规范 |
| --- | --- | --- |
| 精神药品进出口 | 列入《精神药品管制品种目录》的药品,包含精神药品标准品及对照品,如咖啡因、去氧麻黄碱、复方甘草片等 | ①以任何贸易方式进出口,不论何种用途,均须提交"精神药品进出口准许证"及其他有关单据;<br>②仅限在该证注明的口岸海关使用,"一批一证" |
| 麻醉药品进出口 | 列入《麻醉药品管制品种目录》的药品,包括鸦片、可卡因、大麻、吗啡、海洛因、合成麻醉药类及其他易成瘾癖的药品、药用原植物及其制剂等 | ①以任何贸易方式进出口,不论何种用途,均须提交"麻醉药品进出口准许证"及其他有关单据;<br>②仅限在该证注明的口岸海关使用,"一批一证" |
| 兴奋剂进出口 | 列入《兴奋剂目录》的商品,包括蛋白同化制剂品种、肽类激素品种、麻醉药品品种、刺激剂(含精神药品)品种、药品类易制毒化学品品种、医疗用毒性药品品种、其他品种等 7 类 | ①进出口蛋白同化制剂和肽类激素提交"药品进出口准许证";<br>②进口准许证有效期 1 年,出口准许证有效期 3 个月;<br>③"一证一关",证面内容不得更改 |
| 一般药品进出口 | ①列入《进口药品目录》的药品,用于预防、治疗、诊断人的疾病,有目的地调节人的生理机能并规定有适应证、用法和用量的物质,包括中药材、中药饮片、中成药、化学原料药及其制剂、抗生素、生化药品、血清疫苗、血液制品等;<br>②列入《生物制品目录》的药品,包括疫苗类、血液制品类及血源筛查用诊断试剂等;<br>③首次在中国境内销售的药品;<br>④进口暂未列入《进口药品目录》的原料药的单位,必须遵守《进口药品管理办法》中的各项有关规定,主动到各口岸药品检验所报验;<br>⑤进口两用物项许可证管理的易制毒化学品,且属《易制毒化学品管理条例》中第一类(可用于制毒的主要原料)的药品 | ①报关单位向海关提交有效的"进口药品通关单"及其他有关单据;<br>②进口药品通关单仅限在该单注明的口岸海关使用,并实行"一批一证"制度,证面内容不得更改;<br>③一般药品出口目前暂无特殊的管理要求 |

**职场热线**

问:我公司拟进口的食用药品原料列入了国家药品监督管理局与海关总署联合下发的《进口药品目录》,但其用途是非药用的,是否还按照药品办理相关通关手续?

答:凡列入此目录中的物品,进口单位凭营业执照复印件、装箱单、提运单等资料,直接到口岸药品监督管理局办理"进口药品通关单"。口岸药品监督管理局在"进口药品通关单"中注明"非药用,不需进行药品口岸检验"。

## 八、出入境检验检疫管理

列入《法检目录》以及其他法律、法规规定的需要检验检疫的货物进出口时,货物所有人或其合法代理人需向海关进行检务申报。

需向海关进行检务申报的出入境货物见表 3-7。

表 3-7　　　　　　　　需向海关进行检务申报的出入境货物

| 货物流向 | 货物范围 |
| --- | --- |
| 入境 | ①列入《法检目录》的商品；<br>②外商投资财产价值鉴定(受国家委托,为防止外商瞒骗对华投资额而对其以实物投资形式进口的投资设备的价值进行鉴定)；<br>③进口可再用作原料的废物；<br>④进口旧机电产品；<br>⑤进口货物发生短少、残损或其他质量问题需对外索赔时,其赔付的进境货物；<br>⑥进口捐赠的医疗器械；<br>⑦其他未列入《法检目录》,但国家有关法律、行政法规明确由出入境检验检疫机构负责检验检疫的入境货物或特殊物品等 |
| 出境 | ①列入《法检目录》的货物；<br>②出口纺织品标志；<br>③对外经济技术援助物资及人道主义紧急救灾援助物资；<br>④其他未列入《法检目录》,但国家有关法律、行政法规明确由出入境检验检疫机构负责检验检疫的出境货物 |

## 九、其他货物进出口管理

### (一)密码产品和含有密码技术的设备进口许可证管理

国家密码管理局是密码产品和含有密码技术设备进口的国家主管部门,列入《密码产品和含有密码技术的设备进口管理目录》的商品在组织进口前应事先申领"密码产品和含有密码技术设备进口许可证"(以下简称密码进口许可证),凭以办理通关手续。

1. 管理范围

管理范围包括:列入《密码产品和含有密码技术的设备进口管理目录》以及虽暂未列入该目录但含有密码技术的进口商品。列入目录的商品包括加密传真机、加密电话机、加密路由器、非光通信加密以太网络交换机、密码机、密码卡等商品。

2. 报关规范

(1)免予提交密码进口许可证的情形有:①加工贸易项下为复出口而进口的；②由海关监管,暂时进口后复出口的；③从境外进入海关特殊监管区域和保税监管场所的,或在海关特殊监管区域、保税监管场所之间进出的。

(2)从海关特殊监管区域、保税监管场所进入境内区外,需交验密码进口许可证。

(3)进口单位知道或应当知道其所进口的商品含有密码技术,但暂未列入目录的,也应当申领密码进口许可证,进口时主动向海关提交。

### (二)民用爆炸物品进出口管理

工业和信息化部是国家进出口民用爆炸物品主管部门,管理范围包括用于非军事目的、列入我国《民用爆炸物品品名表》的各类火药、炸药及其制品,雷管、导火索等点火和起爆器材。

向海关申报进出口民用爆炸物品,报关单位应向海关提交"民用爆炸物品进/出口审批单"及其他有关单据。"民用爆炸物品进/出口审批单"实行"一批一单"和"一单一关"管理。

### (三)艺术品进出口管理

文化和旅游部负责艺术品进出口经营活动的审批管理。

纳入我国进出口管理的艺术品是指绘画作品、书法篆刻作品、雕塑雕刻作品、艺术摄影作品、装置艺术作品、工艺美术作品等及上述作品的有限复制品;艺术品不包括文物。

艺术品进出口单位应当在艺术品进出口前,向艺术品进出口口岸所在地的省、自治区、直辖市文化行政部门申领进出口批准文件,凭以向海关办理通关手续。

### (四)音像制品进口管理

国家对设立音像制品成品进口单位实行许可制度,音像制品成品进口业务由中央宣传部(国家新闻出版署)批准的进口单位经营;国家新闻出版署设立音像制品内容审查委员会,负责审查进口音像制品的内容。音像制品应在进口前报国家新闻出版署进行内容审查,审查批准取得"进口音像制品批准单"后方可进口。

"进口音像制品批准单"一次报关使用有效;属于音像制品成品的批准单当年有效,属于用于出版的音像制品的批准单有效期为1年。

随机器设备同时进口以及进口后随机器设备复出口的记录操作系统、设备说明、专用软件等内容的音像制品,无须申领"进口音像制品批准单",海关凭进口单位提供的合同、发票等有效单证验放。

### (五)黄金及黄金制品进出口管理

中国人民银行为黄金及黄金制品进出口的管理机关,管理范围包括列入《黄金及黄金制品进出口管理目录》的黄金及黄金制品;海关凭中国人民银行或其授权的中国人民银行分支机构签发的"黄金及黄金制品进出口准许证"办理验放手续。

### (六)有毒化学品进出口管理

生态环境部负责有毒化学品的进出口审批,管理范围包括列入《中国禁止或严格限制的有毒化学品名录》的化学品;海关凭有效的"有毒化学品环境管理放行通知单"办理验放手续。

### (七)农药进出口管理

农业农村部会同海关总署依法制定《中华人民共和国进出口农药登记证明管理名录》。进出口列入上述目录的农药,应事先向农业农村部农药检定所申领"农药进出口登记管理放行通知单",凭以向海关办理进出口报关手续。"农药进出口登记管理放行通知单"实行"一批一证"制管理。

### (八)兽药进口管理

农业农村部会同海关总署制定、调整并公布《进口兽药管理目录》。企业进口列入《进口兽药管理目录》的兽药,应向进口口岸所在地省级人民政府兽医行政管理部门申请办理"进口兽药通关单",凭此向海关办理报关手续。"进口兽药通关单"实行"一单一关"制,在30日有效期内只能一次性使用。

## (九)水产品捕捞进口管理

农业农村部会同海关总署对部分水产品捕捞进口实施进口限制管理,并调整公布《实施合法捕捞证明的水产品清单》。进口列入该清单的水产品的有关单位应向农业农村部申请"合法捕捞产品通关证明",凭此向海关办理报关手续。

**操作导航** >>>

# 3.3 进出境货物监管证件的获取

**案例导入** 监管条件的确认

天津某加工贸易企业从德国进口3台用于切削金属的升降台式数控铣床,运载该批货物的运输工具将于9月8日从天津新港申报进境,该企业委托泉眼通关服务有限公司办理报关,请问:

泉眼通关服务有限公司的报关人员应如何确认、获取该批货物报关所需的监管证件?

向海关申报我国贸易管制管理措施范围内的货物时,除另有规定外,报关单位应主动向海关提交有效的进出境货物监管证件及其他有关单据,见表3-8。目前,大部分监管证件已经实施了联网核查。

表3-8 我国贸易管制主要管理措施

| 管理措施 | 主管部门 | 主要证件及监管证件代码 | 有效期限 | 报关要点 |
| --- | --- | --- | --- | --- |
| 进出口许可证管理 | 商务部 | 进口许可证"1" | 1年,当年有效;特殊情况不得超过次年3月31日 | 一证一关、一批一证和非一批一证(12次、5%、3%) |
| | 商务部 | 出口许可证"4""y""x" | 6个月,当年有效 | 一证一关、一批一证和非一批一证(12次、5%、3%);部分出口货物指定口岸报关 |
| 进口关税配额管理 | 商务部、国家发展和改革委员会 | 农产品进口关税配额证明"t" | | 一证多批 |
| | 商务部 | 化肥进口关税配额证明"t" | | |
| 两用物项和技术进出口许可证管理 | 商务部 | 两用物项和技术进口许可证"2" 两用物项和技术出口许可证"3""G" | 1年,跨年使用不得超过次年3月31日 | 进口:非一批一证、一证一关 出口:一批一证、一证一关 |
| 自动进口许可证管理 | 商务部 | 自动进口许可证"7""O""v" | 6个月,公历年度有效 | 一批一证和非一批一证(6次、5%、3%);免交情形 |
| 固体废物进口管理 | 生态环境部 | 固体废物进口许可证"P" | 当年有效 | 一证一关;非一批一证;口岸报检,分类管理 |

(续表)

| 管理措施 | 主管部门 | 主要证件及监管证件代码 | 有效期限 | 报关规范要点 |
| --- | --- | --- | --- | --- |
| 野生动植物种进出口管理 | 国家濒危物种进出口管理办公室 | 公约证明"E/F" | 不得超过180日 | 一批一证 |
| | | 非公约证明"E/F" | 不得超过180日 | 一批一证 |
| | | 物种证明"E/F" | 一次使用不得超过180日，多次360日 | 一次使用和多次使用 |
| 进出口药品管理 | 国家药品监督管理局 | 精神药品进出口准许证"I" | | 一批一证 |
| | | 麻醉药品进出口准许证"W" | | 一批一证 |
| | | 药品进出口准许证"L" | 进口：1年；出口：3个月（当年有效） | 一证一关 |
| | | 进口药品通关单"Q" | | 一批一证 |
| 出入境检验检疫管理 | 海关 | 出（入）境检验检疫（电子底账）"A/B" | | 一批一证 |
| 密码产品和含有密码技术的设备进口许可证管理 | 密码管理局 | 密码产品和含有密码技术设备进口许可证"M" | | 免交情形 |
| 民用爆炸物品进出口管理 | 工业和信息化部 | 民用爆炸物品进/出口审批单 | | 一批一单；一单一关 |
| 艺术品进出口管理 | 文化和旅游部 | 进出口批准文件 | | |
| 音像制品进口管理 | 中央宣传部（国家新闻出版署） | 音像制品（成品）进口批准单"f" | 当年有效（成品）；1年（出版的音像制品） | 一次使用 |
| 黄金及黄金制品进出口管理 | 中国人民银行 | 黄金及黄金制品进出口准许证"J" | | 免交情形 |
| 有毒化学品进出口管理 | 生态环境部 | 有毒化学品进出口环境管理放行通知单"X" | | |
| 农药进出口管理 | 农业农村部 | 进出口农药登记证明"S" | | 一批一证 |
| 兽药进口管理 | 农业农村部 | 进口兽药通关单"R" | | 一单一关；30日有效期内一次性使用 |
| 水产品捕捞进口管理 | 农业农村部 | 合法捕捞产品通关证明"U" | | 免交情形 |

## 基础知识 >>>

### 一、单项选择题

1. 进口许可证的有效期为（　　），当年有效。特殊情况需要跨年度使用时，有效期不得超过次年（　　），逾期自行失效。

A. 1年；3月31日　　B. 3个月；1月31日　　C. 1年；1月31日　　D. 6个月；3月31日

2. WTO规则允许成员方使用贸易救济手段来保护境内产业不受损害。其中（　　）既可以采取提高关税的形式，也可以采取数量限制的形式。

A. 反倾销　　　　　B. 反补贴　　　　　C. 保障措施　　　　　D. 关税配额

3. 某企业持一份证面数量为200吨的化肥自动进口许可证（非一批一证），以海运散装形式分两批进口化肥200吨，第一批实际进口数量100吨的情况下，该企业凭该份自动进口许可证最多可进口（　　）化肥。
　　A. 210吨　　　　B. 205吨　　　　C. 203吨　　　　D. 206吨
4. 实行"非一批一证"管理的出口许可证，其使用次数不得超过（　　）。
　　A. 3次　　　　　B. 6次　　　　　C. 5次　　　　　D. 12次
5. 下列关于进口废物管理的表述，错误的是（　　）。
　　A. 废物进口许可证实行"一批一证"管理
　　B. 存入保税仓库的废物必须取得有效废物进口许可证
　　C. 对未列入《限制进口类可用作原料的废物目录》及《自动进口许可管理类可用作原料的废物目录》的废物一律不得进口
　　D. 向海关申报允许进口的废物，应主动向海关提交废物进口许可证及其他有关单据
6. 下列列入自动进口许可管理货物目录的货物，可免交自动进口许可证的是（　　）。
　　A. 参加F1上海站比赛进口后需复出口的赛车
　　B. 加工贸易项下进口并复出口的成品油
　　C. 外商投资企业作为投资进口的旧机电产品
　　D. 每批次价值超过5 000元人民币的进口货样广告品
7. 出口许可证有效期不得超过（　　）。
　　A. 次年的1月31日　　B. 次年的2月底　　C. 次年的3月31日　　D. 当年的12月31日
8. 允许进口药品的口岸城市不包括（　　）。
　　A. 天津　　　　　B. 青岛　　　　　C. 武汉　　　　　D. 沈阳

二、多项选择题
1. 下列商品类别中，既属于两用物项和技术进口许可证管理，又属于两用物项和技术出口许可证管理的是（　　）。
　　A. 监控化学品　　B. 放射性同位素　　C. 易制毒化学品　　D. 计算机
2. 我国对部分旧机电产品的进口实行严格控制，分别实施（　　）管理。
　　A. 进口许可证　　B. 自动进口许可证　　C. 废物进口许可证　　D. 禁止进口
3. 货物、技术进出口许可证许可管理制度是我国进出口管理制度的主体，其管理范围包括（　　）。
　　A. 禁止进出口的货物和技术
　　B. 限制进出口的货物和技术
　　C. 自由进出口的技术
　　D. 自由进出口中部分实行自动许可管理的货物
4. 保障措施是对外贸易救济措施的一种方式，其最终实施的形式是（　　）。
　　A. 征收关税　　B. 提高关税　　C. 许可证限制　　D. 数量限制
5. 我国对外贸易管制制度是由一系列管理制度构成的综合管理制度，其中包括（　　）。
　　A. 进出口许可制度　　　　　　　　B. 海关监管制度
　　C. 出入境检验检疫制度　　　　　　D. 出口退税制度
6. 目前，列入我国《禁止出口货物目录》的商品有（　　）。
　　A. 麝香　　　　　B. 麻黄草　　　　C. 木炭　　　　　D. 硅砂

7.适用于进口货物检验的有(　　)。
A.列入《法检目录》的商品　　　　B.进口可用作原料的废物
C.进口旧机电产品　　　　　　　　D.进口捐赠的医疗器械

8.下列对两用物项和技术进出口许可证管理表述正确的是(　　)。
A.两用物项和技术进出口前,进出口经营者应当向发证机关申领两用物项和技术进出口许可证,凭以向海关办理进出口报关手续
B.两用物项和技术进口许可证实行"非一批一证"制和"一证一关"制
C.两用物项和技术出口许可证实行"一批一证"制和"一证一关"制
D.两用物项和技术进出口许可证有效期一般不超过1年,跨年度使用时,在有效期内只能使用到次年3月31日

9.进口关税配额管理的主管部门是(　　)。
A.商务部　　　　　　　　　　　　B.生态环境部
C.农业农村部　　　　　　　　　　D.国家发展和改革委员会

10.下列属于我国政府禁止进口的货物有(　　)。
A.犀牛角和虎骨　　　　　　　　　B.右置方向盘的汽车
C.四氯化碳　　　　　　　　　　　D.森林凋落物

### 三、判断题

(　　)1.消耗臭氧层物质的出口许可证管理实行"一批一证"制,出口许可证在有效期内一次报关使用。

(　　)2.国家禁止进出口DDT。

(　　)3.自动进口许可管理是在任何情况下对进口申请一律予以批准的进口许可制度。

(　　)4.关税配额管理是指以国家各主管部门签发许可证件的方式来实现各类限制进口的措施。

(　　)5.反补贴、反倾销和保障措施都属于贸易救济措施。反补贴、反倾销措施针对的是进口产品激增的情况,保障措施针对的则是价格歧视这种不公平贸易行为。

## 操作技能 >>>

**【项目一】**

任务:请查询下列商品是否可以进口/出口,需向海关提交哪些监管证件。

| 税则号 | 商品名称 | 贸易(进/出口) | 能否进出口 | 监管证件代码 |
| --- | --- | --- | --- | --- |
| 06029094 | 芦荟 | 进口 | | |
| 11031100 | 小麦粗粒及粗粉 | 进口 | | |
| 26060000 | 铝矿砂 | 出口 | | |
| 27030000 | 泥炭 | 出口 | | |
| 28341000 | 亚硝酸盐 | 进口 | | |
| 31023000 | 硝酸铵 | 进口 | | |
| 29033990 | 溴甲烷 | 进口 | | |

续表

| 税则号 | 商品名称 | 贸易（进/出口） | 能否进出口 | 监管证件代码 |
|---|---|---|---|---|
| 29393000 | 咖啡因 | 出口 | | |
| 31010019 | 树叶 | 出口 | | |
| 31021000 | 尿素 | 进口 | | |
| 51051000 | 粗梳羊毛 | 进口 | | |
| 44039930 | 红木 | 出口 | | |
| 91111000 | 24K黄金表壳 | 进口 | | |

【项目二】

某年9月，佳羽报关有限公司的报关人员小张收到天津亚海物资贸易公司进口3 000双皮革制短筒靴（外底皮革面过脚踝但低于小腿）的报关委托，预计进口时间为10月8日。收到此报关委托后，报关人员小张应如何了解当年我国对该进口货物实施哪些贸易管理措施？

任务1：使用报关工具书《中华人民共和国海关进出口税则》或登录全关通信息网，进入"海关HS编码查询系统"，查询该商品的编码。

任务2：使用报关工具书《中华人民共和国海关进出口税则》或在全关通信息网上点击"全关通海关监管条件代码表"，查询该商品对应的监管条件。

任务3：与客户沟通确认该批进口货物的监管证件类别、获取方式及其报关要点。

# 学习情境 4

# 一般进出口货物的报关

## 学习目标

**知识目标**：了解全国海关通关一体化及无纸化通关；掌握一般进出口货物的含义、范围及监管特征，熟悉一般进出口货物报关流程及相关要求。

**技能目标**：熟悉单一窗口及一般进出口货物的申报、税费缴纳等界面，熟练掌握预录入报关单电子数据的方法，确认报关随附单证的有效性；能够按规定办理一般进出口货物的报关手续，配合海关查验，办理报关单的修改、撤销等相关海关事务。

**素质目标**：通过全国海关通关一体化改革创新及无纸化通关等举措，了解我国全面深化改革的伟大成就，加强对中国特色社会主义制度的认同感和自豪感，增强对中国特色社会主义的坚定信念，坚定道路自信、理论自信、制度自信、文化自信；树立创新意识，培养开拓进取的精神。

### 要点提示 >>>

## 4.1 认知一般进出口货物

**案例导入**　　　　　　　　　　　　　　　　　　　　　　放行等于结关吗？

苏州某半导体合资企业在投资额内进口彩色视频投影机一批，并已向海关申请取得"征免税证明"，同批进口的还有一批生产材料样品。该进口货物由泉眼通关服务有限公司办理了相关的报关手续，彩色视频投影机和生产材料样品如期运达企业。请问：

同批进口的彩色视频投影机和生产材料样品都办结海关手续了吗？

### 一、一般进出口货物的含义

一般进出口货物是一般进口货物和一般出口货物的合称，是指在进出口环节缴纳了应征的进出口税费并办结了所有必要的海关手续，海关放行后不再进行监管，可以直接进入生产和流通领域的进出口货物。

**知识链接**

一般进出口货物与一般贸易货物的区别

◆ 一般进出口货物是指按照海关一般进出口监管制度监管的进出口货物;一般贸易是国际贸易中的一种方式,按一般贸易交易方式进出口的货物即一般贸易货物。

◆ 一般贸易货物在进口时可按一般进出口监管制度办理海关手续,也可享受特定减免税优惠,按特定减免税监管制度办理海关手续,还可经海关批准保税,按保税监管制度办理海关手续。但只有按一般进出口监管制度办理海关手续的一般贸易货物才是一般进出口货物。

## 二、一般进出口货物的范围

一般进出口货物包括:
(1)一般贸易进出口货物(除特定免税货物外)。
(2)转为实际进口的保税货物、暂准进出境货物或转为实际出口的暂准进出境货物。
(3)易货贸易、补偿贸易进出口货物。
(4)不批准保税的寄售代销贸易货物。
(5)承包工程项目实际进出口货物。
(6)外国驻华商业机构进出口陈列用的样品。
(7)外国旅游者小批量订货出口的商品。
(8)随展览品进境的小件卖品。
(9)免费提供的进口货物,包括:①外商在经济贸易活动中赠送的进口货物;②外商在经济贸易活动中免费提供的试车材料等;③我国在境外的企业、机构向国内单位赠送的进口货物。

## 三、一般进出口货物的特征

一般进出口货物具有以下三个监管特征:
(1)进出境时缴纳进出口税费。
(2)进出口时提交相关的许可证件。
(3)海关放行即办结了海关手续。

**操作导航**

# 4.2 一般进出口货物的报关程序
# ("一次申报,分步处置"通关模式)

**行业动态**

全国海关通关一体化

为加快转变政府职能,适应开放型经济新体制要求,深化简政放权、放管结合、优化服务,海关总署发布海关总署公告 2017 年第 25 号(关于推进全国海关通关一体化改革的公告),决定推进全国海关通关一体化改革,该公告自 2017 年 7 月 1 日起实施。

启用全国海关风险防控中心和税收征管中心,税收征管方式改革扩大到全国口岸所有运输方式进口的《中华人民共和国进出口税则》全部章节商品。各区域通关一体化审单中心不再办理相关业务。

全国海关通关一体化改革可以使企业享受的红利包括:可以选择任意地点进行报关,消除了申报的关区限制;海关执法更加统一,在"两中心"的处置下,全国通关的政策和规定在执行标准上更加一致;效率大大提高,简化了口岸通关环节的手续,压缩了口岸通关的时间。

全国海关通关一体化改革后,通关流程有何变化?

## 知识链接

### "一次申报、分步处置"通关模式

海关先前的通关流程是接受申报、审单、查验、征税、放行的"串联式"作业流程。2017年7月1日全国海关通关一体化改革后,采用"一次申报、分步处置"的新型通关管理模式,在企业完成报关和税款自报自缴手续后,安全准入风险主要在口岸通关现场处置,税收征管要素风险主要在货物放行后处置。

海关的"分步处置"主要由海关总署风险防控中心和海关总署税收征管中心实施完成。

海关总署设立了3个风险防控中心,分别是海关总署风险防控中心(上海)、海关总署风险防控中心(青岛)和海关总署风险防控中心(黄埔)。风险防控中心负责分析货物是否存在禁限管制、侵权、品名规格数量伪瞒报等安全准入风险并下达布控指令,由现场查验人员实施查验。对于存在重大税收风险且放行后难以有效稽(核)查或追补税的,由税收征管中心实施货物放行前的税收征管要素风险排查处置;需要在放行前验核有关单证,留存相关单证、图像等资料的,由现场验估人员进行放行前处置;需要实施实货验估的,由现场查验人员根据实货验估指令要求实施放行前实货验估处置。货物经风险处置后符合放行条件的可予放行。

另外,海关总署设立了3个税收征管中心,分别是:海关总署税收征管中心(上海),负责机电大类(机电、仪器仪表、交通工具类)等商品;海关总署税收征管中心(广州),负责化工大类(化工原料、高分子、能源、矿产、金属类等)商品;海关总署税收征管中心(京津),负责农林、食品、药品、轻工、杂项、纺织类及航空器等商品。3个税收征管中心按照商品和行业分工,对涉税申报要素的准确性进行验证和处置,重点防控涉及归类、价格、原产地等税收征管要素的税收风险。税收征管中心在货物放行后对报关单税收征管要素实施批量审核,筛选风险目标,统筹实施放行后验估、稽(核)查等作业;但对少量存在重大税收风险且放行后难以有效稽(核)查或追补税的,可实施必要的放行前排查处置。

### 职场热线

问:我的报关单是在天津申报的,为什么上海税收征管中心联系我开展核查?

答:全通模式下,税收征管中心(上海)负责全国范围内进口的第84~87章、89~92章共8章的商品;如果申报的报关单为上述章节商品,则属于税收征管中心(上海)管理涉税申报要素的范围。

## 一、申报

申报是进出口货物收发货人、受委托的报关企业,依照《海关法》以及有关法律、行政法规的要求,在规定的期限、地点,采用电子数据报关单,向海关报告实际进出口货物的情况,并接受海关审核的行为。

### (一)申报地点

全国海关通关一体化改革后,原则上进出口货物收发货人或其代理人可以选择任意地点进行报关。但是一般情况下出口货物在启运地申报,进口货物在目的地申报。

### (二)申报期限和滞报金

**1. 申报期限**

进口货物的申报期限为自装载货物的运输工具申报进境之日起14日内。出口货物的申报期限为货物运抵海关监管区后、装货的24小时以前。

经电缆、管道或其他特殊方式进出境的货物,进出口货物收发货人或其代理人应当按照海关的规定定期申报。

**2. 滞报金**

进口货物收货人未按规定期限向海关申报产生滞报的,由海关按规定征收滞报金;滞报金的征收以运输工具申报进境之日起第15日为起始日(起征日如遇法定节假日顺延至其后第一个工作日),以海关接受申报之日为截止日;滞报金按日计征,起始日和截止日均计入滞报期间。

滞报金的日征收金额为进口货物完税价格的0.5‰,以人民币"元"为计征单位,不足1元的部分免予征收。滞报金的起征点为人民币50元。滞报金额的计算公式为

$$滞报金额 = 进口货物完税价格 \times 0.5‰ \times 滞报天数$$

> **职场热线**
>
> 问:我公司进口一批货,由于一些原因不能及时报关,又逢假期,可能会产生滞报。请问:如果滞报金起征日遇到法定节假日怎么办?
>
> 答:滞报金起征日如遇法定节假日,则顺延至其后第一个工作日。法定节假日是指全体公民放假的节日,具体包括:①新年(1月1日);②春节(农历除夕,正月初一、初二);③清明节(农历清明当日);④劳动节(5月1日);⑤端午节(农历端午当日);⑥中秋节(农历中秋当日);⑦国庆节(10月1日、2日、3日),不含调休日。

### (三)申报日期

进出口货物收发货人或其代理人的申报数据自被海关接受之日起产生法律效力。申报日期是申报数据被海关接受的日期。

> **职场热线**
>
> 问：我公司申报的报关单被电子退单，能否算成海关已经接受申报？如果重新发送，则申报日期还是原先报关单的申报日期吗？
>
> 答：电子数据报关单经过海关计算机检查被退回的，视为海关不接受申报。进出口货物收发货人、受委托的报关企业应当按照要求修改后重新申报，申报日期为海关接受重新申报的日期。据此，你公司报关单被电子退单后，视为海关不接受申报；重新申报发送报关单后，申报日期为海关接受重新申报的日期。

### （四）"一次申报，分步处置"通关模式的申报程序

一般进出口货物的申报程序如图 4-1 所示。

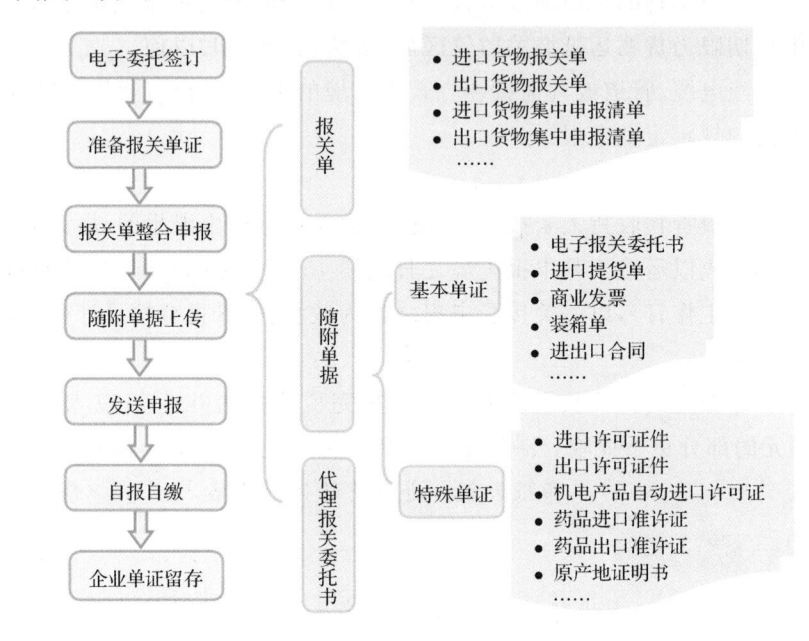

微课："一次申报、分步处置"通关模式下一般进出口货物的申报程序

图 4-1　一般进出口货物的申报程序及报关单证

#### 1. 电子委托签订

凡是代理报关的，都需提前办理电子报关代理委托签订，进出口货物收发货人与报关企业签订"电子报关委托书"。

办理方式：第一步，在浏览器中搜索"中国电子口岸"，登录中国电子口岸官网，单击首页右下角的"中国国际贸易单一窗口"；也可直接搜索"中国国际贸易单一窗口"，进入"中国国际贸易单一窗口"界面。第二步，单击"标准版应用"→"货物申报"，再单击下拉菜单"报关代理委托"（图 4-2），后续按照系统提示办理即可。

图 4-2　报关代理委托

2. 准备报关单证(图 4-1)

(1)自理报关

进出口货物收发货人在单一窗口报关单录入前,报关人员需要准备好报关所需的单证。报关单证包括:

①报关单录入凭单。报关员需要根据随附单据及业务实际情况填写。

②随附单据。随附单据包括基本单证、特殊单证。基本单证一般有进出口合同、商业发票、装箱单、提货单等,特殊单证一般有进/出口许可证件、自动进口许可证、原产地证明书等。

(2)代理报关

电子报关代理委托签订后,报关企业的接单员要认真审核进出口货物收发货人提供的报关单证是否齐全,与其确认报关单证中不能体现的报关所需的其他信息。然后交给制单员制作报关单录入凭单,经审核无误后转交报关单录入员。需要说明的是,中小型报关企业可能岗位分工较为简单,有时一个报关人员要承担接单、制作报关单录入凭单、单一窗口报关单录入等所有工作。

3. 报关单整合申报

进出口货物收发货人或其代理人在单一窗口录入报关单数据、检查无误发送数据到海关计算机系统后,在录入报关单数据的计算机上接收到海关发送的接受申报信息,即表示电子申报成功。若接收到海关发送的不接受申报信息,则应当根据信息提示修改报关单内容后重新申报。申报基本流程如下:

(1)在"中国国际贸易单一窗口"界面单击右上角的"我要办事",然后单击报关单位所在省份、自治区、直辖市。

(2)插报关 IC 卡后单击界面右上角的"卡介质",输入密码进行登录,然后单击"货物申报",如图 4-3 所示。

图 4-3 输入密码并单击"货物申报"

(3)进口业务报关时,单击"进口整合申报——进口报关单整合申报"(图 4-4)。出口业务报关时,单击"出口整合申报——出口报关单整合申报"(图 4-5)。

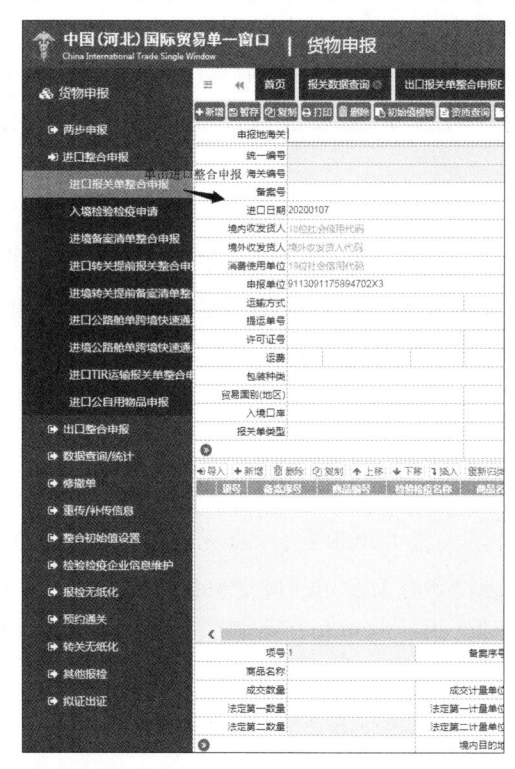

图 4-4 进口整合申报——进口报关单整合申报　　图 4-5 出口整合申报——出口报关单整合申报

(4)录入报关单数据。进口报关时,如涉及进口法检商品申报,还需填写检验检疫相关栏目,报关、报检同时进行(图 4-6)。出口报关时,如涉及出口法检商品申报,需提前在货物产地报检,取得出境电子检验检疫申请受理凭条,生成电子底账,然后在出境地海关报关时输入相关信息即可(图4-7)。

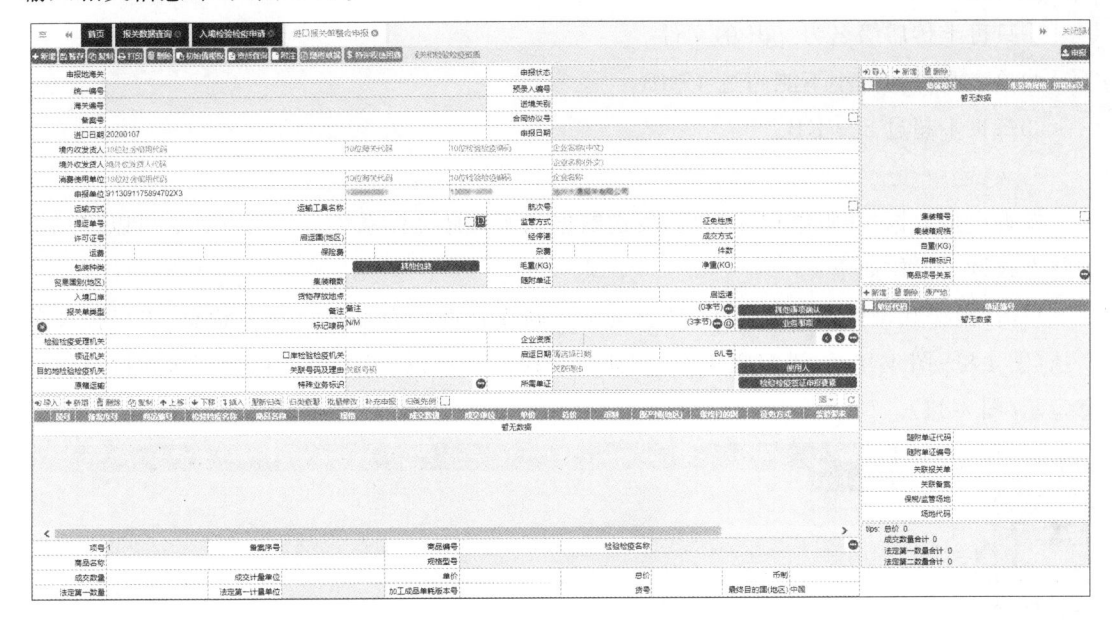

图4-6 进口报关单录入

图4-7 出口报关单录入

### 4.随附单据上传

通关作业无纸化方式下,具备单证暂存资格的企业,报关单申报时可不上传电子随附单据。如企业不具备单证暂存资格,报关单申报时必须上传电子随附单据。

(1)录入方式

"报关单类型"栏目录入"通关无纸化";再录入随附单据信息,逐一录入随附单据代码、随附单据编号等信息。

（2）注意事项

①只可上传后缀名为.pdf的文件。

②单个文件的大小不能超过4 MB。

③每页不超过200 KB。

5.发送申报

检查申报数据、随附单据无误后，发送数据到海关计算机系统。一两分钟后可以进行报关状态查询。操作如下：

单击"报关数据查询"，然后单击"查询——高级查询"，查询出口报关状态、出口报关单回执（图4-8～图4-10）。进口报关时，如涉及法检商品申报，报关单回执会有检验检疫的信息显示（图4-11）。

图4-8 报关数据查询

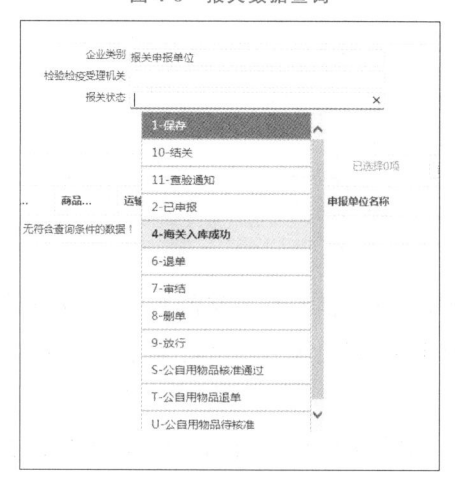

图4-9 出口报关状态

图 4-10　出口报关单回执

图 4-11　检验检疫回执

## 6. 自报自缴

自报自缴即自主申报、自行缴税。

(1) 自主申报

自主申报是报关单位在进行涉税货物申报时,向海关发送报关单电子数据后,利用单一窗口的海关计税(费)服务工具计算应缴纳的相关税费,并对系统显示的税费计算结果进行确认后提交海关的过程。具体操作如下:

① 报关单位在报关单界面中录入相关的报关单数据后,在"单据类型"中勾选"自报自缴"(图 4-12),然后单击"确认"按钮。

图 4-12　勾选"自报自缴"

② 单击"暂存"按钮后,如报关单信息录入无误,则单击"申报"按钮,系统将进入计税界面,如图 4-13 所示。

③ 单击"计税"按钮,调用计税模块计算税款,进入税费明细单界面,如图 4-14 所示。

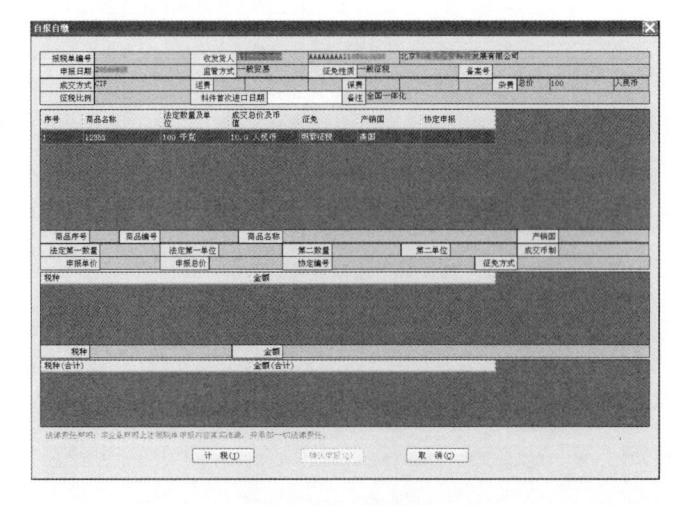

图 4-13　计税界面

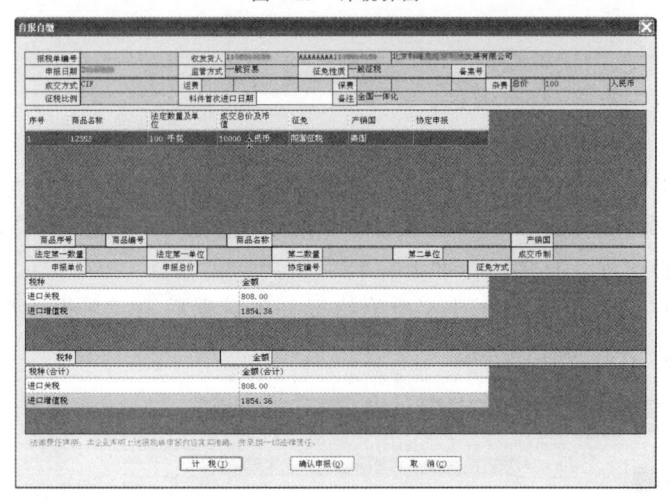

图 4-14　税费明细单界面

④检查确认税款，如确认税款无误，单击"确认申报"按钮，向海关申报报关单，如图 4-15 所示。

图 4-15　确认申报

（2）自行缴税

进出口货物收发货人应当自收到海关通关系统发送的回执或海关填发税款缴款书之日起 15 日内办理相关税费缴纳手续。税费缴纳可在单一窗口进行，单击"税费办理——税费支付"即可，如图 4-16 所示。

图 4-16　税费缴纳

海关进口关税专用缴款书如图 4-17 所示。

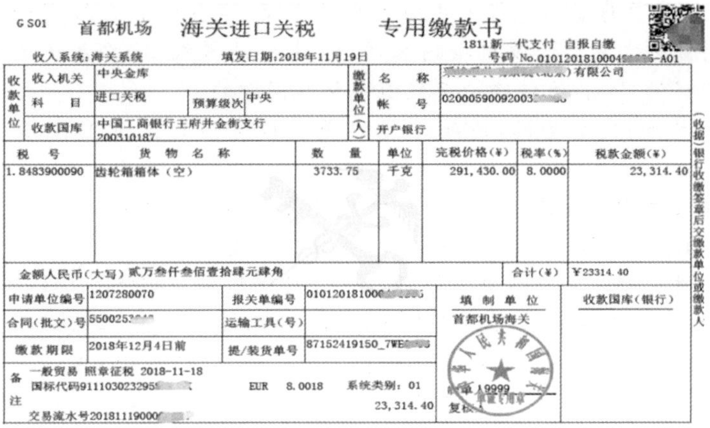

G S01　首都机场　海关进口关税　专用缴款书

1811新一代支付　自报自缴

收入系统：海关系统　填发日期：2018年11月19日　号码 No.01012018100045[illegible]-A01

| | | | | | |
|---|---|---|---|---|---|
| 收款单位 | 收入机关 | 中央金库 | | 缴款单位（人） | 名称 | [illegible]有限公司 |
| | 科目 | 进口关税 | 预算级次 中央 | | 帐号 | 020005900920003[illegible] |
| | 收款国库 | 中国工商银行王府井金街支行 200310187 | | | 开户银行 | |

| 税号 | 货物名称 | 数量 | 单位 | 完税价格（¥） | 税率（%） | 税款金额（¥） |
|---|---|---|---|---|---|---|
| 1. 8483900090 | 齿轮箱箱体（空） | 3733. 75 | 千克 | 291, 430. 00 | 8. 0000 | 23, 314. 40 |
| 金额人民币（大写）贰万叁仟叁佰壹拾肆元肆角 | | | | | 合计（¥） | ¥23314. 40 |

| | | | | | |
|---|---|---|---|---|---|
| 申请单位编号 | 1207280070 | 报关单编号 | 0101201810000[illegible] | 填制单位 | 收款国库（银行） |
| 合同（批文）号 | 5500253[illegible] | 运输工具（号） | | 首都机场海关 | |
| 缴款期限 | 2018年12月4日前 | 提/装货单号 | 87152419150_7WE[illegible] | | |

备注：一般贸易　照章征税　2018-11-18
国标代码911103023295[illegible]　EUR　8.0018　系统类别：01
23, 314. 40
交易流水号201811190000[illegible]

制单人 9999
复核人

（收据）银行收缴签章后交缴款单位或缴款人

图 4-17　海关进口关税专用缴款书

(3)滞纳金

进出口货物纳税义务人逾期缴纳的，海关依法在原应纳税款的基础上按日加收 0.5‰ 的滞纳金。滞纳金按每票货物的关税、进口环节增值税、消费税单独计算，起征点为人民币 50 元，不足人民币 50 元的免予征收。

滞纳金的计算公式为

$$滞纳金=滞纳税款\times 0.5‰\times 滞纳天数$$

7. 企业单证留存

通关作业无纸化方式下，进出口货物收发货人或其代理人申报时无须现场交单，报关单可在系统下载，由企业自行留存。

**职场动态**

通关作业无纸化是运用信息化技术改变海关验核进出口企业递交纸质报关单及随附单据办理通关手续的做法，直接对企业通过单一窗口录入申报的报关单及随附单据的电子数据进行无纸审核、验放处理的通关作业方式。

海关总署于 2012 年启动 12 个试点海关推进通关作业无纸化改革后，于 2017 年发布第 8 号公告(关于扩大通关作业无纸化适用范围)，决定将适用通关作业无纸化企业范围扩大到所有信用等级企业。目前，我国各个海关均实行无纸化通关。

## 知识链接

### 报关单的修改或撤销

海关接受进出口货物申报后，电子数据和纸质的进出口货物报关单不得修改或者撤销；确有正当理由的，经海关审核批准，可以修改或撤销。另外，进出口货物收发货人或其代理人申报后，海关发现进出口货物报关单需要进行修改或者撤销的，也会出现报关单修改或者撤销的情况。

①进出口货物收发货人要求修改或撤销的情形包括：A. 由于报关人员操作或书写失误造成所申报的报关单内容有误，并且未发现有走私违规或者其他违法嫌疑的；B. 出口货物放行后，由于装运、配载等原因造成原申报货物部分或全部退关、变更运输工具的；C. 进出

口货物在装载、运输、存储过程中因溢短装、不可抗力的灭失、短损等造成原申报数据与实际货物不符的；D. 根据贸易惯例先行采用暂时价格成交、实际结算时按商检品质认定或国际市场实际价格付款方式需要修改申报内容的；E. 由于计算机、网络系统等方面的原因导致电子数据申报错误的；F. 其他特殊情况经海关核准同意的。

海关已经决定布控、查验的，以及涉案的进出口货物的报关单在办结前不得修改或撤销。

进出口货物收发货人或其代理人申请修改或者撤销进出口货物报关单的，应当向海关提交"进出口货物报关单修改/撤销申请表"，并应随附相关单证。

②海关发现进出口货物报关单需要进行修改或者撤销，但进出口货物收发货人或者其代理人未提出申请的，海关应当通知进出口货物的收发货人或者其代理人。进出口货物收发货人或者其代理人应当填写"进出口货物报关单修改/撤销确认书"，对进出口货物报关单修改或者撤销的内容进行确认，确认后海关对进出口货物报关单进行修改或者撤销。

因修改或者撤销进出口货物报关单导致需要变更、补办进出口许可证件的，进出口货物收发货人或者其代理人应当向海关提交相应的进出口许可证件。

### 知识链接

#### 集中申报

集中申报是指对同一口岸多批次进出口的货物，经海关备案，收发货人可以先以清单方式申报办理货物验放手续，再以报关单形式集中办理其他海关手续的一种特殊通关方式。

适用集中申报通关方式的进出口货物包括对通关时效要求高的鲜活商品、书报杂志以及公路口岸频繁进出的保税货物。

经海关核准可以适用集中申报通关方式的收发货人，应当在载运进口货物的运输工具申报进境之日起 14 日内，出口货物在运抵海关监管区后、装货的 24 小时前，在单一窗口"集中申报"界面向海关申报。构成滞报的，还应当按照有关规定缴纳滞报金。

#### 补充申报

补充申报是指进出口货物的收发货人、受委托的报关企业在进出口货物报关单之外采用补充申报单的形式，向海关进一步申报为确定货物完税价格、商品归类、原产地等所需信息的行为。

收发货人、报关企业应当向海关补充申报的情形包括：

①海关对申报货物的价格、商品编码等内容进行审核时，为确定申报内容的完整性和准确性，要求进行补充申报的。

②海关对申报货物的原产地进行审核时，为确定货物原产地的准确性，要求收发货人提交原产地证书，并进行补充申报的。

③海关对已放行货物的价格、商品编码和原产地等内容进行进一步核实时，要求进行补充申报的。

收发货人、报关企业应当在收到海关补充申报电子指令之日起 5 个工作日内，通过单一窗口向海关申报电子数据补充申报单；在规定时限内未能按要求进行补充申报的，海关可根据掌握的信息，按照有关规定确定货物的完税价格、商品编码和原产地。

收发货人、报关企业可以主动向海关进行补充申报，并在递交报关单时一并提交补充申报单。

电子数据补充申报单的修改、撤销等比照报关单的有关管理规定办理。

# 出口报关单整合申报单证样本

【样本一:代理报关委托书】

## 代 理 报 关 委 托 书

编号:

我单位现 A (A逐票,B长期)委托贵公司代理 A、B 等通关事宜。(A.填单申报 B.辅助查验 C.垫缴税款 D.办理海关证明联 E.审批手册 F.核销手册 G.申办减免税手续 H.其他)详见《委托报关协议》。

我单位保证遵守《海关法》和国家有关法规,保证所提供的情况真实、完整、单货相符。否则,愿承担相关法律责任。本委托书有效期自签字之日起到20××年12月31日止。

委托方(盖章):

法定代表人或其授权签署《代理报关委托书》的人(签字)

20×× 年 11 月 15 日

## 委 托 报 关 协 议

为明确委托报关具体事项和各自责任,双方经平等协商签订协议如下:

| 委托方 | ××××工程建设公司 | 被委托方 | 天津××××报关有限公司 |
|---|---|---|---|
| 主要货物名称 | 球阀 | *报关单编码 | No.020220××0120597124 |
| HS编码 | 8 4 8 1 8 0 4 0 9 0 | 收到单证日期 | 20××年11月15日 |
| 货物总价 | USD35 265.29 | 收到单证情况 | 合同☑ 发票☑<br>装箱清单☑ 提(运)单☐<br>加工贸易手册☐ 许可证件☐<br>其他 |
| 进出口日期 | 20××年11月15日 |||
| 提单号 | PTJPZU10B2352 |||
| 贸易方式 | 一般贸易 |||
| 原产地/货源地 | 北京其他 | 报关收费 | 人民币: 200元 |
| 其他要求:<br>无 || 承诺说明:<br>无 ||
| 背面所列通用条款是本协议不可分割的一部分,对本协议的签署构成了对背面通用条款的同意。|| 背面所列通用条款是本协议不可分割的一部分,对本协议的签署构成了对背面通用条款的同意。||
| 委托方业务签章: || 被委托方业务签章: ||
| 经办人签章: || 经办报关人员签章: ||
| 联系电话:010-5819×××× 20××年11月15日 || 联系电话:2576×××× 20××年11月15日 ||

(白联:海关留存;黄联:被委托方留存;红联:委托方留存) 中国报关协会监制

**【样本二：出口货物报关单】**（系统自动生成横版）

## 中华人民共和国海关出口货物报关单

预录入编号：120597124　　　海关编号：020220××0120597124　　　（新港海关）

| 境内发货人（850191××××）<br>JKYE××××<br>××××工程建设公司 | 出境关别（0202）<br>新港海关 | 出口日期 | 申报日期<br>20××1202 | 备案号 | |
|---|---|---|---|---|---|
| 境外收货人<br>CPEC，SUDAN | 运输方式（2）<br>水路运输 | 运输工具名称及航次号<br>KOTAPERKASA/<br>VPK007 | 提运单号<br>PTJPZU10B2352 | | |
| 生产销售单位（850191××××）<br>JKYE××××<br>××××工程建设公司 | 监管方式（0110）<br>一般贸易 | 征免性质（101）<br>一般征税 | 许可证号 | | |
| 合同协议号<br>PETRO-ENERGY/11/20××-5210 | 贸易国（地区）(246)<br>苏丹 | 运抵国（地区）(247)<br>苏丹 | 指运港(246)<br>苏丹 | 离境口岸（×××<br>××）<br>天津新港 | |
| 包装种类（1）<br>木箱 | 件数<br>9 | 毛重（千克）<br>6 040 | 净重（千克）<br>5 435 | 成交方式（3）<br>FOB | 运费 | 保费 | 杂费 |

| 随附单证及编号<br>随附单证2：代理报关委托协议（电子） |
|---|

| 标记唛码及备注<br>备注：N/M　集装箱标箱数及号码：1；PCIU2030724 |
|---|

| 项号 | 商品编号 | 商品名称及规格型号 | 数量及单位 | 单价/总价/币制 | 原产国（地区） | 最终目的国（地区） | 境内货源地 | 征免 |
|---|---|---|---|---|---|---|---|---|
| 1 | 84818040.90 | 球阀 | 116套<br>5 435千克 | 304.011 1<br>35 265.29<br>美元 | 中国<br>(CHN) | 苏丹<br>(246) | 北京其他<br>(11019) | 照章征税<br>(1) |

| 特殊关系确认： | 价格影响确认： | 支付特许权使用费确认： | 自报自缴：是 |
|---|---|---|---|
| 报关人员　报关人员证号 1258954　电话　兹申明对以上内容承担如实申报、依法纳税之法律责任 | | | 海关批注及签章 |
| 申报单位 ××××××报关有限公司 | | 申报单位（签章） | |

## 【样本三：出口装货单据】

| | |
|---|---|
| Shipper （发货人）<br>CHINA PETROLEUM ENGINEERING & CONSTRUCTION CORP. | D/R No.（编号）<br>PTJPZU10B2352 |
| Consignee （收货人）<br>PETRODAR OPERATING COMPANY<br>5TH FLOOR, PETRODAR TOWER, KHARTOUM—ALMUGRAN DISTRICT, PO BOX 11778, KHARTOUM, REPUBLIC OF THE SUDAN<br>TEL:+249(0)187 008851　FAX:+249(0)183 790548 | **装　货　单**<br>**场站收据副本**　第四联 |
| Notify Party （通知人）<br>CHINA PETROLEUM ENGINEERING & CONSTRUCTION CORP. PLOT NO. 273, BLOCK 45, ARKAWEET AREA, OBIED KHARTOUM STREET, KHARTOUM, STATE, SUDAN<br>CONTACT: MR. DONG BIN<br>TEL:+249 183 224773 FAX:+249 183 229428 HP:+249 9 121 60283 | Received by the Carrier the Total number of containers or other packages or units stated below to be transported subject to the terms and conditions of the Carrier's regular form of Bill of Loading(for Combined Transport or Port to Port Shipment) which shall be deemed to be incorporated herein.<br>Date(日期): |
| Pre-carriage by （前程运输）　Place of Receipt （收货地点） | |
| Ocean Vessel(船名)　Voy. No.(航次)　Port of Loading(装货港)<br>KOTAPERKASA　　VPK007　　TIANJIN XINGANG | 场站章 |
| Port of Discharge （卸货港）　Place of Delivery （交货地点）<br>PORT SUDAN | Final Destination for the Merchant's Reference(目的地) |

| Container No.<br>(集装箱号) | Seal No.(封志号)<br>Marks & Nos.<br>(标记与号码) | No. of Containers or Pkgs.<br>(箱数或件数) | Kind of Packages; Description of Goods<br>(包装种类与货名) | Gross Weight<br>毛重(千克) | Measurement<br>尺码(立方米) |
|---|---|---|---|---|---|
| | N/M | 9 PACKAGES | VALVE<br>[P/587C(SO12)-PIP001-01]<br><br><br><br>FREIGHT PREPAID | 6 040 KGS | 10 CBM |
| TOTAL NUMBER OF CONTAINERS OR PACKAGES(IN WORDS)<br>集装箱数或件数合计(大写) | | | SAY: NINE PACKAGES ONLY. | | |

Particulars Furnished by Merchants（托运人提供详细情况）

Container No. （箱号）　Seal No. （封志号）　Pkgs. （件数）　　Container No. （箱号）　Seal No. （封志号）　Pkgs. （件数）
PCIU2030724/20′GP.

Received （实收）　　　　　By Terminal Clerk （场站员签字）

| FREIGHT<br>&<br>CHARGES | Prepaid at(预付地点) | Payable at(到付地点) | Place of Issue(签发地点) |
|---|---|---|---|
| | Total Prepaid(预付总额) | No. of Original B(s)/L(正本提单份数)<br>THREE | BOOKING(订舱确认)<br>APPROVED BY |

| | Service Type on Receiving<br>□-CY, □-CFS, □-DOOR | Service Type on Delivery<br>□-CY, □-CFS, □-DOOR | Reefer Temperature Required(冷藏温度)<br>　　　　　　　　℉　　℃ |
|---|---|---|---|
| TYPE<br>OF<br>GOODS | □ Ordinary, （普通）　□ Reefer, （冷藏） | □ Dangerous, （危险品）　□ Auto. （裸装车辆） | 危险品　Class:<br>Property:<br>IMDG Code Page:<br>UN NO. |
| | □ Liquid, （液体）　□ Live Animal, （活动物） | □ Bulk （散货）　□ _____ | |

【样本四:商业发票】

# INVOICE
## CHINA PETROLEUM ENGINEERING & CONSTRUCTION CORP.
Gu Lou Wai Da Jie No.××,Dong Cheng District,100011 Beijing, P. R. China

| Messers:<br>CHINA PETROLEUM ENGINEERING &<br>CONSTRUCTION CORP. (SUDAN)<br>Tel:00249-11-229429<br>Fax:00249-11-229428 | Invoice No.: CPECC-10-497<br>Date: Nov. 18,20×× <br>Goods Origin: P. R. China<br>Contract No.: PETRO-ENERGY/11/20××-5210 |
|---|---|
| From: XINGANG PORT, P. R. CHINA   Via | BY OCEAN |
| To: PORT SUDAN | |

| 唛头<br>Marks &<br>No. | 货物名称及规格<br>Commodity and Specification | 单位<br>Unit | 数量<br>Quantity | 单价<br>Unit Price USD | 总价<br>Amount USD |
|---|---|---|---|---|---|
| N/M | VALVE 球阀<br>[P/587C(SO12)-PIP001-01] | SET/套<br>KG/千克 | 116/5 435 | 304.01/6.49 | 35 265.29 |
| | | | | Total | US$ 35 265.29 |

FOB XINGANG PORT,TIANJIN,CHINA
SAY FOB XINGANG PORT US DOLLARS THIRTY FIVE THOUSAND TWO HUNDRED AND SIXTY-FIVE CENTS TWENTY-NINE ONLY.

CHINA PETROLEUM ENGINEERING & CONSTRUCTION CORP.

FOR CHINA PETROLEUM ENGINEERING & CONSTRUCTION CORP.

【样本五:装箱单】

## 中国石油工程建设公司
## CHINA PETROLEUM ENGINEERING & CONSTRUCTION CORP.
### 装 箱 单
### PACKING LIST

发票号:CPECC-10-497　　　　　　　Invoice No:CPECC-10-497
发货人:中国石油工程建设公司　　　Shipper:China Petroleum Engineering & Construction Corp.
收货人:中国石油工程建设公司　　　Consignee:China Petroleum Engineering & Construction
　　　　苏丹油田项目部　　　　　　　　　　　　Corp. (Sudan Project)
发货港:中国天津新港　目的港:苏丹港　Departure:XINGANG Port,China　　Destination:Port Sudan
唛头:　　　　　　　　　　　　　　Marks:

| 件号<br>Pack. No. | 货物名称及规格<br>Commodity and Specification | 单位<br>Unit | 数量<br>QTY | 长<br>L(cm) | 宽<br>W(cm) | 高<br>H(cm) | 体积<br>DIM(m³) | 毛重<br>G.W.(kg) | 净重<br>N.W.(kg) | 包装类型<br>Packing | 是否返回<br>Return or not |
|---|---|---|---|---|---|---|---|---|---|---|---|
| PCIU2030724 | VALVE 球阀<br>[P/587C(SO12)-<br>PIP001-01] | PACKAGE | 9 | 20'CNTR | | | 10 | 6 040 | 5 435 | 20'<br>集装箱 | NO |
| | TOTAL: | | 9 | | | | 10 | 6 040 | | | |

中国石油工程建设公司
CHINA PETROLEUM ENGINEERING & CONSTRUCTION CORP

## 二、配合海关查验

海关查验是指海关为确定进出口货物收发货人或其代理人向海关申报的内容是否与进出口货物的真实情况相符,或者为确定商品的归类、价格、原产地等,依法对进出口货物进行实际核查的执法行为。配合海关查验是报关人员应尽的责任和义务,必须认真完成。

微课:配合海关查验

### (一)查验范围

海关根据企业信用情况对进出口货物进行查验。对高级认证企业的进出口货物一般免予查验,对一般认证企业、一般信用企业的进出口货物及敏感货物进行抽验,对失信企业的进出口货物进行重点布控查验。

### (二)查验地点、时间

1. 查验地点

查验应当在海关监管区内实施;不宜在海关监管区内实施查验,需要在海关监管区外查验的,经书面申请,海关可以派员到海关监管区外实施查验。

2. 查验时间

当海关布控查验时,在单一窗口"报关数据查询——查询——高级查询"处,查询到的报关状态为"海关无纸验放查验通知书(放行)"(图4-18)、"通关无纸化进口查验通知书"(图4-19)等,此时,报关人员应该尽快到海关、查验堆场等预约查验的时间。一般现场操作岗的报关人员应将"海关查验预约单"送达查验堆场大厅进行查验预约。

图 4-18 海关无纸验放查验通知书(放行)

图 4-19 通关无纸化进口查验通知书

查验时间一般在海关正常工作时间内;特殊情形海关也可根据报关单位申请,在正常工作时间以外安排或者优先安排实施查验。

## (三)查验方法

海关查验可分为彻底查验和抽查两种方式。查验操作可分为人工查验和设备查验,其中人工查验包括外形查验和开箱查验。海关可根据货物情况以及实际执法需要,确定具体的查验方法。目前设备查验已成为查验的主要方式,提高了查验效率。

## (四)复验

有下列情形之一的,海关可复验:

(1)经初次查验未能查明货物的真实属性,需要对已查验货物的某些性状做进一步确认的。

(2)货物涉嫌走私违规,需要重新查验的。

(3)进出口货物收发货人对海关结论有异议,提出复验要求并经海关同意的。

(4)其他海关认为必要的情形。

已经参加过查验的查验人员不得参加对同一票货物的复验。

## (五)径行开验

径行开验是指海关在进出口货物收发货人或其代理人不在场的情况下,对进出口货物进行开拆包装查验。

海关可以径行开验的情形包括:进出口货物有违法嫌疑的;经海关通知查验,进出口货物收发货人或其代理人届时未到场的。

海关径行开验时,存放货物的海关监管场所经营人、运输工具负责人应当到场协助,并在查验记录上签名确认。

## (六)配合海关查验的内容

报关人员在收到查验通知后,应做好配合查验准备,配合查验实施。

1. 配合查验准备

(1)准备好全套报关纸质单证。

(2)确认待查验货物的准确位置及堆放地点。

(3)与收发货人确认货物相关信息、装箱明细等内容,如货物的重量、体积、拆箱或开拆包装的方式、货物的包装、标签信息以及装箱单与实际货物的对应关系等。

(4)与收货人评估、确认因查验可能产生的货物损毁。

(5)详细了解申报货物的结构组成、成分含量、工作原理等,并备齐相关资料,如产品说明书、品牌授权书、预归类建议书等,以及时答复查验过程中海关的询问。

2. 配合查验实施

(1)若进出口货物属性特殊容易损毁,应提前向海关说明待查货物情况。

(2)负责完成查验货物的搬移、开拆包装以及重新封装工作。

(3)如实回答海关人员的询问并提供必要的资料。

(4)协助海关提取需要进一步检验、化验或鉴定的货样,签字确认海关出具的取样记录单。

(5)查验结束后,认真阅读海关查验人员填写的"海关货物查验记录单",核实开箱情况、货物残损情况及其残损原因、提取货样情况以及查验结论等记录,并在查验记录单上签名确认。

> **职场警示**
>
> A 企业与 B 报关行签订了电子代理报关委托书,并且电话告知客服人员货物第二天一早送到机场。B 报关行的客服人员立刻着手订舱和接货等准备工作,货物按时送达机场,准备报关单证、电子数据申报等操作顺畅,但申报后系统通知查验。报关人员知道海关查验时一定要看货物型号,所以立刻联系 A 企业问货物上是否有型号。A 企业说货物包装上有,报关人员这下才放心。
>
> 可是当查验人员打开货物包装后却没找到型号字样,如果型号与申报数据不一致海关将不予放行。报关人员立即与 A 企业联系,把查货情况及后果告诉了 A 企业,A 企业也意识到事情的严重性,立即让报关人员直接联系生产企业,因为只有生产企业才能把事情说清楚。报关人员与生产企业沟通之后,搞清楚了货物型号的问题,随即跟海关人员做了解释,海关核对无误后当即放行货物。

### (七)货物的损坏赔偿

在查验过程中,或者证实海关在径行开验过程中,因为海关查验人员的责任造成被查验货物损坏的,进出口货物收发货人或其代理人可以要求海关赔偿;但赔偿范围仅限于实施查验过程中,对货物造成损坏的直接经济损失。进出口货物收发货人或其代理人在海关查验时对货物是否损坏未提出异议,事后发现货物有损坏的,海关不负责赔偿。

## 三、海关进出境现场放行

海关进出境现场放行是指海关允许进出口货物离开海关监管现场。目前,海关对进出口货物放行操作已从传统的纸质放行转为电子放行指令作业。如为海关布控查验的,一般查验后半天即可放行,甚至可以通过手携电子设备在查验现场进行操作,大大地提高了放行效率。

## 四、提取货物或装运货物

提取货物是指进口货物收货人或其代理人获取货物放行信息后,到货物进境地的港区、机场、车站、邮局等地的海关监管场所办理提取进口货物的手续。

装运货物是指出口货物发货人或其代理人获取货物放行信息后,由货物出境地的港区、机场、车站、邮局等地的海关监管场所安排出口货物装运。

> **职场热线**
>
> 问:为什么货物都放行了,还被海关通知申报商品税号有误,要求补税?
> 答:在"一次申报、分步处置"全通模式下,海关对企业申报的价格、归类、原产地等税收征管要素的抽查审核主要在货物放行后进行。进出口货物收发货人应当根据海关要求,配合海关做好税收征管工作。

### 五、申请签发报关单证明联和办理其他证明手续

进出口货物收发货人或其代理人在提取货物或装运货物后,可向海关申请签发报关单证明联或货物进口证明书。

#### 1. 报关单证明联

报关单证明联是进出口货物收发货人向海关、税务、外汇管理等部门办理加工贸易手册核销、出口退税、进出口货物收付汇手续的重要凭证,包括出口货物报关单出口退税证明联、出口货物报关单收汇证明联、进口货物报关单付汇证明联及进(出)口货物报关单加工贸易核销联等。

#### 2. 货物进口证明书

货物进口证明书是依据国家有关法律、行政法规、规章和国际公约的要求,海关在办结进口货物放行手续后,应进口货物收货人的申请所签发的证明文书。

目前需签发证明书的进口货物主要是汽车和摩托车整车,并实行"一车一证"管理;货物进口证明书是进口货物收货人向交通管理部门办理车辆牌照手续的重要依据之一。其他进口货物如按规定需申领货物进口证明书的,进口货物收货人或代理人也可向海关提出申请。

## 4.3 一般进出口货物报关单的填制

### 案例导入

**牛皮卡纸通关的一波三折**

某年7月,深圳某公司从美国进口一批100吨的牛皮卡纸。由于该批货物的到货港是我国香港,因此该公司还要安排从香港到深圳的陆路运输;同时,由于该公司的仓库库容有限,不能同时将5个40′的集装箱一次拉进深圳,因此分两批入库。该公司报关人员于7月底,对第一批3个集装箱向文锦渡海关申报,申报后即被退单,因为发票、装箱单是5个集装箱一起开立的。于是,该公司立即与美国公司联系,让其赶制两份分别为3个集装箱、2个集装箱货物的发票及装箱单。

该公司的报关人员再度报关,可这次又出现了其他问题,该公司申报的是牛皮卡纸,而进境汽车载货清单上赫然写着"白板纸"三个字。这下问题可就严重了,因为按当时的市场价格,牛皮卡纸每吨280美元,而白板纸每吨1 100美元,两者之间有着天壤之别。说得轻一点,虚报品名、偷逃税款;说得重一点,则要背上走私的罪名。

事到如今,只得接受海关关员开箱查验,纸卷外层被捅破足有五六厘米,造成了非常大的损失。最后检查的结果证明是牛皮卡纸,但3个集装箱在深圳耽误两夜,共损失1.8万元港币的租箱费,这还不包括司机的住宿费、临时停车费等。

如果你是该公司的报关人员,应吸取哪些教训?

### 一、进出口货物报关单的相关内容

进出口货物报关单是指进出口货物的收发货人或其代理人,按照单一窗口规定的格式对进出口货物的实际情况做出申报申明,以此告之海关对其货物按适用的海关制度办理通关手续的法律文书。

## （一）进出口货物报关单的类别

按货物的进出口流向、报关单的表现形式不同，进出口货物报关单可分为不同的类型。

### 1.按货物的进出口流向划分

按货物的进出口流向，可分为进口货物报关单和出口货物报关单。

### 2.按报关单的表现形式划分

按报关单的表现形式，可分为纸质报关单和电子数据报关单。

## （二）进出口货物报关单的法律效力

进出口货物报关单是海关对进出口货物进行监管、征税、统计及开展稽查、调查的重要依据，也是出口退税和外汇管理的重要凭证；同时还是海关处理进出口货物走私、违规案件及税务、外汇管理部门查处骗税、逃套汇犯罪活动的重要凭证。

《海关法》明确了纸质报关单和电子数据报关单都是办理进出口货物海关申报手续的法定形式，两种形式的报关单具有同样的法律效力。

## （三）新版进出口货物报关单的调整内容

为规范进出口货物收发货人的申报行为，统一进出口货物报关单填制要求，海关总署制定了《中华人民共和国海关进出口货物报关单填制规范》，最新版本为海关总署2019年第18号公告发布的《中华人民共和国海关进出口货物报关单填制规范》，自2019年2月1日起执行。

新版进出口货物报关单修改的主要内容包括：

(1)删除原出口货物报关单上"生产厂家"。

(2)原进出口货物报关单上"集装箱号"栏目较小，只能填写一个集装箱号，新的规范删除了"集装箱号"栏目，规定将集装箱号填写到"标记唛码及备注"栏目。

(3)删除原进出口货物报关单上"录入员""录入单位"。

(4)原出口货物报关单上"出口口岸"修改为"出境关别"，原进口货物报关单上"进口口岸"修改为"进境关别"。

(5)原进出口货物报关单上"运输工具名称"修改为"运输工具名称及航次号"，"随附单证"修改为"随附单证及编号"。

(6)原进口货物报关单上"装货港"修改为"启运港"。

(7)进口货物报关单上增加"货物存放地点""经停港""入境口岸""最终目的国（地区）"栏目，出口货物报关单上增加"离境口岸""原产国（地区）"。

(8)进出口货物报关单上增加"自报自缴"栏目，出口货物报关单上增加"境外收货人"栏目，进口货物报关单上增加"境外发货人"栏目。

(9)将原进出口货物报关单上"单价""总价""币制"合并为"单价/总价/币制"一个栏目。

## 二、进出口货物报关单填制的一般要求

海关对进出口货物报关单填制的一般要求如下：

第一，进出口货物收发货人或其代理人应按照《中华人民共和国海关进出口货物申报管理规定》《中华人民共和国海关进出口货物报关单

微课：报关单填制规范

填制规范》《中华人民共和国海关统计商品目录》《中华人民共和国进出口商品规范申报目录》《进出口货物报关单申报项目录入指南》等有关规定的要求向海关申报,并对申报内容的真实性、准确性、完整性和规范性承担相应的法律责任。

第二,报关单的填制应做到"两个相符":一是单证相符,即所填报关单各栏目的内容必须与合同、发票、装箱单、提单以及批文等随附单据相符;二是单货相符,即所填报关单各栏目的内容必须与实际进出口货物情况相符,不得伪报、瞒报、虚报。

第三,不同批文或合同号、不同运输工具、不同航次、不同提运单、不同监管方式、不同备案号、不同征免性质、不同原产地证书等的货物均应分单填报。

第四,一份原产地证书,只能用于同一批次进口货物;含有原产地证书管理商品的一份报关单,只能对应一份原产地证书;同一份报关单上的商品不能同时享受协定税率和减免税。同一批次货物中,实行原产地证书联网管理的,如涉及多份原产地证书或含非原产地证书商品,应分单填报。

第五,一份报关单所申报的货物须分项填报的情况主要有:商品编号不同、商品名称不同、计量单位不同、原产国(地区)/最终目的国(地区)不同、币制不同、征免不同等。

> **职场热线**
>
> 问:同一合同中的货物打算分两批进口,而国外的出口商原产地证书只签发了一份。第一批货物进口后,在原产地证书上做签注之后能再使用吗?
>
> 答:按相关规定,一份报关单应对应一份原产地证书,一份原产地证书只能用于同一批次进口货物。

## 三、进出口货物报关单的填制

### (一)进出口货物报关单表头栏目的填报

微课:报关单信息的获取及电子单证的格式标准

**1. 预录入编号**

进出口货物报关单上方的预录入编号是指预录入报关单的编号,一份报关单对应一个预录入编号,由系统自动生成。报关单预录入编号为18位,其中第1～4位为接受申报海关的代码(海关规定的《关区代码表》中相应的海关代码),第5～8位为录入时的公历年份,第9位为进出口标志("1"为进口,"0"为出口;集中申报清单"I"为进口,"E"为出口),后9位为顺序编号。

**2. 海关编号**

进出口货物报关单上方的海关编号是指海关接受申报时给予报关单的编号,一份报关单对应一个海关编号,由系统自动生成。报关单海关编号为18位,其中第1～4位为接受申报海关的代码(海关规定的《关区代码表》中相应的海关代码),第5～8位为海关接受申报的公历年份,第9位为进出口标志("1"为进口,"0"为出口;集中申报清单"I"为进口,"E"为出口),后9位为顺序编号。

### 3. 境内收/发货人

本栏目填报在海关备案的对外签订并执行进出口贸易合同的中国境内法人、其他组织名称及编码。编码填报18位法人和其他组织统一社会信用代码,没有统一社会信用代码的,填报其在海关的备案编码(10位海关注册编码)。

境内收货人(91130392559083826R)
秦皇岛冠通食品有限公司

境内发货人(1213960911)
天津邬金机械设备有限公司

海关注册编码共10位,其结构见表4-1。

表4-1　　　　　　　　　　　海关注册编码结构

| 位数 | 标识 | | |
|---|---|---|---|
| 第1~4位 | 企业注册地行政区划代码 | | |
| 第5位 | 企业注册地经济区划代码 | 1 | 经济特区 |
| | | 2 | 经济技术开发区 |
| | | 3 | 高新技术产业开发区 |
| | | 4 | 保税区 |
| | | 5 | 出口加工区/珠澳跨境工业园区 |
| | | 6 | 保税港区/综合保税区 |
| | | 7 | 保税物流园区 |
| | | 9 | 其他 |
| | | W | 保税物流中心 |
| 第6位 | 企业经济类型代码 | 1 | 国有企业 |
| | | 2 | 中外合作企业 |
| | | 3 | 中外合资企业 |
| | | 4 | 外商独资企业 |
| | | 5 | 集体企业 |
| | | 6 | 民营企业 |
| | | 7 | 个体工商户 |
| | | 8 | 报关企业 |
| | | 9 | 其他(外国驻华企事业机构、外国驻华使领馆和临时进出口货物的企业、单位和个人等) |
| | | A | 国营对外加工企业(无进出口经营权) |
| | | B | 集体对外加工企业(无进出口经营权) |
| | | C | 私营对外加工企业(无进出口经营权) |
| 第7位 | 海关行政管理相对人的类别 | 0~9 | 进出口货物收发货人/报关企业 |
| | | Z | 报关企业分支机构 |
| | | L | 临时注册登记单位 |
| | | D~I | 各类保税仓库 |
| | | J | 出口监管仓库(国内结转型) |
| | | P | 出口监管仓库(出口配送型) |
| 第8~10位 | 企业注册流水编号 | | |

特殊填报要求如下:

(1)进出口货物合同的签订者和执行者非同一企业的,填报执行合同的企业。

(2)外商投资企业委托进出口企业进口投资设备、物品的,填报外商投资企业,并在标记唛码及备注栏注明"委托某进出口企业进口",同时注明被委托企业的18位法人和其他组织统一社会信用代码。

（3）有代理报关资格的报关企业代理其他进出口企业办理进出口报关手续时,填报委托的进出口企业。

（4）免税品经营单位经营出口退税国产商品的,填报免税品经营单位名称。

4. 进/出境关别

根据货物实际进出境的口岸海关,填报海关规定的《关区代码表》中相应口岸海关的名称及代码。常见的关区代码和名称见表4-2。

进境关别（0202）
新港海关

表 4-2　　　　　　　　　　常见的关区代码和名称

| 关区代码 | 关区名称 | 关区代码 | 关区名称 | 关区代码 | 关区名称 | 关区代码 | 关区名称 |
| --- | --- | --- | --- | --- | --- | --- | --- |
| 0100 | 北京关区 | 0404 | 廊坊海关 | 0904 | 连加工区 | 1595 | 图们邮办 |
| 0101 | 机场单证 | 0405 | 保定海关 | 0905 | 窑北良办 | 1596 | 集安邮办 |
| 0102 | 京监管处 | 0406 | 石关邮办 | 0906 | 连保税区 | 1900 | 哈尔滨区 |
| 0103 | 京关展览 | 0407 | 秦加工区 | 0908 | 连大窑湾 | 1901 | 哈尔滨关 |
| 0107 | 机场库区 | 0500 | 太原海关 | 0932 | 丹太平湾 | 1903 | 黑河海关 |
| 0109 | 机场旅检 | 0600 | 满洲里关 | 0941 | 营盘锦办 | 1907 | 东宁海关 |
| 0112 | 京邮办处 | 0603 | 满十八里 | 0950 | 鲅鱼圈关 | 1910 | 大庆海关 |
| 0113 | 京中关村 | 0604 | 满赤峰办 | 1500 | 长春关区 | 1911 | 密山海关 |
| 0115 | 京东郊站 | 0606 | 满哈沙特 | 1501 | 长春海关 | 1913 | 富锦海关 |
| 0117 | 京开发区 | 0608 | 满互贸区 | 1504 | 临江海关 | 1915 | 漠河海关 |
| 0119 | 机场物流 | 0610 | 满市区 | 1506 | 集安海关 | 1917 | 嘉荫海关 |
| 0124 | 北京站 | 0700 | 呼特关区 | 1507 | 珲春海关 | 1918 | 饶河海关 |
| 0125 | 西客站 | 0701 | 呼和浩特 | 1508 | 吉林海关 | 1919 | 哈内陆港 |
| 0126 | 京加工区 | 0702 | 二连海关 | 1509 | 延吉海关 | 1920 | 哈开发区 |
| 0200 | 天津关区 | 0705 | 二连公路 | 1516 | 集海关村 | 1924 | 哈关机办 |
| 0201 | 天津海关 | 0706 | 包头箱站 | 1517 | 珲长岭子 | 1925 | 绥关公路 |
| 0202 | 新港海关 | 0800 | 沈阳关区 | 1518 | 吉关车办 | 2200 | 上海海关 |
| 0203 | 津开发区 | 0801 | 沈阳海关 | 1519 | 延吉三合 | 2201 | 浦江海关 |
| 0205 | 津塘沽办 | 0803 | 沈驻邮办 | 1525 | 图们桥办 | 2203 | 沪机场关 |
| 0207 | 津机场办 | 0805 | 沈开发区 | 1527 | 珲春圈河 | 2205 | 沪车站办 |
| 0208 | 津保税区 | 0806 | 沈驻辽阳 | 1529 | 延吉南坪 | 2206 | 沪邮局办 |
| 0209 | 蓟县海关 | 0807 | 沈机场办 | 1531 | 长春东站 | 2207 | 沪稽查处 |
| 0210 | 武清海关 | 0808 | 沈集装箱 | 1537 | 珲沙坨子 | 2208 | 宝山海关 |
| 0217 | 东疆港区 | 0809 | 沈阳东站 | 1539 | 延开山屯 | 2209 | 龙吴海关 |
| 0220 | 津关税处 | 0810 | 葫芦岛关 | 1547 | 珲加工区 | 2210 | 浦东海关 |
| 0400 | 石家庄区 | 0900 | 大连海关 | 1549 | 延古城里 | 2211 | 卢湾监管 |
| 0401 | 石家庄关 | 0901 | 大连港湾 | 1559 | 延吉邮办 | 2212 | 奉贤海关 |
| 0402 | 秦皇岛关 | 0902 | 大连机场 | 1591 | 长春邮办 | 2213 | 莘庄海关 |
| 0403 | 唐山海关 | 0903 | 连开发区 | 1593 | 长白邮办 | 2214 | 漕河泾发 |

续表

| 关区代码 | 关区名称 | 关区代码 | 关区名称 | 关区代码 | 关区名称 | 关区代码 | 关区名称 |
|---|---|---|---|---|---|---|---|
| 2218 | 外高桥关 | 2339 | 南通加工 | 3504 | 三明海关 | 4229 | 德州海关 |
| 2219 | 杨浦监管 | 2341 | 连关加工 | 3505 | 福保税区 | 4231 | 烟开发区 |
| 2220 | 金山海关 | 2342 | 南京加工 | 3506 | 莆田海关 | 4232 | 日岚山办 |
| 2221 | 松江海关 | 2343 | 宁南加工 | 3508 | 福榕通办 | 4233 | 济机场办 |
| 2224 | 崇明海关 | 2901 | 杭州海关 | 3509 | 福关邮办 | 4235 | 济邮局办 |
| 2225 | 外港海关 | 2903 | 温州海关 | 3510 | 南平海关 | 4236 | 石龙眼办 |
| 2232 | 船监管处 | 2904 | 舟山海关 | 3700 | 厦门关区 | 4237 | 济通关处 |
| 2233 | 浦东机场 | 2905 | 海门海关 | 3701 | 厦门海关 | 4238 | 威海快件 |
| 2239 | 闵行加工 | 2906 | 绍兴海关 | 3702 | 泉州海关 | 4239 | 潍诸城办 |
| 2241 | 沪业一处 | 2907 | 湖州海关 | 3703 | 漳州海关 | 4240 | 青保税处 |
| 2242 | 沪业二处 | 2908 | 嘉兴海关 | 3706 | 龙岩海关 | 4241 | 烟加工区 |
| 2243 | 沪业三处 | 2910 | 杭关机办 | 3707 | 厦肖厝关 | 4242 | 威加工区 |
| 2301 | 连云港关 | 2911 | 杭关邮办 | 3715 | 厦机场办 | 4243 | 济曲阜办 |
| 2302 | 南通海关 | 2912 | 杭关萧办 | 3716 | 厦同安办 | 4244 | 青滨州办 |
| 2303 | 苏州海关 | 2921 | 金关义办 | 3777 | 厦稽查处 | 4245 | 烟台邮办 |
| 2304 | 无锡海关 | 2931 | 温关邮办 | 4000 | 南昌关区 | 4246 | 青加工区 |
| 2305 | 张家港关 | 2932 | 温经开关 | 4001 | 南昌海关 | 4600 | 郑州关区 |
| 2306 | 常州海关 | 2933 | 温关机办 | 4002 | 九江海关 | 4601 | 郑州海关 |
| 2307 | 镇江海关 | 2991 | 杭加工区 | 4200 | 青岛关区 | 4602 | 洛阳海关 |
| 2309 | 盐城海关 | 3100 | 宁波关区 | 4201 | 烟台海关 | 4700 | 武汉海关 |
| 2310 | 扬州海关 | 3106 | 大榭海关 | 4202 | 日照海关 | 4902 | 岳阳海关 |
| 2311 | 徐州海关 | 3107 | 甬驻余办 | 4203 | 龙口海关 | 4903 | 衡关郴办 |
| 2316 | 泰州海关 | 3300 | 合肥海关 | 4204 | 威海海关 | 4904 | 常德海关 |
| 2317 | 禄口机办 | 3302 | 安庆海关 | 4205 | 济南海关 | 4905 | 长沙海关 |
| 2318 | 南京现场 | 3303 | 马鞍山关 | 4206 | 潍坊海关 | 4906 | 株洲海关 |
| 2321 | 常溧阳办 | 3304 | 黄山海关 | 4209 | 石岛海关 | 4907 | 韶山海关 |
| 2325 | 苏昆山办 | 3500 | 福州关区 | 4210 | 青保税区 | 4908 | 湘关机办 |
| 2326 | 苏吴江办 | 3501 | 马尾海关 | 4211 | 济宁海关 | 5000 | 广东分署 |
| 2332 | 锡锡山办 | 3502 | 福清海关 | 4227 | 青岛大港 | 5100 | 广州海关 |
| 2333 | 南通关办 | 3503 | 宁德海关 | 4228 | 烟关快件 | 5101 | 广州新风 |

续表

| 关区代码 | 关区名称 | 关区代码 | 关区名称 | 关区代码 | 关区名称 | 关区代码 | 关区名称 |
|---|---|---|---|---|---|---|---|
| 5103 | 清远海关 | 5171 | 肇庆高要 | 5316 | 大鹏海关 | 6042 | 梅州兴宁 |
| 5104 | 清远英德 | 5186 | 佛山保税 | 5317 | 深关机场 | 6400 | 海口关区 |
| 5105 | 新风白云 | 5187 | 佛山车场 | 5319 | 同乐海关 | 6401 | 海口海关 |
| 5106 | 小虎码头 | 5188 | 佛山火车 | 5320 | 文锦渡关 | 6700 | 湛江关区 |
| 5107 | 肇庆封开 | 5189 | 佛山新港 | 5327 | 深法规处 | 6701 | 湛江海关 |
| 5108 | 肇庆德庆 | 5190 | 韶关海关 | 5328 | 深规范处 | 6702 | 茂名海关 |
| 5109 | 新风窖心 | 5191 | 韶关乐昌 | 5340 | 深关特办 | 6703 | 徐闻海关 |
| 5110 | 南海海关 | 5192 | 三水海关 | 5341 | 深惠州关 | 6705 | 湛江水东 |
| 5111 | 南海官窑 | 5193 | 三水车场 | 5342 | 深红海办 | 6706 | 湛江吴川 |
| 5112 | 南海九江 | 5194 | 三水港 | 5700 | 拱北关区 | 6713 | 湛江机场 |
| 5113 | 南海北村 | 5195 | 审单中心 | 5701 | 拱稽查处 | 6800 | 江门关区 |
| 5121 | 内港芳村 | 5196 | 云浮六都 | 5710 | 拱关闸办 | 6827 | 新会稽查 |
| 5140 | 穗关税处 | 5197 | 机场旅检 | 5720 | 中山海关 | 6830 | 台山海关 |
| 5141 | 广州机场 | 5198 | 穗河源关 | 5721 | 中山港 | 6831 | 台公益港 |
| 5142 | 民航快件 | 5199 | 穗技术处 | 5724 | 中石岐办 | 6832 | 台烽火角 |
| 5143 | 广州车站 | 5200 | 黄埔关区 | 5725 | 坦洲货场 | 6833 | 台山旅检 |
| 5144 | 穗州头咀 | 5201 | 埔老港办 | 5727 | 中小揽办 | 6837 | 台山稽查 |
| 5145 | 广州邮办 | 5202 | 埔新港办 | 5770 | 斗门海关 | 6840 | 三埠海关 |
| 5146 | 穗交易会 | 5203 | 新塘海关 | 5771 | 斗井岸办 | 6841 | 三埠码头 |
| 5147 | 穗邮办监 | 5204 | 东莞海关 | 5772 | 斗平沙办 | 6842 | 三埠水口 |
| 5148 | 穗大郎站 | 5205 | 太平海关 | 5780 | 高栏海关 | 6843 | 三埠旅检 |
| 5149 | 大铲海关 | 5206 | 惠州海关 | 5792 | 拱保税区 | 6847 | 三埠稽查 |
| 5150 | 顺德海关 | 5216 | 沙田办 | 5793 | 万山海关 | 6862 | 鹤山码头 |
| 5151 | 顺德保税 | 5300 | 深圳海关 | 6003 | 汕关行邮 | 6863 | 鹤山旅检 |
| 5152 | 顺德食出 | 5301 | 皇岗海关 | 6004 | 汕关机场 | 6867 | 鹤山稽查 |
| 5153 | 顺德车场 | 5302 | 罗湖海关 | 6020 | 汕关港口 | 6870 | 阳江海关 |
| 5154 | 北窖车场 | 5303 | 沙头角关 | 6021 | 潮州海关 | 6872 | 阳江车场 |
| 5155 | 顺德旅检 | 5304 | 蛇口海关 | 6022 | 饶平海关 | 7200 | 南宁关区 |
| 5158 | 顺德勒流 | 5305 | 深关现场 | 6028 | 潮阳海关 | 7201 | 南宁海关 |
| 5160 | 番禺海关 | 5306 | 笋岗海关 | 6031 | 汕尾海关 | 7202 | 北海海关 |
| 5161 | 沙湾车场 | 5307 | 南头海关 | 6032 | 汕关海城 | 7900 | 成都关区 |
| 5162 | 番禺旅检 | 5314 | 深关邮办 | 6033 | 汕关陆丰 | 7901 | 成都海关 |
| 5163 | 番禺货柜 | 5315 | 惠东办 | 6041 | 梅州海关 | 7902 | 成关机办 |

特殊情况填报要求如下：

(1)进口转关运输货物填报货物进境地海关名称及代码,出口转关运输货物填报货物出境地海关名称及代码。

(2)其他无实际进出境的货物,填报接受申报的海关名称及代码。

5. 进/出口日期

进口日期填报运载进口货物的运输工具申报进境的日期。出口日期指运载出口货物的运输工具办结出境手续的日期,在申报时免予填报。无实际进出境的货物,填报海关接受申报的日期。

> 进口日期
> 20200506

进/出口日期为8位数字,顺序为年(4位)、月(2位)、日(2位)。

6. 申报日期

申报日期指海关接受进出口货物收发货人、受委托的报关企业申报数据的日期。以电子数据报关单方式申报的,申报日期为海关计算机系统接受申报数据时记录的日期。以纸质报关单方式申报的,申报日期为海关接受纸质报关单并对报关单进行登记处理的日期。本栏目在申报时免予填报。

> 申报日期
> 20200510

申报日期为8位数字,顺序为年(4位)、月(2位)、日(2位)。

7. 备案号

一般进出口货物报关单不需填写。

8. 境外收/发货人

境外收货人通常指签订并执行出口贸易合同中的买方或合同指定的收货人,境外发货人通常指签订并执行进口贸易合同中的卖方。

> 境外发货人(CAN259235756216)
> Harmend Machinery & Electronic Co. Ltd.

本栏目填报境外收/发货人的名称及编码。名称一般填报英文名称,检验检疫要求填报其他外文名称的,在英文名称后填报,以半角括号分隔;对于AEO互认国家(地区)企业,编码填报AEO编码,填报样式为"国别(地区)代码＋海关企业编码",如新加坡AEO企业SGP123456789012(新加坡国别代码＋12位企业编码);非互认国家(地区)AEO企业等其他情形,编码免予填报。

特殊情况下无境外收/发货人的,名称及编码填报"NO"。

常见的国别(地区)代码见表4-3。

表 4-3　　　　　　　　　　常见的国别(地区)代码

| 代码 | 中文名称 | 英文名称 | 代码 | 中文名称 | 英文名称 |
| --- | --- | --- | --- | --- | --- |
| AUS | 澳大利亚 | Australia | USA | 美国 | United States of America (the) |
| BEL | 比利时 | Belgium | BGD | 孟加拉 | Bangladesh |
| CAN | 加拿大 | Canada | BLR | 白俄罗斯 | Belarus |
| FIN | 芬兰 | Finland | CHN | 中国 | China |
| DEU | 德国 | Germany | FRA | 法国 | France |
| ITA | 意大利 | Italy | JPN | 日本 | Japan |
| KRO | 韩国 | Korea(the Republic of) | MEX | 墨西哥 | Mexico |
| NLD | 荷兰 | Netherlands(the) | RUS | 俄罗斯联邦 | Russian Federation (the) |
| SGP | 新加坡 | Singapore | ZAF | 南非 | South Africa |
| THA | 泰国 | Thailand | GBR | 英国 | United Kingdom of Great Britain and Northern Ireland (the) |

#### 9. 运输方式

运输方式包括实际运输方式和海关规定的特殊运输方式,前者指货物实际进出境的运输方式,按进出境所使用的运输工具分类;后者指货物无实际进出境的运输方式,按货物在境内的流向分类。

本栏目根据货物实际进出境的运输方式或货物在境内流向的类别,按照海关规定的《运输方式代码表》选择填报相应的运输方式。常见的运输方式代码见表4-4。

| 运输方式(2) |
|---|
| 水路运输 |

表4-4　　　　　　　　　　　常见的运输方式代码

| 运输方式 | 代码 | 名称 | 运输方式说明 |
|---|---|---|---|
| 实际进出境 | 2 | 水路运输 | |
| | 3 | 铁路运输 | |
| | 4 | 公路运输 | |
| | 5 | 航空运输 | |
| | 6 | 邮件运输 | |
| | 9 | 其他运输 | 以人扛、驮畜、输水管道、输油管道、输送带和输电网等方式实际进出境货物和部分无实际进出境货物 |
| 无实际进出境 | 0 | 非保税区 | 境内非保税区运入保税区和保税区退区(退运境内)货物 |
| | 7 | 保税区 | 保税区运往境内非保税区货物 |
| | 1 | 监管仓库 | 境内存入出口监管仓库和出口监管仓库退仓货物 |
| | 8 | 保税仓库 | 保税仓库转内销货物 |
| | W | 物流中心 | 从境内保税物流中心外运入中心或从中心运往境内中心外货物 |
| | X | 物流园区 | 从境内保税物流园区外运入园区或从园区运往境内园区外货物 |
| | Y | 保税港区/综合保税区 | 保税港区、综合保税区与境内(区外)(非特殊区域、保税监管场所)之间进出的货物 |
| | Z | 出口加工区 | 出口加工区、珠澳跨境工业区(珠海园区)、中哈霍尔果斯边境合作区(中方配套区)与境内(区外)(非特殊区域、保税监管场所)之间进出的货物 |
| | 9 | 其他运输 | ①不复运出(入)境而留在境内(外)销售的进出境展览品、留赠转卖物品等;②特殊监管区域内货物之间的流转、调拨货物,特殊监管区域、保税监管场所之间相互流转货物;特殊监管区域内企业申报的与境内进出的货物;特殊监管区域外的加工贸易余料结转、深加工结转、内销等货物 |

特殊情况填报要求如下:

(1)非邮件方式进出境的快递货物,按实际运输方式填报。

(2)进口转关运输货物,按载运货物抵达进境地的运输工具填报;出口转关运输货物,按载运货物驶离出境地的运输工具填报。

(3)不复运出(入)境而留在境内(外)销售的进出境展览品、留赠转卖物品等,填报"其他运输"(代码9)。

(4)进出境旅客随身携带的货物,填报"旅客携带"(代码L)。

(5)以固定设施(包括输油、输水管道和输电网等)运输货物的,填报"固定设施运输"(代码G)。

#### 10. 运输工具名称及航次号

本栏目填报载运货物进出境的运输工具名称或编号及航次号。填报内容应与运输部门向海关申报的舱单(载货清单)所列相应内容一致。

(1)直接在进出境地或采用全国通关一体化通关模式办理报关手续的报关单填报要求(表4-5):

表 4-5    运输工具名称及航次号的填报示例

| 类别 | 示例 |
| --- | --- |
| 水路运输 | JOLLY/031S |
| 公路运输 | 粤××××/20200601 |
| 铁路运输 | P50396287/20200924 |
| 航空运输 | CA798 |
| 邮件运输 | GY34521/20200616 |
| 其他运输 | 管道 |

①运输工具名称具体填报要求

A.水路运输:填报船舶编号或者船舶英文名称。

B.公路运输:启用公路舱单前,填报该跨境运输车辆的国内行驶车牌号,深圳提前报关模式的报关单填报国内行驶车牌号+"/"+"提前报关"。启用公路舱单后,免予填报。

C.铁路运输:填报车厢编号或交接单号。

D.航空运输:填报航班号。

E.邮件运输:填报邮政包裹单号。

F.其他运输方式:填报具体运输方式名称,如管道、驮畜等。

②航次号具体填报要求

A.水路运输:填报船舶航次号。

B.公路运输:启用公路舱单前,填报运输车辆的8位进出境日期[顺序为年(4位)、月(2位)、日(2位),下同]。启用公路舱单后,填报货物运输批次号。

C.铁路运输:填报列车的进出境日期。

D.航空运输:免予填报。

E.邮件运输:填报运输工具的进出境日期。

F.其他运输方式:免予填报。

(2)转关运输货物的报关单填报要求:

①运输工具名称具体填报要求

● 进口

A.水路运输:直转、提前报关填报"@"+16位转关申报单预录入号(或13位载货清单号);中转填报进境英文船名。

B.铁路运输:直转、提前报关填报"@"+16位转关申报单预录入号;中转填报车厢编号。

C.航空运输:直转、提前报关填报"@"+16位转关申报单预录入号(或13位载货清单号);中转填报"@"。

D.公路及其他运输方式:填报"@"+16位转关申报单预录入号(或13位载货清单号)。

E.以上各种运输方式使用广东地区载货清单转关的提前报关货物填报"@"+13位载货清单号。

● 出口

A.水路运输:非中转填报"@"+16位转关申报单预录入号(或13位载货清单号)。如多张报关单需要通过一张转关单转关,运输工具名称字段填报"@"。

中转货物,境内水路运输填报驳船船名;境内铁路运输填报车名(主管海关 4 位关区代码+"TRAIN");境内公路运输填报车名(主管海关 4 位关区代码+"TRUCK")。

B. 铁路运输:填报"@"+16 位转关申报单预录入号(或 13 位载货清单号)。如多张报关单需要通过一张转关单转关,填报"@"。

C. 航空运输:填报"@"+16 位转关申报单预录入号(或 13 位载货清单号)。如多张报关单需要通过一张转关单转关,填报"@"。

D. 其他运输方式:填报"@"+16 位转关申报单预录入号(或 13 位载货清单号)。

②航次号具体填报要求

● 进口

A. 水路运输:中转转关方式填报"@"+进境干线船舶航次。直转、提前报关免予填报。

B. 公路运输:免予填报。

C. 铁路运输:"@"+8 位进境日期。

D. 航空运输:免予填报。

E. 其他运输方式:免予填报。

● 出口

A. 水路运输:非中转货物免予填报。

中转货物:境内水路运输填报驳船航次号;境内铁路、公路运输填报 6 位启运日期[顺序为年(2 位)、月(2 位)、日(2 位)]。

B. 铁路拼车拼箱捆绑出口:免予填报。

C. 航空运输:免予填报。

(3)免税品经营单位经营出口退税国产商品的,免予填报。

(4)无实际进出境的货物,免予填报。

(5)采用"集中申报"通关方式办理报关手续的,填报"集中申报"。

## 知识链接

### 转关

转关是指海关监管货物在海关监管下,从一个海关运至另一个海关办理某项海关手续的行为。转关可分为进口转关、出口转关和境内转关。进口转关是指货物由进境地入境,向海关申请转关,运往另一个设关地点进口报关。出口转关是指在起运地出口报关运往出境地,由出境地海关监管出境。境内转关是指已经办理入境手续的海关监管货物从境内一个设关地点运往境内另一个设关地点报关。

转关方式包括:

(1)提前报关转关

进口提前报关转关是指进口货物在指运地先申报,再到进境地办理进口转关手续。

出口提前报关转关是指出口货物在未运抵起运地监管场所前先申报,货物运抵监管场所后再办理出口转关手续的转关。

(2)直转转关

进口直转转关是指进口货物在进境地海关办理转关手续,货物运抵指运地再在指运地海关办理申报手续的转关。

出口直转转关是指出口货物在运抵起运地海关监管场所申报后,在起运地海关办理出口转关手续再到出境地海关办理出境手续的转关。

(3) 中转转关

进口中转转关是指持全程提运单需换装境内运输工具的进口中转货物由收货人或其代理人先向指运地海关办理进口申报手续,再由境内承运人或其代理人批量向进境地海关办理转关手续的转关。

出口中转转关是指持全程提运单需换装境内运输工具的出口中转货物由收货人或其代理人先向指运地海关办理出口申报手续,再由境内承运人或其代理人按出境工具分列舱单向起运地海关批量办理转关手续,并到出境地海关办理出境手续的转关。

11. 提运单号

本栏目填报进出口货物提单或运单的编号。一份报关单只允许填报一个提单或运单号,一票货物对应多个提单或运单时,应分单填报。

> 提运单号
> DLTG258844F

具体填报要求如下:

(1) 直接在进出境地或采用全国通关一体化通关模式办理报关手续:

①水路运输:填报进出口提单号。如有分提单的,填报进出口提单号+" * "+分提单号。

②公路运输:启用公路舱单前,免予填报;启用公路舱单后,填报进出口总运单号。

③铁路运输:填报运单号。

④航空运输:填报总运单号+"_"+分运单号,无分运单的填报总运单号。

⑤邮件运输:填报邮运包裹单号。

(2) 采用"集中申报"通关方式办理报关手续的,报关单填报归并的集中申报清单的进出口起止日期[顺序为年(4位)、月(2位)、日(2位),年(4位)、月(2位)、日(2位)]。

(3) 无实际进出境的货物,免予填报。

12. 货物存放地点

本栏目填报货物进境后存放的场所或地点,包括海关监管作业场所、分拨仓库、定点加工厂、隔离检疫场、企业自有仓库等。

13. 消费使用单位/生产销售单位

消费使用单位/生产销售单位填报实际单位的名称及编码。

> 消费使用单位(911201166005394213)
> 浦项(天津)钢材加工有限公司

消费使用单位是指已知的进口货物在境内的最终消费、使用单位的名称,包括自行进口货物的单位和委托进出口企业进口货物的单位。

生产销售单位是指出口货物在境内的生产或销售单位的名称,包括自行出口货物的单位和委托进出口企业出口货物的单位。免税品经营单位经营出口退税国产商品的,填报该免税品经营单位统一管理的免税店。

编码填报要求为:

(1) 填报18位法人和其他组织统一社会信用代码。

(2) 无18位统一社会信用代码的,填报"NO"。

进口货物在境内的最终消费或使用以及出口货物在境内的生产或销售的对象为自然人的,填报身份证号、护照号等有效证件号码及姓名。

14. 监管方式

监管方式是以国际贸易中进出口货物的交易方式为基础,结合海关对进出口货物的征税、统计及监管条件综合设定的海关对进出口货物的管理方式。其代码由4位数字构成,前两位是按照海关监管要求和计算机管理需要划分的

> 监管方式(0110)
> 一般贸易

分类代码,如 02~08、44、46 表示加工贸易货物;后两位是参照国际标准编制的监管方式代码。

本栏目根据实际对外贸易情况按海关规定的《监管方式代码表》选择填报相应的监管方式简称及代码。常见的监管方式代码见表4-6。一份报关单只允许填报一种监管方式。

表4-6　　　　　　　　　　　　常见的监管方式代码

| 监管方式代码 | 监管方式简称 | 监管方式全称 |
| --- | --- | --- |
| 0110 | 一般贸易 | 一般贸易 |
| 0200 | 料件销毁 | 加工贸易料件、残次品(折料)销毁 |
| 0214 | 来料加工 | 来料加工装配贸易进口料件及加工出口货物 |
| 0245 | 来料料件内销 | 来料加工料件转内销 |
| 0255 | 来料深加工 | 来料深加工结转货物 |
| 0258 | 来料余料结转 | 来料加工余料结转 |
| 0265 | 来料料件复出 | 来料加工复运出境的原进口料件 |
| 0300 | 来料料件退换 | 来料加工料件退换 |
| 0320 | 不作价设备 | 加工贸易外商提供的不作价进口设备 |
| 0345 | 来料成品减免 | 来料加工成品凭"征免税证明"转减免税 |
| 0400 | 边角料销毁 | 加工贸易边角料、副产品(按状态)销毁 |
| 0420 | 加工贸易设备 | 加工贸易项下外商提供的进口设备 |
| 0446 | 加工设备内销 | 加工贸易免税进口设备转内销 |
| 0456 | 加工设备结转 | 加工贸易免税进口设备结转 |
| 0500 | 减免设备结转 | 用于监管年限内减免税设备的结转 |
| 0615 | 进料对口 | 进料加工(对口合同) |
| 0644 | 进料料件内销 | 进料加工料件转内销 |
| 0654 | 进料深加工 | 进料深加工结转货物 |
| 0657 | 进料余料结转 | 进料加工余料结转 |
| 0664 | 进料料件复出 | 进料加工复运出境的原进口料件 |
| 0700 | 进料料件退换 | 进料加工料件退换 |
| 0715 | 进料非对口 | 进料加工(非对口合同) |
| 0744 | 进料成品减免 | 进料加工成品凭"征免税证明"转减免税 |
| 0815 | 低值辅料 | 低值辅料 |
| 0844 | 进料边角料内销 | 进料加工项下边角料转内销 |
| 0845 | 来料边角料内销 | 来料加工项下边角料内销 |
| 1200 | 保税间货物 | 海关保税场所及保税区域之间往来的货物 |
| 1210 | 保税电商 | 保税跨境贸易电子商务 |
| 1233 | 保税仓库货物 | 保税仓库进出境货物 |
| 1239 | 保税电商A | 保税跨境贸易电子商务A |
| 1300 | 修理物品 | 进出境修理物品 |
| 1427 | 出料加工 | 出料加工 |

续表

| 监管方式代码 | 监管方式简称 | 监管方式全称 |
|---|---|---|
| 2025 | 合资合作设备 | 合资合作企业作为投资进口设备物品 |
| 2225 | 外资设备物品 | 外资企业作为投资进口的设备物品 |
| 2600 | 暂时进出货物 | 暂时进出口货物 |
| 2700 | 展览品 | 进出境展览品 |
| 3010 | 货样广告品 | 进出口的货样广告品 |
| 3100 | 无代价抵偿 | 无代价抵偿进出口货物 |
| 3239 | 零售电商 | 跨境电子商务零售 |
| 3339 | 其他进出口免费 | 其他进出口免费提供货物 |
| 3511 | 援助物资 | 国家和国际组织无偿援助物资 |
| 3612 | 捐赠物资 | 进出口捐赠物资 |
| 4400 | 来料成品退换 | 来料加工成品退换 |
| 4500 | 直接退运 | 直接退运 |
| 4539 | 进口溢误卸 | 进口溢卸、误卸货物 |
| 4561 | 退运货物 | 因质量不符、延误交货等退运进出境货物 |
| 4600 | 进料成品退换 | 进料成品退换 |
| 5000 | 料件进出区 | 料件进出海关特殊监管区域 |
| 5014 | 区内来料加工 | 海关特殊监管区域与境外之间进出的来料加工货物 |
| 5015 | 区内进料加工货物 | 海关特殊监管区域与境外之间进出的进料加工货物 |
| 5033 | 区内仓储货物 | 加工区内仓储企业从境外进口的货物 |
| 5034 | 区内物流货物 | 海关特殊监管区域与境外之间进出的物流货物 |
| 5100 | 成品进出区 | 成品进出海关特殊监管区域 |
| 5200 | 区内边角调出 | 用于区内外非实际进出境货物 |
| 5300 | 设备进出区 | 设备及物资进出海关特殊监管区域 |
| 5335 | 境外设备进区 | 海关特殊监管区域从境外进口的设备及物资 |
| 6033 | 物流中心进出境货物 | 保税物流中心与境外之间进出仓储货物 |
| 9610 | 电子商务 | 跨境贸易电子商务 |
| 9739 | 其他贸易 | 其他贸易 |
| 9900 | 其他 | 其他 |

### 15. 征免性质

本栏目根据实际情况按海关规定的《征免性质代码表》选择填报相应的征免性质简称及代码。常见的征免性质代码见表4-7。持有海关核发的"中华人民共和国海关进出口货物征免税证明"（以下简称"征免税证明"）的，按照"征免税证明"中批注的征免性质填报。一份报关单只允许填报一种征免性质。

征免性质（101）
一般征税

表 4-7 常见的征免性质代码

| 代码 | 简称 | 全称 |
| --- | --- | --- |
| 101 | 一般征税 | 一般征税进出口货物 |
| 201 | 无偿援助 | 无偿援助进出口物资 |
| 299 | 其他法定 | 其他法定减免税进出口货物 |
| 301 | 特定区域 | 特定区域进口自用物资及出口货物 |
| 307 | 保税区 | 保税区进口自用物资 |
| 399 | 其他地区 | 其他执行特殊政策地区出口货物 |
| 401 | 科教用品 | 大专院校及科研机构进口科教用品 |
| 501 | 加工设备 | 加工贸易外商提供的不作价进口设备 |
| 502 | 来料加工 | 来料加工装配和补偿贸易进口料件及出口成品 |
| 503 | 进料加工 | 进料加工贸易进口料件及出口成品 |
| 601 | 中外合资 | 中外合资经营企业自产出口货物 |
| 602 | 中外合作 | 中外合作经营企业自产出口货物 |
| 603 | 外资企业 | 外商独资企业自产出口货物 |
| 789 | 鼓励项目 | 国家鼓励发展的内外资项目进口设备 |
| 799 | 自有资金 | 外商投资额度外利用自有资金进口设备、备件、配件 |
| 801 | 救灾捐赠 | 救灾捐赠进口物资 |
| 802 | 扶贫慈善 | 境外向我国境内无偿捐赠用于扶贫慈善的免税进口物资 |
| 999 | 例外减免 | 例外减免税进出口货物 |

部分征免性质及其适用范围介绍如下：

(1)一般征税(101)，适用于依照《海关法》《中华人民共和国进出口关税条例》及其他法规所规定的税率征收关税、进口环节增值税和其他税费的一般进出口货物，包括除其他征免性质另有规定者外的一般照章(包括按照公开暂定税率)征税或补税的进出口货物。

(2)其他法定(299)，适用于依照《海关法》《中华人民共和国进出口关税条例》所规定的其他实行法定减免税的进出口货物，以及根据有关规定非按全额货值征税的部分进出口货物。具体适用范围：①无代价抵偿进出口货物(照章征税的除外)；②无商业价值的广告品和货样；③进出境运输工具装载的途中必需的燃料、物料和饮食用品；④因故退还的境外进口货物；⑤因故退还的我国出口货物；⑥在境外运输途中或者在起卸时遭受损坏或损失的货物；⑦起卸后海关放行前，因不可抗力遭受损坏或者损失的货物；⑧因不可抗力因素造成的受灾保税货物；⑨海关查验时已经破漏、损坏或者腐烂，经证明不是保管不慎造成的货物；⑩我国缔结或者参加的国际条约规定减征、免征关税的货物、物品；⑪暂准进出境货物；⑫展览会货物；⑬出料加工项下的出口料件及复进口的成品；⑭进出境的修理物品；⑮租赁期不满一年的进出口货物；⑯边民互市进出境货物；⑰非按全额货值征税的进出口货物(如按租金、修理费征税的进口货物)；⑱其他不按"征免税证明"管理的减免税货物；⑲免税品经营单位经营出口退税国产商品的，填报"其他法定"。

(3)科教用品(401),适用于为促进科学研究和教育事业的发展,科学研究机构和学校按照有关征减免税政策,进口国内不能生产的、直接用于科研或教学的货物。

(4)加工设备(501),适用于加工贸易经营单位按照有关征减免税政策进口的外商免费(不需经营单位付汇,也不需用加工费和差价偿还)提供的加工生产所需设备。

(5)来料加工(502),适用于来料加工装配和补偿贸易进口所需的料件等,以及经加工后出口的成品、半成品。

(6)进料加工(503),适用于外贸公司、工贸公司等为生产外销产品用外汇购买进口和外商投资企业为履行产品出口合同而进口的料件,以及加工后返销出口的成品、半成品。

(7)中外合资(601),适用于中外合资企业自产的出口产品。

(8)中外合作(602),适用于中外合作企业自产的出口产品。

(9)外资企业(603),适用于外商独资企业自产的出口产品。

(10)鼓励项目(789),适用于按规定程序审批的国家鼓励发展的国内投资、外商投资项目、利用外国政府贷款和国际金融组织贷款项目,在投资总额内进口的自用设备及其配套件、备件。

(11)自有资金(799),适用于已设立的鼓励类外商投资企业以及符合中西部利用外资优势产业和优势项目目录的项目,在投资总额以外利用自有资金(企业储备基金、发展基金、折旧和税后利润),按照有关征减免税政策进口的设备、技术等。

"鼓励项目"和"自有资金"的使用,须依程序取得海关核发的"征免税证明"并与"征免性质"栏批注内容相符。

### 16. 许可证号

许可证号是指商务部签发的进出口许可证编号,包括进(出)口许可证、两用物项和技术进(出)口许可证、两用物项和技术出口许可证(定向)、纺织品临时出口许可证、出口许可证(加工贸易)、出口许可证(边境小额贸易)的编号。

> 许可证号
> 06AA101555

免税品经营单位经营出口退税国产商品的,免予填报。

一份报关单只允许填报一个许可证号,非许可证管理的商品本栏目为空。

### 17. 启运港

本栏目填报进口货物起运抵我国关境前的第一个境外装运港。

根据实际情况,按海关规定的《港口代码表》填报相应的港口名称及

> 启运港(KOR018)
> 仁川(韩国)

代码;未在《港口代码表》中列明的,填报相应的国家名称及代码。常见的港口代码见表4-8。货物从海关特殊监管区域或保税监管场所运至境内区外的,填报《港口代码表》中相应海关特殊监管区域或保税监管场所的名称及代码;未在《港口代码表》中列明的,填报"未列出的特殊监管区"及代码。

其他无实际进境的货物,填报"中国境内"及代码。

表 4-8　　　　　　　　　　　　　　　常见的港口代码

| 代码 | 中文名称 | 英文名称 |
| --- | --- | --- |
| ARE018 | 迪拜（阿联酋） | Dubai, United Arab Emirates |
| AUS033 | 布里斯班（澳大利亚） | Brisbane, Australia |
| BEL003 | 安特卫普（比利时） | Antwerp, Belgium |
| AUS147 | 墨尔本（澳大利亚） | Melbourne, Australia |
| AUS225 | 悉尼（澳大利亚） | Sydney, Australia |
| BGD006 | 吉大港（孟加拉） | Chittagong, Bangladesh |
| BRA084 | 里约热内卢（巴西） | Rio De Janeiro, Brazil |
| CAN219 | 利物浦（加拿大） | Liverpool, Canada |
| CAN456 | 多伦多（加拿大） | Toronto, Canada |
| CAN465 | 温哥华（加拿大） | Vancouver, Canada |
| CHE901 | 苏黎世（瑞士） | Zurich, Switzerland |
| CHN000 | 中国境内 | China |
| 991203 | 天津港保税区 | Tianjingang Free Trade Zone |
| 993903 | 厦门象屿保税物流园区 | Xiamen Xiangyu Bonded Logistics Zone |
| CHN113 | 大连（中国） | Dalian, China |
| CHN185 | 天津新港（中国） | Tianjinxingang, China |
| CHN342 | 洋山（中国） | Yangshan, China |
| DEU063 | 汉堡（德国） | Hamburg, Germany |
| DNK027 | 哥本哈根（丹麦） | Kobenhavn(Copenhagen), Denmark |
| FIN015 | 赫尔辛基（芬兰） | Helsinki(Helsingfors), Finland |
| FRA153 | 马赛（法国） | Marseille, France |
| GBR375 | 伦敦（英国） | London, United Kingdom |
| IND018 | 孟买（印度） | Mumbai(Bombay), India |
| ITA075 | 热那亚（意大利） | Genoa, Italy |
| JPN213 | 神户（日本） | Kobe, Japan |
| JPN318 | 名古屋（日本） | Nagoya, Japan |
| JPN384 | 大阪（日本） | Osaka, Japan |
| JPN501 | 东京（日本） | Tokyo, Japan |
| KOR003 | 釜山（韩国） | Busan, Korea (Republic of) |
| KOR018 | 仁川（韩国） | Incheon(Inchon), Korea (Republic of) |
| NLD066 | 鹿特丹（荷兰） | Rotterdam, Netherlands |
| NZL072 | 惠灵顿（新西兰） | Wellington, New Zealand |
| THA003 | 曼谷（泰国） | Bangkok, Thailand |
| USA255 | 长滩（美国） | Long Beach, United States |
| USA264 | 洛杉矶（美国） | Los Angeles, United States |
| USA309 | 纽约（美国） | New York, United States |

## 18. 合同协议号

本栏目用于填报进出口货物合同(包括协议或订单)编号。在原始单据(发票)上合同协议号一般表示为"Contract No.""S/C No.""P/O No."。

未发生商业性交易的免予填报。

免税品经营单位经营出口退税国产商品的,免予填报。

| 合同协议号 |
| --- |
| 03-Y1-1002 |

## 19. 贸易国(地区)

贸易国(地区)是指发生商业性交易的国家(地区)。进口填报购自国(地区),出口填报售予国(地区);未发生商业性交易的填报货物所有权拥有者所属的国家(地区)。

本栏目按海关规定的《国别(地区)代码表》选择填报相应的贸易国(地区)中文名称及代码。

| 贸易国(地区)(JPN) |
| --- |
| 日本 |

## 20. 启运国(地区)/运抵国(地区)

启运国(地区)指进口货物起始发出直接运抵我国的国家或地区,或者在运输中转国(地区)未发生任何商业性交易的情况下运抵我国的国家或地区;运抵国(地区)是出口货物离开我国关境直接运抵的国家或地区,或者在运输中转国(地区)未发生任何商业性交易的情况下最后运抵的国家或地区。

| 启运国(地区)(DEU) |
| --- |
| 德国 |

本栏目按海关规定的《国别(地区)代码表》选择填报相应国别(地区)的中文名称及代码。

(1)直接运抵货物:以进口货物的装货港所在国(地区)为启运国(地区),以出口货物的指运港所在国(地区)为运抵国(地区)。

(2)在第三国(地区)转运货物:转运货物是指船舶、飞机等运输工具从装运港将货物装运后,不直接驶往目的港,而在中途的港口卸下后,再换装另外的船舶、飞机等运输工具转运往目的港。

①发生运输中转而未发生任何买卖关系的货物,其启运国(地区)或运抵国(地区)不变。

②发生运输中转且发生了买卖关系的货物,其中转国(地区)为启运国(地区)或运抵国(地区)。

(3)无实际进出境的货物,本栏目填报"中国"及代码。

## 21. 经停港/指运港

经停港填报进口货物在运抵我国关境前的最后一个境外装运港。

指运港填报出口货物运往境外的最终目的港;最终目的港不可预知的,按尽可能预知的目的港填报。

本栏目根据实际情况,按海关规定的《港口代码表》选择填报相应的港口名称及代码。经停港/指运港在《港口代码表》中无港口名称及代码的,可选择填报相应的国家名称及代码。

无实际进出境的货物填报"中国境内"及代码。

## 22. 入境口岸/离境口岸

入境口岸填报进境货物从跨境运输工具卸离的第一个境内口岸的中文名称及代码;采取多式联运跨境运输的,填报多式联运货物最终卸离的境内口岸中文名称及代码;过境货物填报货物进入境内的第一个口岸的中文名称及代码;从海关特殊监管区域或保税监管场所进境的,填报海关特殊监管区域或保税监管场所的中文名称及代码。其他无实际进境的货物,填报货物所在地的城市名称及代码。

离境口岸填报装运出境货物的跨境运输工具离境的第一个境内口岸的中文名称及代码;采取多式联运跨境运输的,填报多式联运货物最初离境的境内口岸中文名称及代码;过境货物填报货物离境的第一个境内口岸的中文名称及代码;从海关特殊监管区域或保税监管场所离境的,填报海关特殊监管区域或保税监管场所的中文名称及代码。其他无实际出境的货物,填报货物所在地的城市名称及代码。

入境口岸/离境口岸类型包括港口、码头、机场、机场货运通道、边境口岸、火车站、车辆装卸点、车检场、陆路港、坐落在口岸的海关特殊监管区域等。本栏目按海关规定的《国内口岸代码表》选择填报相应的境内口岸名称及代码。常见的国内口岸名称及代码见表4-9。

表4-9　　　　　　　　　　常见的国内口岸名称及代码

| 代码 | 中文名称 | 罗马字母名称 |
| --- | --- | --- |
| 110001 | 北京 | Beijing |
| 110101 | 北京国际机场 | Beijing Capital International Airport |
| 120001 | 天津 | Tianjin |
| 120002 | 北疆港区 | Beijiang Gangqu |
| 120003 | 天津保税物流园区 | Tianjin Bonded Logistics Zone |
| 120004 | 天津港保税区 | Tianjingang Free Trade Zone |
| 120011 | 中国(天津)自由贸易试验区 | China (Tianjin) Pilot Free Trade Zone |
| 130001 | 石家庄 | Shijiazhuang |
| 130101 | 秦皇岛 | Qinhuangdao |
| 130204 | 曹妃甸综合保税区 | Caofeidian Comprehensive Bonded Zone |
| 210001 | 沈阳 | Shenyang |
| 210101 | 大连港大窑湾港区 | Dalian Harbor Dayaowan Gangqu |
| 310001 | 上海 | Shanghai |
| 310011 | 中国(上海)自由贸易试验区 | China (Shanghai) Pilot Free Trade Zone |
| 310301 | 上海虹桥国际机场 | Shanghai Hongqiao International Airport |
| 320001 | 南京 | Nanjing |
| 320103 | 南京出口加工区 | Nanjing Export Processind Zone |
| 320202 | 苏州工业园综合保税区 | Suzhou Gongyeyuan Comprehensive Bonded Zone |
| 370101 | 青岛港 | Qingdao Harbor |
| 390001 | 厦门 | Xiamen |
| 440001 | 广州 | Guangzhou |
| 440002 | 黄埔港务码头 | Huangpu Gangwu Dock |
| 440011 | 中国(广东)自由贸易试验区 | China (Guangdong) Pilot Free Trade Zone |
| 460001 | 海口 | Haikou |
| 470001 | 深圳 | Shenzhen |
| 510001 | 成都 | Chengdu |

**23. 包装种类**

本栏目填报进出口货物的所有包装材料,包括运输包装和其他包

> 包装种类(22)
> 纸制或纤维板制盒/箱

装,按海关规定的《包装种类代码表》选择填报相应的包装种类名称及代码。运输包装指提运单所列货物件数单位对应的包装,其他包装包括货物的各类包装,以及植物性铺垫材料等。常见的包装种类及代码见表4-10。

表 4-10　　　　　　　　　　　常见的包装种类及代码

| 代码 | 中文名称 | 代码 | 中文名称 |
| --- | --- | --- | --- |
| 00 | 散装 | 39 | 其他材料制桶 |
| 01 | 裸装 | 04 | 球状罐类 |
| 22 | 纸制或纤维板制盒/箱 | 06 | 包/袋 |
| 23 | 木制或竹藤等植物性材料制盒/箱 | 92 | 再生木托 |
| 29 | 其他材料制盒/箱 | 93 | 天然木托 |
| 32 | 纸制或纤维板制桶 | 98 | 植物性铺垫材料 |
| 33 | 木制或竹藤等植物性材料制桶 | 99 | 其他包装 |

### 24. 件数

本栏目填报进出口货物运输包装的件数(按运输包装计)。特殊情况填报要求如下:

(1)舱单件数为集装箱的,填报集装箱个数。

(2)舱单件数为托盘的,填报托盘数。

不得填报"0",裸装货物填报"1"。

| 件数 |
| --- |
| 500 |

### 25. 毛重

毛重指商品重量加上商品的外包装材料的重量。

毛重在装箱单或提运单据"Gross Weight"栏体现。

本栏目不得为空;毛重的计量单位为千克,不足1千克的填报"1"。

| 毛重(千克) |
| --- |
| 2 152.70 |

### 26. 净重

净重指货物的毛重扣除外包装材料后的重量,部分商品的净重还包括直接接触商品的销售包装物料的重量,如罐头装食品等。

净重在装箱单或提运单据"Net Weight"栏体现。

本栏目不得为空;净重的计量单位为千克,不足1千克的填报"1"。

| 净重(千克) |
| --- |
| 1 600.00 |

### 27. 成交方式

海关规定的成交方式与《国际贸易术语解释通则》中贸易术语的内涵并非完全一致。"CIF、CFR、FOB"并不限于水路,而适用于任何运输方式,主要体现成本、运费、保险费等成交价格构成因素,目的在于方便海关税费的计算。

| 成交方式(3) |
| --- |
| FOB |

本栏目应依据发票中的实际成交价格条款,按照海关《成交方式代码表》(表4-11)选择填报相应的成交方式名称及代码。

表 4-11　　　　　　　　　　　成交方式代码表

| 成交方式代码 | 名称 | 成交方式代码 | 名称 |
| --- | --- | --- | --- |
| 1 | CIF | 4 | C&I |
| 2 | CFR(C&F) | 5 | 市场价 |
| 3 | FOB | 6 | 垫仓 |

无实际进出境的,进口填报CIF,出口填报FOB。

## 28. 运费、保费、杂费

进出口报关单的运费是指进口货物运抵我国境内输入地点起卸前的运输费用,出口货物运至我国境内输出地点装载后的运输费用。保费是指进口货物运抵我国境内输入地点起卸前的保险费用,出口货物运至我国境内输出地点装载后的保险费用。杂费是指成交价格以外的,应计入货物价格或应从完税价格中扣除的费用,如手续费、佣金、折扣等。

(1) 运费的填报要求

①本栏目填报进口货物成交价格不包含运费或出口货物成交价格含有运费,即进口成交方式为 FOB、C&I 或出口成交方式为 CIF、CFR 的运费。

②本栏目可按运费单价、运费总价或运费率三种方式之一填报,同时注明运费标记。"1"表示运费率,填制格式为"运费率/1";"2"表示每吨货物的运费单价,"3"表示运费总价,填制格式为"币种代码/运费金额/运费标记",并按海关规定的《货币代码表》选择填报相应的币种代码。常用的货币代码见表 4-12。

| 运费 | 运费 | 运费 |
| --- | --- | --- |
| 5/1 | USD/33/2 | USD/7 000/3 |

表 4-12  常用的货币代码

| 代码 | 中文名称 | 英文名称 | 代码 | 中文名称 | 英文名称 |
| --- | --- | --- | --- | --- | --- |
| HKD | 港币 | Hong Kong Dollar | EUR | 欧元 | Euro |
| IDR | 印度尼西亚卢比 | Rupiah | DKK | 丹麦克朗 | Danish Krone |
| JPY | 日本元 | Yen | GBP | 英镑 | Pound Sterling |
| MOP | 澳门元 | Pataca | NOK | 挪威克朗 | Norwegian Krone |
| MYR | 马来西亚林吉特 | Malaysian Ringgit | SEK | 瑞典克朗 | Swedish Krona |
| PHP | 菲律宾比索 | Philippine Piso | CHF | 瑞士法郎 | Swiss Franc |
| SGD | 新加坡元 | Singapore Dollar | RUB | 俄罗斯卢布 | Russian Ruble |
| KRW | 韩国元 | Won | CAD | 加拿大元 | Canadian Dollar |
| THB | 泰国铢 | Baht | USD | 美元 | US Dollar |
| CNY | 人民币 | Yuan Renminbi | AUD | 澳大利亚元 | Australian Dollar |
| TWD | 新台币 | New Taiwan Dollar | NZD | 新西兰元 | New Zealand Dollar |

③运保费合并计算的,运保费填报在本栏中,保费栏目免予填报。

④免税品经营单位经营出口退税国产商品的,免予填报。

(2) 保费的填报要求

①本栏目填报进口货物成交价格不包含保险费或出口货物成交价格含有保险费,即进口成交方式为 FOB、CFR 或出口成交方式为 CIF、C&I 的保险费。

②本栏目可按保险费总价或保险费率两种方式之一填报,同时注明保险费标记。"1"表示保险费率,"3"表示保险费总价,填制格式与运费相同,并按海关规定的《货币代码表》选择填报相应的币种代码。

| 保费 | 保费 |
| --- | --- |
| 0.3/1 | CNY/1 000/3 |

③进口货物保险费无法确定或未实际发生的,按货价加运费的 3‰ 计算保险费。

④免税品经营单位经营出口退税国产商品的,免予填报。

(3) 杂费的填报要求

①本栏目可按杂费总价或杂费率两种方式之一填报,同时注明杂费标记。"1"表示杂费率,"3"表示杂费总价,填制格式与运费相同,并按海关规定的《货币代码表》选择填报相应的币种代码。

| 杂费 | 杂费 | 杂费 |
| --- | --- | --- |
| -2/1 | 1.5/1 | USD/500/3 |

②应计入完税价格的杂费填报为正值或正率,应从完税价格中扣除的杂费填报为负值或负率。

③无杂费时,本栏目免予填报。

④免税品经营单位经营出口退税国产商品的,免予填报。

29. 随附单证及编号

随附单证分为海关监管单证(随附单证1)、其他商业单证(随附单证2)两种类型。海关监管单证根据海关规定的《监管证件代码表》选择填报除许可证以外的其他进出口许可证件或监管证件的代码及编号;其他商业单证填写单证名称。

随附单证及编号

随附单证2:代理报关委托协议;发票;装箱单;合同;企业提供的声明

常见的监管证件及代码见表4-13。常见的随附单证有代理报关委托协议、合同、发票、装箱单、提/运单、企业提供的其他资料等。进出口货物申报时不需海关监管证件的,填写其他商业单证名称即可。

表4-13　　　　　常见的监管证件及代码

| 代码 | 监管证件名称 | 代码 | 监管证件名称 |
| --- | --- | --- | --- |
| 1 | 进口许可证 | P | 固体废物进口许可证 |
| 2 | 两用物项和技术进口许可证 | Q | 进口药品通关单 |
| 3 | 两用物项和技术出口许可证 | R | 进口兽药通关单 |
| 4 | 出口许可证 | S | 进出口农药登记证明 |
| 6 | 旧机电产品禁止进口 | U | 合法捕捞产品通关证明 |
| 7 | 自动进口许可证 | V | 人类遗传资源材料出口、出境证明 |
| 8 | 禁止出口商品 | X | 有毒化学品环境管理放行通知单 |
| 9 | 禁止进口商品 | Z | 赴境外加工光盘进口备案证明 |
| A | 检验检疫 | b | 进口广播电影电视节目带(片)提取单 |
| B | 电子底账 | d | 援外项目任务通知函 |
| D | 出/入境货物通关单(毛坯钻石用) | f | 音像制品(成品)进口批准单 |
| E | 濒危物种允许出口证明书 | g | 技术出口合同登记证 |
| F | 濒危物种允许进口证明书 | i | 技术出口许可证 |
| G | 两用物项和技术出口许可证(定向) | k | 民用爆炸物品进出口审批单 |
| I | 精神药物进(出)口准许证 | m | 银行调运人民币现钞进出境证明 |
| J | 黄金及黄金制品进出口准许证或批件 | n | 音像制品(版权引进)批准单 |
| L | 药品进出口准许证 | u | 钟乳石出口批件 |
| M | 密码产品和设备进口许可证 | z | 古生物化石出境批件 |
| O | 自动进口许可证(新旧机电产品) | | |

注:除上表所示的监管证件外,海关通关系统中亦包含部分由海关设置的监管证件,如"内销征税联系单"(c)、"预归类标志"(r)、"深加工结转申请表"(K)等。

单一窗口申报监管证件信息时,本栏目分为"随附单证代码"和"随附单证编号"两栏,其中"随附单证代码"栏按海关规定的《监管证件代码表》选择填报相应证件代码,"随附单证编号"栏填报证件编号。

一份报关单对应一份原产地证书或原产地声明。

## 知识链接

### 进出口商品的监管证件

海关依据我国对外贸易法律、法规和规章,对于每一商品编码项下的商品,在通关系统中均对应设置一定的监管条件,用以表示该商品是否可以进出口,或进出口时是否需要提交监管证件以及提交何种监管证件。如商品编号为8479.8999.10项下用于光盘生产的金属母盘生产设备,监管条件为"6A",其中"6"表示该商品的旧品禁止进口,"A"表示该商品进口时需进行检验检疫。

优惠贸易协定项下的填报要求如下:

(1)一般填报要求

①一般贸易进出口货物,无原产地声明模式,只能使用原产地证书申请享受协定税率或者特惠税率的优惠贸易协定项下货物,随附单证代码填报"Y",随附单证编号填报"<优惠贸易协定代码>"+"原产地证书编号"。例如,凭编号为EB14CA12345的原产地证书进出口ECFA项下货物。

| 随附单证及编号 |
|---|
| 随附单证1:Y<14>EB14CA12345 |

②一般贸易进出口货物,有原产地声明模式,可以使用原产地证书或者原产地声明申请享受优惠税率的优惠贸易协定项下货物,随附单证代码填报"Y",随附单证编号填报"<优惠贸易协定代码>"+"C"(凭原产地证书申报)或"D"(凭原产地声明申报)+"原产地证书编号(或者原产地声明序列号)"。例如,凭编号为12345678的原

| 随附单证及编号 |
|---|
| 随附单证1:Y<17>C12345678 |

| 随附单证及编号 |
|---|
| 随附单证1:Y<17>D00345201501010000000Abc |

产地证书进出口中国-瑞士自贸协定项下货物;凭序列号为00345201501010000000Abc的原产地声明进出口中国-瑞士自贸协定项下货物。

(2)特殊填报要求

适用于货物进出海关特殊监管区域和保税监管场所以及内销时拟申请享受优惠税率的情形包括:

①海关特殊监管区域和保税监管场所内销货物申请适用优惠税率的,有关货物进出海关特殊监管区域和保税监管场所以及内销时,已通过原产地电子信息交换系统实现电子联网的优惠贸易协定项下货物报关单,按照上述一般贸易要求填报。

②未实现电子联网的,随附单证代码填报"Y",随附单证编号填报"<优惠贸易协定代码>"和"原

| 随附单证及编号 |
|---|
| 随附单证1:Y<15> T15415201500000040 |

产地证据文件备案号(进出口货物的收发货人或者其代理人录入原产地证据文件电子信息后,系统自动生成的号码)"。例如,凭编号为AB001234的原产地证书进口中国-哥斯达黎加自贸协定项下货物,企业录入原产地证据文件电子信息后,系统自动生成的"原产地证据文件备案号"为T15415201500000040。

③向我国香港或者澳门特别行政区出口用于生产香港 CEPA 或者澳门 CEPA 项下货物的原材料时,按照上述一般贸易填报要求填制报关单,香港或澳门生产厂商在香港工贸署或者澳门经济局登记备案的有关备案号填报在"关联备案"栏。

④"单证对应关系表"中填报报关单上的申报商品项与原产地证书(原产地声明)上的商品项之间的对应关系。报关单上的商品序号与原产地证书(原产地声明)上的项目编号应一一对应,不要求顺序对应。同一批次进口货物可以在同一报关单中申报,不享受优惠税率的货物序号不填报在"单证对应关系表"中。

⑤各优惠贸易协定项下,免提交原产地证据文件的小金额进口货物随附单证代码填报"Y",随附单证编号填报"<优惠贸易协定代码>XJE00000","单证对应关系表"享惠报关单项号按实际填报,对应单证项号与享惠报关单项号相同。

30. 标记唛码及备注

(1)标记唛码及备注的含义

标记唛码是运输标志的俗称,英文表示为"Marks & Nos.""Shipping Marks""Marks"等。备注是指除按报关单固定栏目申报进出口货物有关情况外,需要补充或特别说明的事项,包括关联备案号、关联报关单号以及其他需要补充或特别说明的事项。

(2)填报要求

①填报标记唛码中除图形以外的文字、数字,无标记唛码的填报"N/M"。

| 标记唛码及备注 |
| --- |
| N/M 集装箱标箱数及号码:1;PCIU2589556; |

②集装箱体信息填报集装箱号(在集装箱箱体上标示的全球唯一编号)、集装箱规格、集装箱商品项号关系(单个集装箱对应的商品项号,半角逗号分隔)、集装箱货重(集装箱箱体自重+装载货物重量,单位为千克)。

③受外商投资企业委托代理其进口投资设备、物品的进出口企业名称。

④跨境电子商务进出口货物,填报"跨境电子商务"。

⑤进出口列入目录的进出口商品及法律、行政法规规定须经出入境检验检疫机构检验的其他进出口商品实施检验的,填报"应检商品"字样。

⑥申报时其他必须说明的事项。

(二)进出口货物报关单表体、表尾栏目的填报

1. 项号

项号是指申报货物在报关单中的商品排列序号,一般进出口货物仅填报一行。

2. 商品编号

本栏目填报由 10 位数字组成的商品编号。前 8 位为《中华人民共和国进出口税则》和《中华人民共和国海关统计商品目录》确定的编码;第 9、10 位为监管附加编号。

3. 商品名称及规格型号

商品名称即商品品名;规格型号是反映商品性能、品质和规格的一系列指标。本栏目分两行填报:第一行填报进出口货物规范的中文名称;第二行填报规格型号。

(1)具体填报要求

①商品名称及规格型号应据实填报,并与合同、发票等相关单证相符。

②商品名称应当规范,规格型号应当足够详细,以能满足海关归类、审价及许可证件管

理要求为准，可参照《中华人民共和国海关进出口商品规范申报目录》中对商品名称、规格型号的要求进行填报。

③对需要海关签发《货物进口证明书》的车辆，商品名称栏填报"车辆品牌＋排气量（注明cc）＋车型（如越野车、小轿车等）"。进口汽车底盘不填报排气量。车辆品牌按照《进口机动车辆制造厂名称和车辆品牌中英文对照表》中"签注名称"一栏的要求填报。规格型号栏可填报"汽油型"等。

④由同一运输工具同时运抵同一口岸并且属于同一收货人、使用同一提单的多种进口货物，按照商品归类规则应当归入同一商品编号的，应当将有关商品一并归入该商品编号。商品名称填报一并归类后的商品名称；规格型号填报一并归类后商品的规格型号。

⑤品牌类型为必填项目。可选择"无品牌"（代码0）、"境内自主品牌"（代码1）、"境内收购品牌"（代码2）、"境外品牌（贴牌生产）"（代码3）、"境外品牌（其他）"（代码4），如实填报。其中，"境内自主品牌"是指由境内企业自主开发、拥有自主知识产权的品牌；"境内收购品牌"是指境内企业收购的原境外品牌；"境外品牌（贴牌生产）"是指境内企业代工贴牌生产中使用的境外品牌；"境外品牌（其他）"是指除代工贴牌生产以外使用的境外品牌。上述品牌类型中，除"境外品牌（贴牌生产）"仅用于出口外，其他类型均可用于进口和出口。

⑥出口享惠情况为出口报关单必填项目。可选择"出口货物在最终目的国（地区）不享受优惠关税""出口货物在最终目的国（地区）享受优惠关税""出口货物不能确定在最终目的国（地区）享受优惠关税"，如实填报。进口货物报关单不填报该项。

⑦进口汽车零部件、反倾销商品等其他商品特殊要求详见《中华人民共和国海关进出口货物报关单填制规范》。

（2）进出口商品申报要素示例（表4-14）

【例1】美的家用风扇，功率50 W，型号AB-5。

【例2】车门锁，行李箱盖锁体总成，马自达牌。

【例3】小轿车，2.4 L，日本尼桑。

表4-14　　　　　　　　　　　进出口商品申报要素示例

| 商品图片 | 商品编码 | 商品名称 | 申报要素 ||
|---|---|---|---|---|
| | | | 归类要素 | 价格要素 |
| | 8414.5110 | 吊扇 | 1.品名；2.用途；3.安装方式；4.输出功率 | 5.品牌；6.型号 |
| | 8301.4000 | 其他锁 | 1.品名；2.用途（机动车用、家具用等）；3.材质（不锈钢制等）；4.种类（钥匙锁、数码锁、电动锁、钥匙等） | 5.品牌 |

| 商品名称及规格型号 | 商品名称及规格型号 | 商品名称及规格型号 |
|---|---|---|
| 风扇 | 无线指纹锁 | 0｜3｜日本尼桑2.4 L小轿车汽油型 |
| 0｜1｜家用｜吊扇｜50 W｜美的｜AB-5 | 0｜1｜住宅门用｜锌合金｜指纹锁｜凯迪仕 | |

### 4. 数量及单位

报关单上的数量及单位要求分三行填报。

| 数量及单位 |
| --- |
| 122 640 件（第一行，法定第一计量单位及数量） |
| 1 042 千克（第二行，法定第二计量单位及数量） |
| 10 220 打（第三行，成交计量单位及数量） |

（1）一般填报要求：

①第一行按进出口货物的法定第一计量单位填报数量及单位，法定计量单位以《中华人民共和国海关统计商品目录》中的计量单位为准。

②凡列明有法定第二计量单位的，在第二行按照法定第二计量单位填报数量及单位。无法定第二计量单位的，第二行为空。

③成交计量单位及数量填报在第三行。

（2）法定计量单位为"千克"的特殊数量填报：

①装入可重复使用的包装容器的货物，按货物扣除包装容器后的重量填报，如罐装同位素、罐装氧气及类似品等。

②使用不可分割包装材料和包装容器的货物，按货物的净重填报（包括内层直接包装的净重），如采用供零售包装的罐头、药品及类似品等。

③按照商业惯例以公量重计价的商品，按公量重填报，如未脱脂羊毛、羊毛条等。

④采用以毛重作为净重计价的货物，可按毛重填报，如粮食、饲料等大宗散装货物。

⑤采用零售包装的酒类、饮料、化妆品，按照液体/乳状/膏状/粉状部分的重量填报。

（3）成套设备、减免税货物如需分批进口，货物实际进口时，按照实际报验状态确定数量。

（4）具有完整品或制成品基本特征的不完整品、未制成品，根据《商品名称及编码协调制度公约》归类规则按完整品归类的，按照构成完整品的实际数量填报。

（5）优惠贸易协定项下进出口商品的成交计量单位必须与原产地证书上对应商品的计量单位一致。

（6）法定计量单位为立方米的气体货物，折算成标准状况（零摄氏度及1个标准大气压）下的体积进行填报。

### 5. 单价/总价/币制

单价是指进出口货物实际成交的商品单价；总价是指进出口货物实际成交的商品总价；币制是指进出口货物实际成交价格的计价货币。

| 单价/总价/币制 |
| --- |
| 0.804 9 |
| 131 310.54 |
| 美元 |

单价填报同一项号下进出口货物实际成交的商品单价。无实际成交价格的，填报单位货值。

总价填报同一项号下进出口货物实际成交的商品总价。无实际成交价格的，填报货值。

币制按海关规定的《货币代码表》选择相应的货币名称及代码填报，如《货币代码表》中无实际成交币种，需将实际成交货币按申报日外汇折算率折算成《货币代码表》列明的货币填报。

> **职场热线**
>
> 问：我公司最近要出口一批产品，合同中的成交方式为CIF，报关单填制时要填运、保费，单价和总价中是否要减去运、保费？
>
> 答：根据报关单申报及填制相关规定，出口货物需向海关申报货物离岸价格（FOB价）。如你的出口合同及发票为CIF价，需在报关单运、保费栏目填制相应的运费和保费，报关单表体的商品价格以CIF价申报，系统会自动扣减运、保费进行统计。

### 6. 原产国（地区）

原产国（地区）是指进出口货物的生产、开采或加工制造的国家或地区。本栏目填报要求如下：

| 原产国（地区） |
| --- |
| 澳大利亚（AUS） |

（1）依据《中华人民共和国进出口货物原产地条例》等以及海关总署关于各项优惠贸易协定原产地管理规章规定的原产地确定标准填报。

（2）按海关规定的《国别（地区）代码表》选择填报相应的国家（地区）名称及代码。

（3）同一批进出口货物的原产地不同的，分别填报原产国（地区）。

（4）进出口货物原产国（地区）无法确定的，填报"国别不详"。

### 7. 最终目的国（地区）

最终目的国（地区）是指已知的进出口货物的最终实际消费、使用或进一步加工制造国家（地区）。

| 最终目的国（地区） |
| --- |
| 中国（CHN） |

本栏目填报要求如下：

（1）按海关规定的《国别（地区）代码表》选择填报相应的国家（地区）名称及代码。

（2）不经过第三国（地区）转运的直接运输货物，以运抵国（地区）为最终目的国（地区）。

（3）经过第三国（地区）转运的货物，以最后运往国（地区）为最终目的国（地区）。

（4）同一批进出口货物的最终目的国（地区）不同的，分别填报最终目的国（地区）。

（5）进出口货物不能确定最终目的国（地区）时，以尽可能预知的最后运往国（地区）为最终目的国（地区）。

### 8. 境内目的地

境内目的地指已知的进口货物在国内的消费、使用地或最终运抵地，最终运抵地为最终使用单位所在的地区；最终使用单位难以确定的，填报货物进口时预知的最终收货单位所在地。

| 境内目的地 |
| --- |
| （13039/130322）秦皇岛其他 秦皇岛市昌黎县 |

本栏目填报要求如下：

按海关规定的《国内地区代码表》选择填报相应的国内地区名称及代码。此外，还需根据《中华人民共和国行政区划代码表》选择填报其对应的县级行政区名称及代码。无下属区县级行政区的，可选择填报地市级行政区。国内地区代码（部分）和中华人民共和国行政区划代码（部分）见表4-15和表4-16。

表 4-15　　　　　　　　　　　国内地区代码(部分)

| 代码 | 国内地区名称 | 代码 | 国内地区名称 |
| --- | --- | --- | --- |
| 11013 | 中关村国家自主创新示范区(东城园) | 13019 | 石家庄其他 |
| 11019 | 东城区 | 13032 | 秦皇岛经济技术开发区 |
| 11115 | 北京天竺出口加工区 | 13035 | 河北秦皇岛出口加工区 |
| 11132 | 北京经济技术开发区 | 13039 | 秦皇岛其他 |
| 11909 | 北京其他 | 13909 | 河北其他 |
| 12072 | 天津经济技术开发区 | 14012 | 山西太原经济技术开发区 |
| 12074 | 天津港保税区 | 15015 | 内蒙古呼和浩特出口加工区 |
| 12075 | 天津出口加工区 | 21022 | 大连经济技术开发区 |
| 12909 | 天津其他 | 21026 | 大窑湾保税港区 |
| 13013 | 石家庄高新技术产业开发实验区 | 31052 | 上海经济技术开发区 |
| 13016 | 石家庄综合保税区 | 34012 | 合肥经济技术开发区 |

表 4-16　　　　　　　　　中华人民共和国行政区划代码(部分)

| 代码 | 中文名称 | 代码 | 中文名称 |
| --- | --- | --- | --- |
| 110000 | 北京市 | 130300 | 河北省秦皇岛市 |
| 110100 | 北京市市辖区 | 130301 | 秦皇岛市市辖区 |
| 110101 | 北京市东城区 | 130302 | 秦皇岛市海港区 |
| 110102 | 北京市西城区 | 130322 | 秦皇岛市昌黎县 |
| 120000 | 天津市 | 330000 | 浙江省 |
| 120100 | 天津市市辖区 | 330100 | 浙江省杭州市 |
| 120101 | 天津市和平区 | 330101 | 杭州市市辖区 |
| 120116 | 天津市滨海新区 | 330102 | 杭州市上城区 |
| 120200 | 天津市县 | 330122 | 杭州市桐庐县 |
| 130000 | 河北省 | 350000 | 福建省 |
| 130100 | 河北省石家庄市 | 350100 | 福建省福州市 |
| 130101 | 石家庄市市辖区 | 350101 | 福州市市辖区 |
| 130102 | 石家庄市长安区 | 350102 | 福州市鼓楼区 |
| 130123 | 石家庄市正定县 | 350121 | 福州市闽侯县 |

9. 境内货源地

境内货源地指出口货物在国内的生产地或原始发货地;出口货物产地难以确定的,填报最早发运该出口货物的单位所在地。

境内货源地
(13039)秦皇岛其他

本栏目按海关规定的《国内地区代码表》选择填报相应的国内地区名称及代码。

## 知识链接

### 境内目的地、境内货源地的单一窗口录入

单一窗口报关单录入时,系统将收发货人的代码前 5 位默认为境内目的地、境内货源地,但不能完全以默认信息为准,申报前应了解货物的最终去向、发货源头是否与收发货人

单位的所在地一致。如果不一致,应根据货物最终收货单位所在地、原始发运单位所在地填报栏目内容。

10. 征免

征免是指海关对进出口货物进行征税、减税、免税或特案处理的实际操作方式。同一报关单上可以填报不同的征减免税方式。

> 征免
> 照章征税
> (1)

本栏目按照海关核发的"征免税证明"或有关政策规定,对报关单所列每项商品选择海关规定的《征减免税方式代码表》(表4-17)中相应的征减免税方式填报。

一般进出口货物报关单填报"照章征税"。

表 4-17　　　　　　　　　　征减免税方式代码表

| 代码 | 名称 | 代码 | 名称 | 代码 | 名称 |
| --- | --- | --- | --- | --- | --- |
| 1 | 照章征税 | 4 | 特案 | 7 | 保函 |
| 2 | 折半征税 | 5 | 随征免性质 | 8 | 折半补税 |
| 3 | 全免 | 6 | 保证金 | 9 | 全额退税 |

11. 其他事项确认(特殊关系确认、价格影响确认、支付特许权使用费确认)

(1)特殊关系确认

根据《中华人民共和国海关审定进出口货物完税价格办法》(以下简称《审价办法》)第十六条,填报确认进出口行为中买卖双方是否存在特殊关系。本栏目填报"是"或"否"。

(2)价格影响确认

根据《审价办法》第十七条,填报确认进出口行为中买卖双方的特殊关系是否影响成交价格。本栏目填报"是"或"否"。

(3)支付特许权使用费确认

根据《审价办法》第十一条和第十三条,填报确认买方是否存在向卖方或者有关方直接或者间接支付与进口货物有关的特许权使用费,且未包括在进口货物的实付、应付价格中。本栏目填报"是"或"否"。

上述栏目出口货物免予填报,加工贸易及保税监管货物(内销保税货物除外)免予填报。

以上三项确认对海关审定进出口货物的完税价格,计算进出口货物的税费起到至关重要的作用。

12. 自报自缴

报关单位采用"自主申报、自行缴税"(自报自缴)模式向海关申报时,填报"是";反之,则填报"否"。

单一窗口录入报关相关数据后,在"业务类型"栏目勾选"自报自缴"选项,单击"确认"→"暂存"按钮。如报关单信息录入无误,单击"申报"按钮,系统自动进入计税界面。然后使用系统计税模块计算税款,核实无误后提交申报,完成后续税费缴纳。当打印系统生成报关单时,"自报自缴"栏目显示"是"。

13. 报关人员、申报单位

自理报关的,填报进出口企业的名称及编码;委托代理报关的,填报报关企业名称及编码。编码填报18位法人和

> 申报单位(911201161030684627)
> 天津中外运报关有限公司

其他组织统一社会信用代码。

报关人员填报在海关备案的姓名、编码、电话,并加盖申报单位印章。

14.海关批注及签章

本栏目供海关作业时签注。

(三)单一窗口与系统生成的报关单不一致的栏目

1.10位海关编码、10位检验检疫编码

报关单上没有"10位海关编码""10位检验检疫编码"栏目。

进入"中国国际贸易单一窗口"→"货物申报"→"进/出口整合申报"→"进/出口报关单整合申报"界面,系统会自动弹出10位海关编码、10位检验检疫编码。

2.报关单类型

报关单上没有"报关单类型"栏目。

单一窗口中填报"通关无纸化"。

3.表体折叠栏目

报关单上没有表体折叠栏目。

单一窗口中点开表体的折叠标识,就可以出现商品检验检疫信息。法定检验出口商品申报,要求在商品的产地属地申报,取得出境电子检验检疫申请受理凭条,生成电子底账,出境地凭电子底账申报。法定检验进口商品报检、报关数据一并提交系统,后台会自动将数据发到海关审单、检验检疫审单的不同部门。

4.集装箱信息

报关单中没有单独的"集装箱信息"栏目。打印纸质报关单时,集装箱相关内容会显示在"标记唛码及备注"栏目中。

| 标记唛码及备注 |
| --- |
| 集装箱标箱数及号码:2;FCIU4379827;FCIU4379725; |

单一窗口中需填写"集装箱号""集装箱规格""自重(KG)""拼箱标识""商品项号关系"内容,如图4-20所示。

填写要求如下:

(1)集装箱规格代码按照表4-18填报。

图4-20 单一窗口中的集装箱信息

表 4-18　　　　　　　　　　集装箱规格代码

| 代码 | 中文名称 | 代码 | 中文名称 |
| --- | --- | --- | --- |
| 11 | 普通 2*标准箱(L) | 23 | 罐式标准箱(S) |
| 12 | 冷藏 2*标准箱(L) | 31 | 其他标准箱(S) |
| 13 | 罐式 2*标准箱(L) | 32 | 其他 2*标准箱(L) |
| 21 | 普通标准箱(S) | N | 非集装箱 |
| 22 | 冷藏标准箱(S) | | |

(2)打开"商品项号关系"折叠栏目,编辑商品项号关系,填写集装箱对应的商品"序号""商品编号""商品名称"栏目,表明商品与集装箱号的对应关系。这样可以使海关关员、报关人员快速了解某种商品所装集装箱的情况,方便海关查验货物。

5.其他事项确认

报关单上有"特殊关系确认""价格影响确认""支付特许权使用费确认"三个栏目;而单一窗口中只有"其他事项确认"一个折叠栏目,打开逐项填报即可。

6.关联报关单号/关联备案号

暂准出境复进境的进口货物申报时,需要填写"关联报关单号"栏目,填写原出口货物报关单的编号。

| 标记唛码及备注 |
| --- |
| 备注:暂时出境复进境 |
| 关联报关单号:040211558225562 |

与本报关单有关联关系的,同时在业务管理规范方面又要求填报的备案号,填报在电子数据报关单中"关联备案号"栏。如加工贸易商品、剩余料件等内销,"关联备案号"栏需填写加工贸易手册/账册的备案号。打印纸质报关单时,相关内容会显示在"标记唛码及备注"栏中。

| 标记唛码及备注 |
| --- |
| 备注:转自 C3259441 |
| 关联备案号:C3259441 |

### 知识链接

#### 相关报关用语的含义

报关单录入凭单:申报单位制单员按报关单的格式填写的凭单,用作报关单预录入的依据。该凭单的编号规则由申报单位自行决定。

预录入报关单:申报单位预录入员按照凭单录入后暂存、打印,尚未向海关计算机系统提交的报关单,主要用于核对。

报关单证明联:海关在核实货物实际进出境后按报关单格式提供的,用作进出口货物收发货人向国税、外汇管理部门办理退税和外汇核销手续的证明文件。

【样本】进口货物报关单（系统自动生成）

## 中华人民共和国海关进口货物报关单

预录入编号：040220200215597124　　　　　海关编号：040220200215597124　　（秦皇岛关）

| 境内收货人（9112051587499850XB）<br>××有限公司 | 进境关别（0908）<br>连大窑湾 | 进口日期<br>20××0315 | 申报日期<br>20××0320 | 备案号 |
|---|---|---|---|---|
| 境外发货人<br>××TRADING CO.,LTD. | 运输方式（2）<br>水路运输 | 运输工具名称及航次号<br>@1909082366552689 | 提运单号<br>ONEYJ3332352 | 货物存放地点<br>秦皇岛港××码头 |
| 消费使用单位（9112051587499850XB）<br>××有限公司 | 监管方式（0110）<br>一般贸易 | 征免性质（101）<br>一般征税 | 许可证号 | 启运港（CHL123）<br>瓦尔帕莱索（智利） |
| 合同协议号<br>HUGB56-MF452 | 贸易国（地区）（CHL）<br>智利 | 启运国（地区）（CHL）<br>智利 | 经停港（CHL123）<br>瓦尔帕莱索（智利） | 入境口岸（210101）<br>大连港大窑湾港区 |
| 包装种类（99）<br>其他包装 | 件数<br>25 | 毛重（千克）<br>604 020 | 净重（千克）<br>604 020 | 成交方式（3）<br>FOB | 运费<br>USA/23 650/3 | 保费<br>USA/750/3 | 杂费 |

随附单证及编号

随附单证1：原产地证明<08>H65237 随附单证2：合同；发票；装箱单；提/运单；企业提供的声明；代理报关委托协议（电子）

标记唛码及备注：

备注：包装种类：酒囊；国内加工灌装企业：××有限公司，地址：秦皇岛市昌黎县友谊路2号，生产许可证编号：SCI357781256……N/M 集装箱标箱数及号：25；PCIU2030724；FCIU2658478……（详见集装箱附加页）

| 项号 | 商品编号 | 商品名称及规格型号 | 数量及单位 | 单价/总价/币制 | 原产国（地区） | 最终目的国（地区） | 境内目的地 | 征免 |
|---|---|---|---|---|---|---|---|---|
| 1 | 2204290000 | 智利干红葡萄酒 2018<br>0\|3\|智利干红葡萄酒 2018<br>Dry Chilean Red Wine | 604 020 升<br>604 020 千克<br>604 020 升 | 1.000 0<br>604 020.00<br>美元 | 智利<br>（CHL） | 中国<br>（CHN） | (13039/130322)<br>秦皇岛其他<br>秦皇岛市昌黎县 | 照章征税<br>（1） |

特殊关系确认：否　　价格影响确认：否　　支付特许权使用费确认：否　　自报自缴：是

报关人员　报关人员证号 04158　电话　兹申明对以上内容承担如实申报、依法纳税之法律责任　　海关批注及签章

申报单位（9113092584657415X3）×××报关有限公司　　申报单位（签章）

## 4.4 一般进出口货物的报关程序（进口"两步申报"通关模式）

### 行业动态

**全国海关通关一体化"两步申报"**

为加快落实国务院"放管服"改革要求、优化口岸营商环境、促进贸易便利化，海关总署发布2019年第127号公告，决定自2019年8月24日起，启动进口货物"两步申报"改革试点。2019年12月26日发布2019年第216号公告，决定自2020年1月1日起，全面推广进口货物"两步申报"改革试点。"两步申报"通关模式下，进口收货人可以在货物到港前进行第一步9个栏目的概要申报，货物到港经过海关同意后快速提离港区，再进行第二步完整申报。这进一步压缩了通关时间，节约了企业通关成本。

1. "两步申报"有何具体要求？
2. 概要申报需要申报哪些内容？

### 知识链接

**海关总署公告2019年第216号**
**关于全面推广"两步申报"改革**

为贯彻落实国务院"放管服"改革要求，进一步优化营商环境、促进贸易便利化，海关总署决定全面推广进口货物"两步申报"改革试点。现就有关事项公告如下：

一、进口收货人或代理人可通过国际贸易"单一窗口"（https://www.singlewindow.cn）或"互联网+海关"一体化网上办事平台（http://online.customs.gov.cn），开展进口货物"两步申报"，也可通过"掌上海关"APP开展非涉证、非涉检、非涉税情况下的概要申报。

二、境内收发货人信用等级为一般信用及以上，实际进境的货物均可采用"两步申报"。

三、推广"两步申报"改革同时保留现有申报模式，企业可自行选择一种模式进行申报。

本公告自2020年1月1日起实施，其他相关事项按照海关总署公告2019年第127号执行。

特此公告。

海关总署
2019年12月26日

## 一、"两步申报"的基本要求

(1)境内收发货人信用等级为一般信用及以上。

(2)实际进境的货物均可采用"两步申报"。

(3)运输方式为水路、航空(非水路、航空系统会给予"是否继续"的提示)。

(4)涉及的监管证件已实现联网核查,部分证件见表4-19。

微课:进口"两步申报"

表 4-19　　　　　实现联网核查的证件名称(部分)

| 序号 | 证件名称 | 序号 | 证件名称 |
| --- | --- | --- | --- |
| 1 | 中华人民共和国两用物项和技术进口许可证 | 12 | 药品进口准许证 |
| 2 | 中华人民共和国两用物项和技术出口许可证 | 13 | 药品出口准许证 |
| 3 | 中华人民共和国出口许可证 | 14 | 进口药品通关单 |
| 4 | 中华人民共和国进口许可证 | 15 | 麻精药品进出口准许证(含精神药物进、出口准许证,麻醉药品进、出口准许证) |
| 5 | 中华人民共和国自动进口许可证 | 16 | 进口非特殊用途化妆品卫生许可批件 |
| 6 | 中华人民共和国技术出口许可证 | 17 | 进口医疗器械注册证、进口医疗器械备案证 |
| 7 | 中华人民共和国技术出口合同登记证 | 18 | 进口特殊用途化妆品卫生许可批件 |
| 8 | 援外项目任务通知单 | 19 | 密码产品和含有密码技术的设备进口许可证 |
| 9 | 非《进出口野生动植物种商品目录》物种证明 | 20 | 黄金及黄金制品进出口准许证 |
| 10 | 《濒危野生动植物国际贸易公约》允许进出口证明书 | 21 | 银行调运人民币现钞进出境证明文件 |
| 11 | 中华人民共和国野生动植物允许进出口证明书 | | |

(5)转关业务暂不适用"两步申报"模式。

(6)保留"一次申报、分布处置"申报模式,企业可自行选择两种模式之一进行申报。

## 二、"两步申报"的申报要求

**第一步:概要申报、快速提离**

企业通过单一窗口或"互联网+海关"一体化网上办事平台进行概要申报,向海关申报进口货物情况。概要申报基本要求如图4-21所示。

(1)不涉证、涉检、涉税,不属于禁限管制且不需依法检验或检疫的,填制9个项目,并确认涉及物流的2个项目。

(2)属于禁限管制的,即"涉证"的,增加申报2个项目。

(3)需依法检验或检疫的(属于《法检目录》内商品及法律、法规规定需检验或检疫的商品),即"涉检"的,增加申报5个项目。

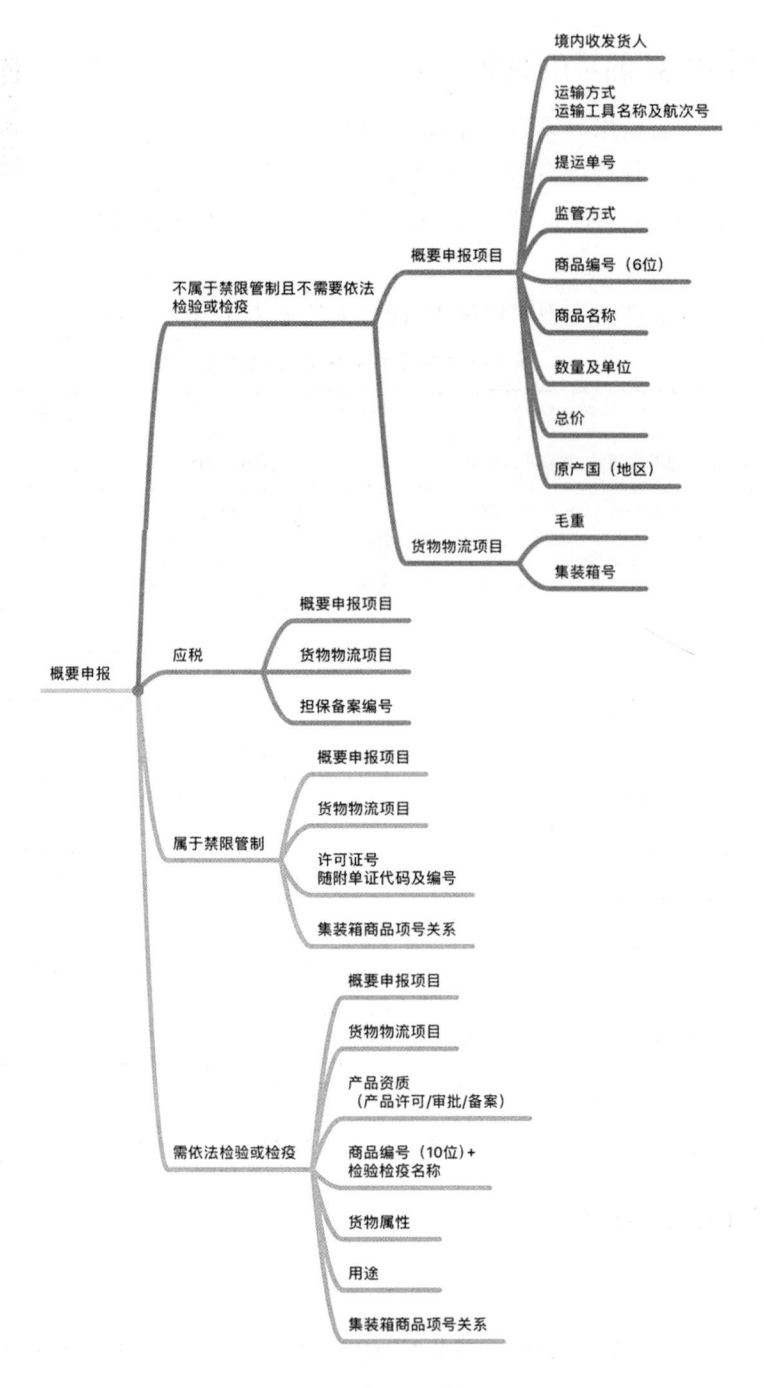

```
概要申报
├── 不属于禁限管制且不需要依法检验或检疫
│   ├── 概要申报项目
│   │   ├── 境内收发货人
│   │   ├── 运输方式 运输工具名称及航次号
│   │   ├── 提运单号
│   │   ├── 监管方式
│   │   ├── 商品编号（6位）
│   │   ├── 商品名称
│   │   ├── 数量及单位
│   │   ├── 总价
│   │   └── 原产国（地区）
│   └── 货物物流项目
│       ├── 毛重
│       └── 集装箱号
├── 应税
│   ├── 概要申报项目
│   ├── 货物物流项目
│   └── 担保备案编号
├── 属于禁限管制
│   ├── 概要申报项目
│   ├── 货物物流项目
│   ├── 许可证号 随附单证代码及编号
│   └── 集装箱商品项号关系
└── 需依法检验或检疫
    ├── 概要申报项目
    ├── 货物物流项目
    ├── 产品资质（产品许可/审批/备案）
    ├── 商品编号（10位）+ 检验检疫名称
    ├── 货物属性
    ├── 用途
    └── 集装箱商品项号关系
```

图4-21 概要申报基本要求

(4) 需要缴纳税款的，即"涉税"的，需选择符合要求的担保备案编号。

(5) 代理报关的需上传电子版代理报关委托书。

(6) 海关完成风险排查处置后，允许企业将货物提离海关监管作业场所（场地）。对于进口企业来说，从原来的一次性"一张大单"申报到"两步申报"，不必等到所有报关资料备齐再进行申报，而是可以充分凭借提单信息进行概要申报，大大简化了申报流程。

第二步：完整申报、便捷通关

企业在运输工具申报进境之日起 14 日内，向接受概要申报的海关进行完整申报（申报界面与原整合申报一致），办理缴纳税款等其他通关手续。完成放行后，企业按照海关相关规定办理其他业务。企业通过"两步申报"，由原来的"时点申报"变为"过程申报"，监管不再集中在口岸环节，进一步降低了企业通关成本，提高了通关效率。

## 三、"两步申报"的操作流程

### （一）报关前准备

**1. 传输舱单数据**

舱单传输义务人在规定时限内通过单一窗口或"互联网＋海关"一体化网上办事平台向海关传输舱单数据。

**2. 办理应税货物担保**

企业在申报前向注册地直属海关关税职能部门提交税收担保备案申请，到银行办理应税货物担保。高级认证企业可向海关申请免除担保。进口货物有减免税要求的，减免税申请人在概要申报前向主管海关办理减免税审核确认手续。

> **知识链接**
>
> **应税货物担保**
>
> 企业提交税收担保备案申请，担保额度可根据企业税款缴纳情况循环使用。概要申报时，自主申报"涉税"，选择符合要求的担保备案编号。完整申报环节税款缴库后，担保额度自动恢复。如概要申报时选择不需要缴纳税款，完整申报时经确认需要缴纳税款的，企业按相关规定撤销报关单，重新按涉税商品申报。

**3. 办理相关监管证件**

企业在申报前根据相关规定办理进口所需监管证件，包括检疫准入、境外预检、境外装运前检验、进口许可证、进口批准文件及证明文件等。

> **知识链接**
>
> **企业自行确认货物是否涉证、涉检、涉税**
>
> "两步申报"模式下，海关运用"告知承诺制"理念，对货物涉证、涉检、涉税的有关条件和责任义务进行公告。企业在概要申报环节自行确认是否涉证、涉检、涉税，这一确认行为视同企业做出守法承诺。涉税的还要承诺自运输工具申报进境之日起 14 日内完整申报并缴纳税款。

> **职场热线**
>
> 问："两步申报"是"两次申报"吗？
>
> 答：不是。"两步申报"是一个完整的"过程申报"，企业可以不必一次性填报完整，而是根据掌握的信息分两步填报。先完成一部分必要的信息，放行提货后，在规定时间内补充完成申报。
>
> 过去：时点申报、时点监管，资料不少，时间很赶。
>
> 现在：过程申报、过程监管，如非必要，提货再报。

### （二）单一窗口申报

（1）登录中国国际贸易单一窗口，单击"货物申报"→"两步申报"→"进口报关单（两步申报）"，选择两步申报模式，单击"确定"按钮，如图4-22所示。

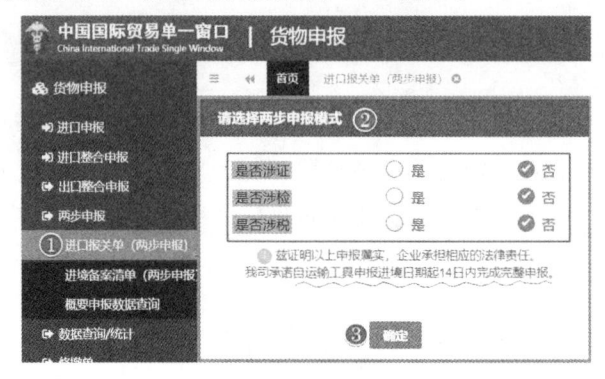

图4-22 选择两步申报模式

（2）进入字段栏目录入界面；如选择涉证、涉检、涉税或是其他情况，界面会自动增加不同字段，录入相关字段检查无误后提交即可。

（3）单击"概要申报数据查询"，查询报关状态。如状态为"查验通知"，则尽快与海关确认查验时间及地点，配合海关查验；如状态为"不接受申报"，则要根据系统提示重新申报；如状态为"提货放行"，企业可以凭海关发送的货物提离信息办理货物提离手续。

### 知识链接

#### 常见的不接受申报原因（一）

1. 涉证的，判别证件电子数据是否存在，对不存在的予以退单。
2. 涉检的，对货物产品资质进行判别，对不满足条件的予以退单。
3. 涉税的，检查担保号的有效性，对不满足条件的予以退单。

（4）载运货物的运输工具申报进境之日起14日内进行完整申报，界面与原整合申报一致。除特别要求的字段（如总价、补录4位商品编码）以外，其他概要申报字段不允许修改。录入其他所需的字段检查无误后提交。

（5）进入系统逻辑审核、海关关员审核阶段。对不涉及税收风险或已处置完成的报关单，海关向企业发送提请缴税回执。

(6)企业办理税款缴纳手续。

(7)海关凭企业缴税信息,按规定返还担保,系统自动完成放行。

## 知识链接

### 常见的不接受申报原因(二)

1.未通过规范性、逻辑性审核。

2.与概要申报报关单中不可修改数据项不一致。

3.企业勾选不涉证、不涉检,但系统逻辑检查为涉证、涉检的。

4.自运输工具进境之日起14日后申报的报关单,予以退单。

(三)企业报关单证留存

在"两步申报"模式下,海关监管的风险识别由提货放行前审核申报数据,拓展到后续监管。因此,企业更应该重视报关单证的留存工作,以备后续海关稽查。单证保管时间为至少3年。

## 基础知识 >>>

一、单项选择题

1.出口货物的申报期限为货物运抵海关监管区后( )。

A. 装货前的24小时　　　　　　　　B. 装货的24小时前

C. 装货前的48小时　　　　　　　　D. 装货的48小时前

2.在以下进出口货物中,不属于一般进出口货物的是( )。

A. 不批准保税的寄售供销贸易货物

B. 救灾捐赠物资

C. 外国驻华商业机构进出口陈列用的样品

D. 随展览品进境的小件卖品

3.关于报关单的修改和撤销,以下表述正确的是( )。

A. 海关发现进出口货物报关单需修改或者撤销的,海关可以直接进行修改或撤销

B. 海关发现进出口货物报关单需修改或者撤销的,收发货人或其代理人应当提交进出口货物报关单修改/撤销申请表

C. 收发货人或其代理人要求修改或者撤销报关单的,应当提交进出口货物报关单修改/撤销确认书

D. 因修改或者撤销进出口货物报关单导致需要变更、补办进出口许可证件的,进出口货物收发货人或者其代理人应当向海关提交相应的进出口许可证件

4.关于一般进出口货物的特征,下列表述错误的是( )。

A. 进出境时缴纳进出口税费　　　　B. 进出境时提交相关的许可证件

C. 不需要缴纳关税、增值税　　　　D. 海关放行即办结了海关手续

5.运载进口货物的运输工具4月29日申报进境,收货人于5月17日(星期一)向海关申报,当天海关接受数据申报,滞报期为( )。

A.2日　　　　　　B.3日　　　　　　C.4日　　　　　　D.5日

6.海关于20××年4月14日(星期五)填发海关专用缴款书。为避免产生滞纳金,纳税义务人最迟应缴纳税款的日期是(4月29日至5月1日是法定节假日)( )。

A.4月27日　　　　B.4月28日　　　　C.5月2日　　　　D.5月3日

二、多项选择题

1.全国海关通关一体化改革后,采用的新型通关管理模式是( )。

A.一次申报,分步处置　　　B.放行查验　　　C.缴纳税费　　　D."两步申报"

2.以下关于"两步申报"的表述,正确的有( )。

A.境内收发货人信用等级为一般信用及以上

B.实际进境的货物均可采用"两步申报"

C.涉及的监管证件已实现联网核查

D."两步申报"适合所有的运输方式

3.以下关于修改申报内容或者撤销申报的表述,正确的有( )。

A.对于海关已经决定布控、查验的货物,报关单在办结前不得修改

B.对于海关已经决定布控、查验的货物,报关单在办结前不得撤销

C.对于涉案的货物,报关单在办结前不得修改

D.对于涉案的货物,报关单在办结前不得撤销

4.报关单是由报关人员按照海关规定格式填报的申报单,包括进出口货物报关单或者有进出口报关单性质的单证。下列属于报关单的是( )。

A.进出境货物备案清单　　　　　　　B.ATA单证册

C.过境货物报关单　　　　　　　　　D.进出境展览清单

5.海关接受进出口货物申报后,电子数据和纸质的进出口货物报关单不得修改或者撤销;确有正当理由的,经海关审核批准,可以修改或撤销。下列情形属于正当理由的是( )。

A.由于报关人员书写失误造成所申报的报关单内容有误,并且未发现有走私违规及其他违法嫌疑的

B.出口货物放行后,由于配载原因造成原申报货物退关的

C.进出口货物在运输过程中因不可抗力造成损毁,导致原申报数据与实际货物不符的

D.根据贸易惯例先行采用暂时价格成交,实际结算时按商检品质认定或国际市场实际价格付款方式需要修改申报内容的

6.以下关于海关查验的表达正确的是( )。

A.进出口货物收发货人对海关查验结论有异议,可以向海关提出复验要求

B.已经参加过查验的查验人员应当参加对同一票货物的复验

C.经海关通知查验,进出口货物收发货人或者代理人届时未到场的,海关可以径行开验

D.进出口货物的收发货人或其代理人在海关查验时,对货物是否受损坏未提出异议,事后发现货物有损坏的,海关不负赔偿责任

7. 关于申报期限,以下表述正确的是( )。

A. 进口货物的申报期限为自装载货物的运输工具进境之日起 14 日内

B. 出口货物的申报期限为货物运抵海关监管区后、装货前 24 小时

C. 经海关批准予以集中申报的进口货物,自装载货物的运输工具申报进境之日起一个月内办理申报手续

D. 经电缆、管道或其他特殊方式进出境的货物,进出口货物收发货人或其代理人应当按照海关的规定定期申报

8. 海关可以对已查验货物进行复验。以下属于海关可以复验的情形是( )。

A. 经初次查验未能查明货物的真实属性,需要对已查验货物的某些性状做进一步确认的

B. 货物涉嫌走私违规,需要重新查验的

C. 进出口货物收发货人对海关查验结论有异议,提出复验要求并经海关同意的

D. 海关查验后,检验检疫部门提出复验要求的

9. 进出口货物收发货人或其代理人配合海关查验的工作主要包括( )。

A. 负责搬移货物,开拆和重封货物的包装

B. 回答查验人员的询问

C. 负责提取海关需要做进一步检验、化验或鉴定的货样

D. 签字确认查验记录

10. 收发货人、报关企业应当向海关补充申报的情形有( )。

A. 海关对申报货物的价格进行审核时,为确定申报内容的完整性和准确性,要求进行补充申报的

B. 海关对申报货物的商品编码进行审核时,为确定申报内容的完整性和准确性,要求进行补充申报的

C. 海关对申报货物的原产地进行审核时,为确定货物原产地的准确性,要求收发货人提交原产地证书,并进行补充申报的

D. 海关对已放行货物的价格、商品编码和原产地等内容进行进一步核实时,要求进行补充申报的

11. 关于集中申报表述正确的有( )。

A. 收发货人可以先以清单方式申报办理货物验放手续,再以报关单形式集中办理其他海关手续的一种特殊通关方式

B. 收发货人办理清单申报手续后,应当对 1 个月内以"集中申报清单"申报的数据进行归并,填制进出口货物报关单,在次月底之前到海关办理集中申报手续

C. 应当在载运进口货物的运输工具申报进境之日起 14 日内,出口货物在运抵海关监管区后、装货的 24 小时前填制"集中申报清单"向海关申报

D. 适用集中申报通关方式的进出口货物包括对通关时效要求高的鲜活商品、书报杂志以及公路口岸频繁进出的保税货物

三、判断题

(　　)1.除特定减免税货物以外的一般贸易进出口货物属于一般进出口货物的海关监管类别。

(　　)2.进出口货物的报关是指进出口货物收发货人或其代理人在货物进出口时,采用电子数据报关单和纸质报关单形式向海关申报的行为。

(　　)3.一般进出口货物也称为一般贸易货物,是指在进出境环节缴纳了应征的进出口税费并办结了所有必要的海关手续,海关放行后不再进行监管,可以直接进入生产和流通领域的进出口货物。

(　　)4.电子数据报关单被海关退回的,进出口货物收发货人或其代理人应当按照要求修改后重新申报,申报日期为海关接受重新申报的日期。

(　　)5.进出口货物收发货人向海关提供的有关货物化验、检验、鉴定的结果与海关组织的化验、检验、鉴定的结果不一致时,应以海关组织的化验、检验、鉴定的结果为准。

## 操作技能 >>>

**【项目一】报关操作设计**

某外商独资经营企业向德国某企业订购了5台立式数控车床(商品编码为8458.9100,进口关税税率为5%),委托佳羽报关有限公司代理进口报关。海关在审单时因对所报货物的商品编码有疑问,遂确定实施查验,并在查验时发现该批货物实为立式加工中心(商品编码为8457.1010,进口关税税率为9.7%),同时该货物列入《法检目录》和《自动进口许可管理货物目录》。海关要求该企业修改该批货物的商品编码,重新申报。

佳羽报关有限公司的报关人员应如何完成此单报关业务?

任务1:取得合法的代理报关资格;

任务2:从客户处取得相关贸易单证及管制证件;

任务3:在规定期限内向海关申报,否则将产生滞报;

任务4:根据海关要求修改货物的商品编码,完成重新申报;

任务5:陪同海关关员查验;

任务6:海关放行,提取货物;

任务7:配合海关完成货物放行后税收征管要素的抽查审核工作。

**【项目二】报关单填制**

秦皇岛佳美玻璃有限公司(社会信用代码:91130323052355849P)委托秦皇岛恒通报关有限公司(社会信用代码:91130925789625849X)报关出口钢化玻璃一批,秦皇岛恒通报关有限公司于2019年12月29日向秦皇岛海关报关,当天申报成功。货物出境地为天津东疆保税港区,集装箱号码为MSCU6224719、TTNU1056450、MEDU3226463,法定计量单位为千克、平方米。请根据如下资料填制报关单。

资料一：合同

## QINHUANGDAO JIAMEI GLASS CO., LTD
NO. 26, YANSHAN STREET, HAIGANG DISTRICT, QINHUANGDAO, HEBEI P. R., CHINA

合同号 S/C No.：2019JC0804C

# 售货确认书
## SALES CONFIRMATION

日期 Date：Aug. 01, 2019

TO：Martoon Construction Engineering Co., Ltd.
No. 695, Lawyer Road, Antwerp, Belgium

兹确认售予你方下列货品，其成交条款如下：
We hereby confirm having sold to you the following goods on terms and conditions specified below：

| (1)货物名称及规格<br>Name of Commodity and Specifications | (2)数量<br>Quantity | (3)单价<br>Unit Price | (4)总值<br>Total Amount |
|---|---|---|---|
|  |  | CIF ANTWERP |  |
| 3 mm Tempered glass | 9 761.60sq. ms | USD4.65/sq. m | USD45 391.44 |
| 4 mm Tempered glass | 67.10sq. ms | USD5.50/sq. m | USD369.05 |
| Total：3×20' dry containers<br>555 plywood cases | 9 828.70sq. ms |  | USD45 760.49 |

(5)包装 Packing：In plywood cases, then in containers.

(6)装运条款：在 任何中国港口 由中国港口装运，至 安特卫普，比利时，允许转船和分批装运。
Shipment：To be effected at any China port to Antwerp, Belgium allowing partial shipments & transshipment,
During Dec., 2019—Jan., 2020

(7)付款条件：生产前电汇 50%预付款，余款传提单副本时支付。
Payment：T/T 50% before production as deposit and the balance will be paid when the seller send the buyer copy of bill of lading.

(8)保险：按照中国人民保险公司的海洋运输货物条款，按发票金额110%投保 水渍险 和 战争险 至目的港为止。
Insurance：Covered by the buyer

(9)仲裁：凡因执行本合同所发生的或与本合同有关的一切争议应由双方通过友好协商解决，如果协商未能解决，应提交中国国际贸易促进委员会对外贸易仲裁委员会根据该会的仲裁程序暂行规则进行仲裁。仲裁裁决是终局的，对双方都有约束力。
Arbitration：All disputes arising from the execution of, or in connection with this contract, shall be settled amicably through friendly negotiation. In case no settlement can be reached through negotiation, the case shall then be submitted to the Foreign Trade Arbitration Commission of the China Council for the Promotion of International Trade, Beijing, for arbitration in accordance with its provisional rules of procedure. The arbitrage award is final and binding upon both parties.

(10)买方须于上述规定时间内，将本确认书第(7)款中规定的电汇到卖方，否则卖方有权不经过通知取消本确认书，或接受买方对本合同未执行的全部或一部分，或对因此遭受的损失提出索赔。
The T/T mentioned in Clause (7) of this Contract should be effected within the above-stipulated time, failing which the Seller reserves the right to rescind without further notice, or to accept the whole or any part of this Sales Confirmation non-fulfilled by the Buyer, or to lodge a claim for direct losses sustained, if any.

(11)品质及数量异议：如买方提出索赔，凡属品质异议须于货到目的港之日起 30 日内提出，凡属数量异议须于货到目的港之日 15 日内提出，对所装货物所提出的任何异议凡是属于保险公司、轮船公司或其他有关运输机构，或邮递机构所负责者，售方不负任何责任。
Quality & Quantity Discrepancy：In case of quality discrepancy, claim should be filed by the Buyer within 30 days after the arrival of the goods at the port of destination; while for quantity discrepancy, claim should be filed by the Buyer within 15 days after the arrival of the goods at the port of destination. It is understood that the seller shall not be liable for any discrepancy of the goods.

| THE SELLER | THE BUYER |
|---|---|
| Qinhuangdao Jiamei Glass Co., Ltd. | Martoon Construction Engineering Co., Ltd. |

资料二：商业发票

# QINHUANGDAO JIAMEI GLASS CO., LTD.
NO. 26, YANSHAN STREET, HAIGANG DISTRICT, QINHUANGDAO, HEBEI P. R., CHINA

## COMMERCIAL INVOICE

Contract No.　2019JC0804C
Invoice No.　2019JCINV0804C
Date：　Dec. 19, 2019
Shipped from　Qinhuangdao, China　　　　　　　　　　　TO Antwerp, Belgium

FOR ACCOUNT AND RISK OF：　Martoon Construction Engineering Co., Ltd.

| Marks and Nos. | Description of Goods | Quantity | Unit Price | Amount |
|---|---|---|---|---|
| N/M | | | CIF ANTWERP | |
| | 3 mm tempered glass | 9 761.60 sq. ms | USD 4.65/sq. m | USD 45 391.44 |
| | 4 mm tempered glass | 67.10 sq. ms | USD 5.50/sq. m | USD 369.05 |
| | Total: 3×20' dry containers<br>555 plywood cases<br>G. W.：76 500.00kgs.<br>N. W.：73 500.00kgs.<br>F：USD4 225.00<br>I：USD100.67<br>FOB：USD41 434.82 | 9 828.70 sq. ms | | USD45 760.49 |

资料三：装箱单

# QINHUANGDAO JIAMEI GLASS CO., LTD.
NO. 26, YANSHAN STREET, HAIGANG DISTRICT, QINHUANGDAO, HEBEI P. R., CHINA

## PACKING LIST

　　　　　　　　　　　　　　　　　　　　　Contract No.　2019JC0804C
　　　　　　　　　　　　　　　　　　　　　Invoice No.　2019JCINV0804C
To：Martoon Construction Engineering Co., Ltd.　　Invoice Date：Dec. 19, 2019

| Marks & Nos. | Description of Goods | No. of Packages | Quantity sq. ms | G. W. (kgs.) | N. W. (kgs.) | Meas. (CBM) |
|---|---|---|---|---|---|---|
| N/M | 3 mm tempered glass | 400 plywood cases | 9 761.60 | 75 700.00 | 72 900.00 | 42.5 |
| | 4 mm tempered glass | 155 plywood cases | 67.10 | 800.00 | 600.00 | 17.5 |
| TOTAL：3×20' dry containers | | 555 plywood cases | 9 828.70 sq. ms | 76 500.00kgs | 73 500.00kgs | 60.00 CBMS |

资料四：提箱单

# 中国天津外轮代理公司
# 提箱联系单

现经我公司订舱予配 MSC 公司
M. V. MARCHEN MAERSK　　　V. 001W　　　MOWUJ2
Proforma ETD：Jan. 1, 2020 3:00 pm
中文船名：美诚马士基
需用 MSC 公司箱
箱型箱量：3×20′GP；
提单号：177KYTYTXLYN0126
Port of discharge：ANTWERP
Final destination：ANTWERP
上述货物系发货人自提、自装、自发货箱，请届时放箱。

温馨提示：
1. 20′GP 超过 21 吨请提加重箱、其他箱型不设限。
2. 以上为贵公司订舱放箱指令，敬请核对本文件内容。
如有信息错误等请致电联系更正，以免超过更改时间造成损失。
多谢合作。

# 中华人民共和国海关出口货物报关单

预录入编号：　　　　　　海关编号：

| 境内发货人 | 出境关别 | 出口日期 | 申报日期 | 备案号 |
|---|---|---|---|---|
| 境外收货人 | 运输方式 | 运输工具名称及航次号 | 提运单号 | |
| 生产销售单位 | 监管方式 | 征免性质 | 许可证号 | |
| 合同协议号 | 贸易国（地区） | 运抵国（地区） | 指运港 | 离境口岸 |
| 包装种类 | 件数 | 毛重 | 净重 | 成交方式 | 运费 | 保费 | 杂费 |

| 随附单证及编号 |
|---|
| |

| 标记唛码及备注 |
|---|
| |

| 项号 | 商品编号 | 商品名称及规格型号 | 数量及单位 | 单价/总价/币制 | 原产国（地区） | 最终目的国（地区） | 境内货源地 | 征免 |
|---|---|---|---|---|---|---|---|---|
| | | | | | | | | |
| | | | | | | | | |
| | | | | | | | | |
| | | | | | | | | |
| | | | | | | | | |
| | | | | | | | | |

| 特殊关系确认： | 价格影响确认： | 支付特许权使用费确认： | 自报自缴： |
|---|---|---|---|
| 报关人员　　报关人员证号　　电话　　兹申明对以上内容承担如实申报、依法纳税之法律责任 | | | 海关批注及签章 |
| 申报单位 | | 申报单位（签章） | |

## 学习情境 5

# 保税加工货物的报关

> **学习目标**
>
> **知识目标**：掌握保税加工货物的含义、范围及类别，熟悉保税加工货物的监管特征及不同监管模式下保税加工货物的报关程序。
>
> **技能目标**：能够准确确定保税加工货物所属的监管模式，熟练掌握保税加工货物报关单的填制规范及报关操作流程。
>
> **素质目标**：通过学习海关对保税加工货物的监管措施及报关操作流程，深刻认知我国海关对保税加工货物的监管创新举措，增强对中国特色社会主义制度的认同感。

**知识准备** >>>

## 5.1 认知保税加工货物

**案例导入** 　　　　　　　　　　　　　　**保税加工货物的辨别**

　　泉眼通关服务有限公司的赵师傅最近接到天津某客户委托，从意大利进口 20 台液压泵、20 个液压泵连接轴，用于生产移动式吊运架。移动式吊运架加工完成后，其中 10 台出口到马来西亚，5 台内销给青岛某客户。同时由于该企业财务成本结算问题，5 台液压泵和 5 个液压泵连接轴先暂时存入保税仓库。常娅看到如此复杂的委托，有些发懵，哪敢像以往一样往前冲，心里怯怯的，等着赵师傅"发号施令"。赵师傅自然明白常娅的心思，笑着问："怎么不出手了？"常娅看到赵师傅爽朗的神情，胆怯瞬间烟消云散，赶紧答道："这么复杂的情况，我哪做得来，请师傅指教。""这批货虽同时进口，但报关手续各不相同，需要填制三张进口货物报关单……"常娅听着赵师傅的点津之语，思考着自己急需弄清楚的几个问题：

1. 保税的含义是什么？
2. 保税货物与一般进出口货物有什么区别？
3. 保税加工货物具有哪些监管特征？

　　保税是指货物进口后、保持一种暂不交税的状态；保税货物是指经海关批准未办理纳税手续进境的货物，根据在境内的动向分为保税加工货

微课：何为保税加工货物

物和保税物流货物。

保税加工货物是指经海关批准未办理纳税手续进境,在境内加工、装配后复运出境的货物,即通常所说的加工贸易保税货物。加工贸易通常有两种形式:来料加工和进料加工。

## 一、保税加工货物的范围

(1)专为加工、装配出口产品而从国外进口且海关准予保税的原材料、零部件、元器件、包装物料、辅助材料(统称料件)。

(2)用进口保税料件生产的成品、半成品。

(3)在保税加工生产过程中产生的副产品、残次品、边角料和剩余料件。

## 二、保税加工货物的特征

(1)料件进口时暂缓缴纳进口关税和进口环节海关代征税,成品出口时除另有规定外无须缴纳关税。

(2)料件进口时除易制毒化学品、监控化学品、消耗臭氧层物质、原油、成品油等个别规定商品可免予交验进口许可证件外,成品出口时凡属许可证件管理的,必须交验出口许可证件。

(3)进出境海关现场放行并未结束海关监管。

## 三、保税加工货物的监管模式

海关对保税加工货物的监管模式有两大类:一类是物理围网的监管模式,如出口加工区、珠海园区;另一类是非物理围网的监管模式,以合同为单元的电子手册和以企业为单元的电子账册的计算机联网监管。

**要点提示 >>>**

# 5.2 保税加工货物的监管

**案例导入** 加工贸易银行保证金台账制度的分类管理

江西中亚纺织有限公司(一般信用企业,所在地主管海关为南昌海关)从我国香港购买进口原产于新西兰的羊毛(加工贸易限制类商品)一批,价值10万美元,用于加工出口服装面料。

该企业在向主管海关办理加工贸易手册设立手续中,加工贸易银行保证金台账制度适用哪种分类管理?

海关对保税加工货物的管理主要可归纳为五点,即商务批准与证明、备案保税、纳税暂缓、监管延伸和核销结关。

## 一、商务批准与证明

加工贸易经营企业在海关办理加工贸易手(账)册设立(变更)手续前,需取得商务主管部门或海关特殊监管区域管委会出具的《加工贸易业务批准证》《加工贸易企业经营状况及生产能力证明》;涉及禁止或限制开展加工贸易商品的,企业还需取得商务主管部门的批准文件。

## 二、备案保税

加工贸易料件海关备案后才能保税进口。无论是物理围网下海关特殊监管区域的保税加工货物的报关还是非物理围网下电子手(账)册的保税加工货物的报关都有前期备案程序。

## 三、纳税暂缓

国家规定专为加工出口产品而进口的料件,按实际加工复出口成品所耗用料件的数量准予免缴进口关税和进口环节海关代征税。但料件进口时无法确定用于出口成品上的料件的实际数量,海关只有先准予保税。因此,进境时未办理纳税手续,适用海关事务担保,具体担保手续按加工贸易银行保证金台账制度执行。

### (一)加工贸易银行保证金台账制度

加工贸易银行保证金台账制度的核心是对不同地区的加工贸易企业和加工贸易涉及的进出口商品实行分类管理,对部分企业进口的部分料件,由银行按照海关规定计算的金额征收保证金。

1. 加工贸易银行保证金台账制度的管理分类

(1)按地区划分:分为东部和中西部。东部包括辽宁省、北京市、天津市、河北省、山东省、江苏省、上海市、浙江省、福建省、广东省。中西部指东部地区以外的中国其他地区。

(2)按加工贸易企业划分:按照海关信用管理分类将企业认定为高级认证企业、一般认证企业、一般信用企业和失信企业。

(3)按商品划分:分为禁止类、限制类和允许类。《加工贸易禁止类商品目录》《加工贸易限制类商品目录》由商务部、海关总署会同国家其他有关部门适时公布。加工贸易商品分类见表5-1。

表 5-1　　　　　　　　　　加工贸易商品分类

| 商品类别 | 商品目录(商务部、海关总署会同国家其他有关部门适时公布) |
|---|---|
| 禁止类 | ①国家明令禁止进出口的商品;②为种植、养殖而进口的商品;③高能耗、高污染的商品;④低附加值、低技术含量的商品;⑤其他列明的加工贸易禁止类商品 |
| 限制类 | 进口限制类商品包括冻鸡、植物油、初级形状聚乙烯、聚酯切片、天然橡胶、糖、棉、棉纱、棉坯布、化学短纤、铁和非合金钢材、不锈钢、电子游戏机等;出口限制类商品包括线型低密度聚乙烯、初级形状聚苯乙烯、初级形状环氧树脂、初级形状氨基树脂等化工产品,拉敏木家具、容器等制成品,玻璃管、棒、块、片及其他型材和异型材,羊毛纱线,旧衣物,部分有色金属等 |
| 允许类 | 禁止类和限制类以外的商品;以加工贸易深加工结转方式转出、转入的商品属于限制类的按允许类商品管理 |

> **职场热线**
>
> 问：我公司是一家外资企业，现有一份合同的料件是深加工结转进口的，列入加工贸易类禁止进口商品目录。由于国外市场需求变化，一直没有订单，该进口料件还有部分未做成品出口。请问该料件可以退运给外商公司吗？
>
> 答：根据有关规定，列入加工贸易禁止类进口商品目录的，凡用于深加工结转转入的，不按加工贸易禁止类进口商品管理，但这些商品未经实质性加工不得直接出境。因此，你公司的该批料件不得退运。

2. 加工贸易银行保证金台账制度分类管理内容（表 5-2）

表 5-2　　　　　加工贸易银行保证金台账制度分类管理内容

| 台账分类管理内容 | 禁止类商品 | 限制类商品 |  | 允许类商品 |  |
|---|---|---|---|---|---|
|  | 东部/中西部 | 东部 | 中西部 | 东部 | 中西部 |
| 高级认证企业 | 不准开展加工贸易 | 空转 |  | 不转 |  |
| 一般认证企业 |  |  |  | 空转 |  |
| 一般信用企业 |  | 半实转 | 空转 |  |  |
| 失信企业 |  | 实转 |  |  |  |
| 特殊监管区域企业 |  | 不转 |  |  |  |

注：①不转指不设台账；空转指设台账不付保证金；实转指设台账付保证金；半实转指设台账减半支付保证金。

②非失信企业进口料件金额在 1 万美元及以下的，可以不设台账。

③非失信企业进口金额在 5 000 美元及以下的客供服装辅料（拉链、纽扣、鞋扣、扣绊、摁扣、垫肩、胶袋、花边等 78 种）免领手册，凭出口合同备案；备案准予保税后，凭海关在备案出口合同上的签章和编号直接进入进出口报关阶段。

3. 台账保证金计算公式

(1) 东部地区一般信用企业从事限制类商品加工贸易，其台账保证金的计算公式为

◆ 进口料件属限制类或进口料件、出口成品均属限制类商品

台账保证金＝(进口限制类料件的关税＋进口限制类料件的增值税)×50%

◆ 出口成品属限制类商品

台账保证金＝进口料件备案总值×(限制类成品备案总值/全部出口成品备案总值)×22%×50%

(2) 失信企业从事限制类商品加工贸易，其台账保证金的计算公式为

台账保证金＝(进口全部料件的关税＋进口全部料件的增值税)×100%

（二）缓税利息

保税加工货物经批准不复运出境，在征收进口关税和进口环节海关代征税时要征收缓税利息（边角料和特殊监管区域的保税加工货物除外）。应征缓税利息的计算公式为

应征缓税利息＝应征税额×计息期限×缓税利息率÷360

## 四、监管延伸

海关对保税加工货物的监管无论是地点还是时间都是延伸的。从地点上来看,保税加工的料件离开进境地口岸海关监管场所后进行加工、装配的地方都是海关监管的场所;从时间上来看,保税加工的料件在进境地被提取后,海关一直要监管到加工、装配后复运出境或办结正式进口手续最终核销结案为止。

从时间上将涉及两个期限:准予保税期限和申请核销期限。准予保税期限是指经海关批准保税后在境内加工、装配、复运出境的时间;申请核销期限是指加工贸易经营人向海关申请核销的最后日期。保税加工货物监管期限见表5-3。

表5-3　　　　　　　　　　　保税加工货物监管期限

| 监管模式 | 期限 | |
| --- | --- | --- |
| 电子手册 | 准予保税期限 | 1年,经批准可延长,原则上不超过1年 |
| | 申请核销期限 | 手册有效期到期之日起或最后一批成品出运后30日内 |
| 电子账册 | 准予保税期限 | 从企业的电子账册记录第一批料件进口之日起到该电子账册被撤销止 |
| | 申请核销期限 | 一般以180日为1个报核周期,首次报核是从海关批准电子账册建立之日起180日后的30日内报核;以后则从上次报核之日起180日后的30日内报核 |
| 海关特殊监管区域 | 准予保税期限 | 从料件进区到成品出区办结海关手续止 |

## 五、核销结关

保税加工货物经过海关核销后才能结关。保税加工货物的核销是非常复杂的工作,海关核销不仅要确认进出数量是否平衡,而且要确认成品是否由进口料件生产。

**操作导航** >>>

# 5.3　电子手册管理下保税加工货物的报关程序

**案例导入**　　　　　　　　　　　　　　　　　擅自处置保税加工货物的教训

圣达公司是一家新加坡独资企业,投资总额5 000万美元,专门从事汽车轮胎制造。该公司以加工贸易方式从国外进口天然橡胶、钢丝以及促进剂等物料,生产制造成不同类型的汽车轮胎后按一定比例内销及出口。经海关稽查确认,自2017年至2019年的3年时间里,公司未经海关同意,擅自将以保税方式进口的4 832吨天然橡胶、300吨钢丝、27吨促进剂等料件用于生产内销轮胎,总案值4 000多万元。除了补征税款外,海关将依照《中华人民共和国海关行政处罚实施条例》相关条款对其课以罚款。

对一个从事加工贸易业务的企业来说,进口料件以及由此产生的任何衍生物,包括成品、次品、废品、剩余料、边角料、废料等,不论是否有商业价值,不论以什么方式,即除了正常的复出口以外的转内销、放弃、销毁、赠送等,都必须事先征得海关的同意。

该公司应办理哪些相关手续才符合海关对保税加工货物的监管?

电子手册是海关为适应加工贸易新形势、新发展的需要，从简化手续、方便企业的角度出发，运用现代信息技术和先进的管理理念，以加工贸易手册为管理对象，在加工贸易手册设立、通关、核销等环节以"电子手册＋自动核算"的模式取代纸质手册，并逐步通过与相关部委的联网取消纸质单证作业，最终实现"网上备案、电子申报、无纸通关、无纸报核"的监管模式。

微课：电子手册管理下保税加工货物的报关程序

## 一、手册设立

### （一）手册设立的程序

加工贸易电子手册的设立包括以下5个步骤：

**1. 备案资料库设立**

加工贸易经营企业在开展加工贸易前，需向海关提供料件和成品的货号、商品编码、商品名称、计量单位、是否主料等数据，海关审核通过后建立企业备案资料库，用于企业电子手册备案时调用有关数据资料；备案资料库数据可根据企业发展变化办理变更手续。

**2. 手册备案数据预录入**

企业建立备案资料库后，可依据签订的加工贸易合同和有关部门的批准文件向海关申请备案电子手册；手册备案的内容包括企业基本信息、料件成品信息、单损耗等，其中料件成品的货号、商品编码、商品名称、计量单位等信息可调用备案资料库数据，进出口数量、价格、单损耗、进出口口岸等信息需依据合同备案。

**3. 提交所需备案材料**

企业提交的备案材料包括：①经营企业自身有加工能力的，提交商务主管部门签发的《加工贸易业务批准证》《加工贸易企业经营状况及生产能力证明》；②经营企业委托加工的，还应提交经营企业与加工企业签订的委托加工合同、主管部门签发的加工企业《加工贸易加工企业生产能力证明》；③经营企业对外签订的加工贸易合同；④加工贸易合同备案申请表；⑤为确定单耗和损耗率所需的资料；⑥海关认为需要提交的其他证明文件和材料。

**4. 办理保证金台账手续**

海关对企业提交的资料进行审核，审核通过后签发电子台账；企业前往指定的台账银行办理保证金台账手续。

**5. 核发电子手册**

企业完成保证金台账登记后，海关自动核发电子手册。

一家企业只需备案一个资料库，但可以依据合同设立多个电子手册。

### （二）与手册设立相关的事宜

**1. 加工贸易单耗申报**

加工贸易企业可在备案时、货物出口、深加工结转或内销前向海关申报单耗；经海关批准，也可在报核前向海关申报单耗。

单耗是指加工贸易企业在正常生产条件下加工生产单位成品所耗用料件的数量,单耗包括净耗和工艺损耗。

净耗是指在加工后,料件通过物理变化或化学反应存在或转化到单位成品中的量;工艺损耗是指由于加工工艺的原因,料件在正常加工过程中除净耗外必须耗用,但不能存在或转化到成品中的量,包括有形损耗和无形损耗。

单耗＝净耗＋工艺损耗＝净耗＋单耗×工艺损耗率＝净耗/(1－工艺损耗率)

### 2. 异地加工贸易

异地加工贸易是指一个直属海关的关区内加工贸易经营企业将进口料件委托另一个直属海关关区内加工生产企业加工,并组织出口的加工贸易。

开展异地加工贸易应在加工企业所在地设立台账,由加工贸易经营企业向加工企业所在地主管海关办理手册设立手续。海关对开展异地加工贸易的经营企业和加工企业实行分类管理,如果两者的管理手册设立手续类别不相同,按其中较低类别管理。

### 3. 加工贸易外发加工

外发加工是指经营企业因受自身生产特点和条件限制,委托承揽企业对加工贸易货物进行加工,在规定期限内将加工后的产品运回本企业并最终复出口的行为。

开展外发加工业务的企业应当在货物外发之日起10日内向海关申报实际收发货情况,同一手(账)册、同一承揽者的收发货情况可合并办理。

货物首次外发的,应当在货物首次外发之日起3个工作日内向海关备案外发加工基本情况。

对全工序外发的,企业应当在外发加工备案时缴纳相当于外发加工货物应缴税款金额的保证金或保函。

企业外发加工备案信息发生变化的,应当向海关变更有关信息;若涉及企业应缴纳外发加工保证金数量增加的,企业应补缴保证金或保函。

### 4. 内部料件串换

加工贸易货物应专料专用。因加工出口产品急需,企业申请内部料件串换的,应遵循如下原则:①保税料件之间以及保税料件和进口非保税料件之间的串换,必须符合同品种、同规格、同数量的条件;②保税料件和国产料件(不含深加工结转料件)之间的串换必须符合同品种、同规格、同数量、关税税率为零,且商品不涉及进出口许可证件管理的条件;③经营企业因保税料件与非保税料件之间发生串换,串换下来同等数量的保税料件,经主管海关批准后,由企业自行处置。

### 5. 加工贸易货物抵押

经经营企业申请,海关批准,加工贸易货物可以抵押。但有下列情形之一的,不予办理抵押手续:①抵押影响加工贸易货物生产正常开展;②抵押加工贸易货物或其使用的保税料件涉及进出口许可证件管理;③抵押加工贸易货物属来料加工;④以合同为单元进行管理的,抵押期限超过手册有效期限;⑤以企业为单元进行管理的,抵押期限超过1年;⑥经营企业或加工企业涉嫌走私、违规,已被海关立案调查、侦查,案件未审结;⑦经营企业或加工企业因管理混乱被海关要求整改的,在整改期内;⑧海关认为不予批准的其他情形。

> **职场热线**
>
> 问：加工贸易手册项下的原料部分工序跨关区外发加工是否需要向海关缴纳保证金？承揽企业是否需要在海关注册登记？
>
> 答：根据相关规定，加工贸易手册项下，对全工序外发的，企业应当在外发加工备案时缴纳相当于外发加工货物应缴税款金额的保证金或保函。承揽企业不需要在海关注册登记，但是要向主管海关加工贸易部门报备。
>
> 问：我们企业是从事电路板进料加工业务的，由于企业经营不善出现资金周转问题，进口的料件可以用于银行抵押贷款吗？
>
> 答：根据相关规定，未经海关批准，加工贸易货物不得抵押。你公司可向主管海关提出加工贸易抵押申请，具体情况需由主管海关认定。

## 二、进出口报关

电子手册管理的保税加工货物报关包括进出境货物报关、深加工结转货物报关和其他保税加工货物报关三种情形。

### （一）进出境货物报关

加工贸易企业在主管海关备案的情况已生成电子底账，因此企业在口岸海关报关时提供的有关单证内容必须与电子底账数据完全一致。

加工贸易项下出口应税商品，如系全部使用进口料件加工生产的产（成）品，不征收出口关税；如系部分使用进口料件、部分使用国产料件加工的产（成）品，则按海关核定的比例征收出口关税。但加工贸易出口的特殊商品需按有关规定处理，如加工贸易出口未锻铝，不论是否有国产料件投入，一律按一般贸易出口货物从价计征出口关税。

### （二）深加工结转货物报关

加工贸易保税货物深加工结转，是指加工贸易企业将保税进口料件加工的产品转至另一海关关区内的加工贸易企业进一步加工后复出口的经营活动。其程序分为计划备案、收发货登记、结转报关三个环节，如图5-1所示。

1. 计划备案

加工贸易企业开展深加工结转，转入、转出企业应当向各自主管海关提交保税加工货物深加工结转申请表（以下简称申请表），申报结转计划。

2. 收发货登记

转出、转入企业办理结转计划申报手续后，应当按照经双方海关核准后的申请表进行实际收发货。

3. 结转报关

转出、转入企业分别在转出地、转入地海关办理结转报关手续。

◆ 结转进口、出口报关的申报价格为结转货物的实际成交价格。

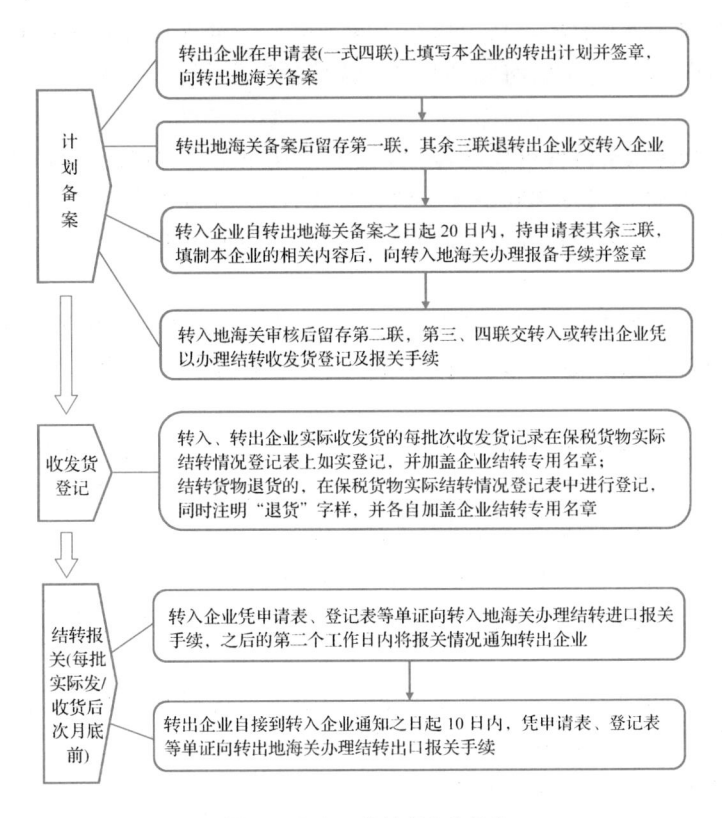

```
┌─────┐   ┌──────────────────────────────────────────────┐
│     │──▶│ 转出企业在申请表(一式四联)上填写本企业的转出计划并签章, │
│     │   │ 向转出地海关备案                              │
│ 计   │   └──────────────────────────────────────────────┘
│ 划   │   ┌──────────────────────────────────────────────┐
│ 备   │──▶│ 转出地海关备案后留存第一联,其余三联退转出企业交转入企业 │
│ 案   │   └──────────────────────────────────────────────┘
│     │   ┌──────────────────────────────────────────────┐
│     │──▶│ 转入企业自转出地海关备案之日起20日内,持申请表其余三联, │
│     │   │ 填制本企业的相关内容后,向转入地海关办理报备手续并签章  │
│     │   └──────────────────────────────────────────────┘
│     │   ┌──────────────────────────────────────────────┐
│     │──▶│ 转入地海关审核后留存第二联,第三、四联交转入或转出企业凭 │
│     │   │ 以办理结转收发货登记及报关手续                    │
└─────┘   └──────────────────────────────────────────────┘
```

图 5-1　深加工结转货物的报关

◆ 一份结转进口报关单对应一份结转出口报关单,两份报关单之间对应的申报序号、商品编号、数量、价格和手册号应当一致。

◆ 结转货物若分批报关,企业应当同时提供申请表和登记表的原件及复印件。

**职场热线**

问:我公司为深加工结转转出方,6月19日向海关发送了深加工结转申请表,6月26日转入方办理了进口报关手续。我公司于7月8日办理结转出口报关手续时,报关单被退单,退单原因为超期,这是为什么?

答:根据相关规定,转出、转入企业实际收发货后,转出企业自转入企业申报结转进口之日起10日内,通过电子口岸查询发货情况,按深加工结转申请表电子数据向转出地海关办理结转出口报关手续。你公司办理结转出口报关手续已经超出自转入企业申报结转进口之日起10日,因此造成报关单退单并显示超期的情况。

### (三) 其他保税加工货物报关

其他保税加工货物是指履行加工贸易合同过程中产生的剩余料件、边角料、残次品、副产品和受灾保税货物。对于这些货物,企业必须在手册有效期内处理完毕。处理的方式有内销、余料结转、退运等,都需办理报关手续。

#### 1. 内销

加工贸易保税进口料件或者成品因故转为内销的,加工贸易企业应办理内销料件进口报关手续,如实填报《加工贸易货物内销征税联系单》,缴纳进口税和缓税利息;属进口许可证件管理的,企业还应按规定向海关补交进口许可证件。

2. 余料结转

加工贸易企业的剩余料件可以结转到另一个加工贸易合同使用,但限于同一经营企业、同一加工企业、同样进口料件和同一加工贸易方式;加工贸易企业需向海关申请剩余料件结转,如实填报《加工贸易剩余料件结转联系单》,凭以办理通关手续。

3. 退运

加工贸易企业因故申请将剩余料件、边角料、残次品、副产品等保税加工货物退运出境的,应凭电子手册编号并持有关单证向口岸海关报关,办理出口手续。

4. 受灾保税加工货物的处理

(1)对于受灾保税加工货物,加工贸易企业应在灾后7日内向主管海关书面报告,并提供如下证明材料:①商务主管部门的签注意见;②有关主管部门出具的证明文件;③保险公司出具的保险赔款通知书,海关可视情况派员核查取证。

(2)受灾保税加工货物的报关可分为以下几种情形:

①不可抗力受灾保税加工货物灭失,或者已完全失去使用价值无法再利用的,可由海关审定,并予以免税。

②不可抗力受灾保税加工货物虽失去原使用价值但可再利用的,应按海关审定的受灾保税货物价格,按对应的进口料件适用的税率,缴纳进口税和缓税利息。其对应进口料件属于实行关税配额管理的,按照关税配额税率计征税款。

③不可抗力受灾保税加工货物需销毁处理的,同其他保税加工货物的销毁处理一样。

④不可抗力受灾保税加工货物对应的原进口料件,如属进口许可证件管理的,免交许可证件。

⑤非不可抗力因素造成的受灾保税加工货物,海关应当按照原进口货物成交价格审定完税价格照章征税;属于实行关税配额管理的,无关税配额证,应当按关税配额外适用的税率计征税款;如属进口许可证件管理的,应当交验进口许可证件。

## 三、手册报核

经营企业应当在规定的期限内将进口料件加工复出口,并自加工贸易手册项下最后一批成品出口或者加工贸易手册到期之日起30日内向海关报核。经营企业报核时应当向海关如实申报进口料件、出口成品、边角料、剩余料件、残次品、副产品以及单耗等情况,并且按照规定提交相关单证。

海关依法受理单证齐全、有效的企业报核,并自受理报核之日起30日内予以核销;特殊情况需要延长的,经直属海关关长或者其授权的隶属海关关长批准可以延长30日。

对未开设台账的电子手册,经核销准予结案的,海关签发"核销结案通知书";经核销情况正常且开设台账的,签发"银行保证金台账核销联系单",企业凭以到银行销台账,其中"实转"的台账,企业在银行领回保证金和应得的利息或者撤销保函,并领取"银行保证金台账核销通知单",凭以向海关领取"核销结案通知书"。

> **职场警示**
>
> 某年2月初,大连海关关员在梳理数据时发现,来自南亚某国的松子进口数量大增。这种进口松子俗称"巴西松子",长约2厘米,约为我国东北松子的1.5倍,其果壳较薄,加工工艺便捷,工序简单。这批松子中,有些以一般贸易方式进口,有些以加工贸易方式进口。海关数据分析人员产生了疑问:该南亚国家每年大量出口当地所产的松子,主要销往欧美等地,以加工贸易方式将松子从南亚运至中国,加工后再销往欧美,只会无端增加产销成本,这种做法明显不符合做生意的常理。经过对贸易资讯的进一步分析,海关关员发现了更大的疑点:该南亚国家的松子质量好、销量大,当地市场的供货价格高达每千克十四五美元,但进口企业向大连海关申报的进口价格还不足每千克十美元,涉嫌走私的风险很大。经查,中国籍犯罪嫌疑人李某、宋某等与外籍犯罪嫌疑人合谋,从境外走私进口松子共计1 063吨。其走私手法有两种:一是低报价格,即通过制作假发票等手段,以低于国外实际成交的价格向海关申报进口;二是伪报贸易性质,通过办理手册以加工贸易方式进口松子,之后直接在国内倒卖,然后以收购价格较低的东北松子冒充加工成品出口。

## 5.4 电子账册管理下保税加工货物的报关程序

**新闻解读**　　　　　　　　　　　电子账册的便捷与高效

浙江天乐数码电器有限公司是浙江最大的民营液晶电视出口企业之一,其深切体会到电子账册为企业带来的利益。先前采用电子手册时,每次企业都要向海关备案进出口合同及金额、原料和成品的具体规格、数量及对应关系等一系列数据。采用电子账册后,备案时企业不需要向海关提供所有的具体合同,也不用备案具体进出口金额,仅需备案一个最大周转金额即可,为企业节约了人力和资金成本。

市场部经理邹黄斌说:"原先我们一年要办六七本手册,光是花在手册调度使用上的精力就不少。现在有了电子账册,一本就搞定了,碰到订单变动、追加或取消订单,也不需要每次都去海关进行变更,简单省心。企业发展到现在这个规模,自身的努力当然重要,但也离不开政府相关部门的大力支持。"

电子手册与电子账册在报关程序上有哪些区别?

海关对加工贸易企业实施联网监管是指加工贸易企业通过数据交换平台或者其他计算机网络方式向海关报送能满足海关监管要求的物流、生产经营等数据,海关对数据进行核对、核算,并结合实物进行核查的一种海关保税加工监管方式。海关为联网企业建立电子底账,联网企业只设立一个电子账册。

### 一、电子账册设立

电子账册的设立要经过经营范围备案、归并关系备案和电子账册备案三个步骤。

## (一)经营范围备案

企业首先向海关申请经营范围备案。经营范围备案的内容主要包含企业基本信息(经营单位名称及代码、加工单位名称及代码、加工生产能力等)、经营范围料件信息(进口料件的前4位商品编码)和经营范围成品信息(出口成品的前4位商品编码)。海关审核通过后,生成经营范围账册编号。经营范围账册编号是以"IT"开头的12位编号。

## (二)归并关系备案

经营范围电子账册(IT账册)设立后,企业可向海关申报归并关系数据。归并关系备案是整个电子账册设立的核心,直接关系到电子账册通关数据的准确性。

### 知识链接

#### 什么是归并关系?

归并关系是指海关基于监管需要根据商品名称、HS编码、价格、贸易管制等条件,对加工贸易的进口料件和出口成品进行分类、合并,使企业内部管理的"料号级"商品与电子手(账)册的"项号级"商品形成"一对多"或"多对一"的对应关系。

1. 归并原则

(1)料件归并

海关对加工贸易进口料件实施分类管理,明确了归并条件和不予归并的情形。海关一般不予归并的情形包括:①不符合归并条件的;②主料;③有特殊关税要求的;④属许可证件管理的;⑤属加工贸易限制类的;⑥因管理需要,海关或企业认为需单列的商品。海关对同时符合归并条件的进口料件原则上予以归并。

(2)成品归并

海关对同时符合归并条件的出口成品原则上予以归并。

料件和成品的归并条件见表5-4。

表5-4　　归并条件

| 料件归并条件 | 成品归并条件 |
| --- | --- |
| ①10位HS编码相同的;<br>②申报计量单位相同的;<br>③商品名称相同,或虽商品名称不同,但商品属性或用途相近,可替代使用的;<br>④商品名称、申报计量单位、HS编码相同,并且能够满足口岸海关查验和海关核销要求,价格相近的 | ①10位HS编码相同的;<br>②申报计量单位相同的;<br>③成品名称相同的;<br>④对应料件单耗相同的 |

2. 归并关系备案内容

归并关系备案内容包括表头信息(企业基本信息,包括经营单位代码、加工单位代码、内部编号、批文账册号即经营范围账册编号、加工生产能力、最大周转金额等)、归并前料件(料号级的料件信息)、归并后料件(项号级的料件信息)、归并前成品(料号级的成品信息)、归并后成品(项号级的成品信息)和BOM表(料号级的单位成品物料清单)。

## (三)电子账册备案

企业归并关系备案经海关审核后,企业需将归并后数据录入或通过系统导入电子账册中,向海关申报。电子账册数据主要包括表头信息、料件(项号级的料件信息)、成品(项号级的成品信息)和单损耗(项号级的单位成品物料清单)。海关接收企业电子账册数据审核通过后自动生成电子账册(E账册)编号。电子账册编号是以"E"开头的12位编号。

## 二、进出口报关

电子账册模式下保税加工货物的报关与电子手册模式一样,也包括进出境货物报关、深加工结转货物报关和其他保税加工货物报关三种情形。

### 1. 进出境货物报关

联网企业进出口保税加工货物,应使用企业内部的计算机,从企业系统导出料号级数据生成归并前的报关清单,报送中国电子口岸。中国电子口岸将企业报送的报关清单根据归并原则进行归并,并分拆成报关单后发送回企业,由企业填报完整的报关单内容后,通过网络向海关正式申报。

不涉及报关清单的报关单内容可直接进行修改,涉及报关清单的报关单内容修改必须先修改报关清单,再重新进行归并。报关单申报后,一律不得修改,只能删除。

### 2. 深加工结转货物报关和其他保税加工货物报关

电子账册模式下深加工结转货物和其他保税加工货物的报关参照电子手册管理。经主管海关批准,联网企业可按月度集中办理内销征税手续。

## 三、电子账册报核

电子账册模式的核销实行滚动核销,以180日为报核周期;海关对某时段内企业的加工贸易进出口情况进行平衡核算。企业先预报核,经海关审核通过后,再向海关正式报核。海关核销的平衡关系为

进口保税料件＝出口成品折料＋内销料件＋内销成品折料＋剩余料件＋损耗－退运成品折料

**知识链接**

### 海关对符合条件的加工贸易企业可实施工单式核销

(一)工单式核销是指加工贸易企业向海关报送报关单、报关清单数据,以及企业ERP系统(企业资源计划系统)中的工单数据,海关以报关单对应的报关清单料号级数据和企业生产工单作为料件耗用依据生成电子底账,并根据料号级料件、半成品以及成品的进、出、耗、转、存的情况,对加工贸易料件、半成品以及成品进行核算核销的海关管理制度。

(二)实施工单式核销的加工贸易企业应根据海关监管要求定期报送ERP系统中的工单数据。

(三)实施工单式核销的加工贸易企业应在海关确定的核销周期结束之日起30日内完成报核。确有正当理由不能按期报核的,经主管海关核批可以延期,但延长期限不得超过60日。核销周期由主管海关按实际监管需要确定,不得超过1年。

(四)海关将加工贸易企业核销期截止日的料号级实际库存数与辅助系统中的料号级法定计算库存数进行比对后,视情况分别进行以下处理:

(1)实际库存数多于法定计算库存数,且企业可以提供正当理由的,海关按照实际库存数确认当期结余。

（2）实际库存数少于法定计算库存数，且企业可以提供正当理由的，海关按照实际库存数确认当期结余；对于短缺部分，海关应当责令企业办理后续补税手续，边角料按照实际报验状态确定归类并征税。

（五）加工贸易企业内部管理混乱或存在违法情事的，海关可停止其实施工单式核销。

## 5.5 出口加工区进出货物的报关程序

### 案例导入

**北海出口加工区的优势**

北海出口加工区是我国西部地区唯一临海的最接近东盟的国家级出口加工区，包括A区和B区。A区于2003年3月经国务院批准设立，批准规划面积为1.454平方千米，位于北海市区西侧，紧靠北海港和进港铁路，距离火车站5千米，距离高速公路入口17千米，距离北海机场约20千米。A区已累计引进93家企业（项目），涵盖的行业包括电子计算机外部设备制造、光电子器件及其他电子器件制造、微电机及其他电机制造、家用影视设备制造、计算机打印耗材等。

B区于2012年3月7日经国务院批准设立，位于北海市铁山港区，批准规划面积为1.842平方千米。B区（一期）封关面积为1.140 5平方千米，现已完成封关建设，并于2014年4月18日通过国家正式验收。B区已签约入驻8家企业（项目），已初步形成打印耗材类资源维修、检测、加工、再制造的产业链，力争打造一个产业特色鲜明、产业链完整、具有核心竞争力的再制造产业基地。

北海出口加工区具有哪些地域优势和优惠政策？

出口加工区是指经国务院批准在中华人民共和国境内设立的，由海关对进出区货物及区内相关场所进行封闭式监管的特定区域。

### 一、出口加工区的功能

出口加工区具有从事保税加工、保税物流及研发、检测、维修等业务的功能。出口加工区内设置出口加工企业、仓储物流企业以及经海关核准专门从事区内货物进出的运输企业。

### 二、出口加工区的管理

海关在出口加工区内设立机构，对进出加工区的货物及区内相关场所实行24小时监管；区内不得经营商业零售，不得建立营业性生活消费设施。除安全人员和企业值班人员外，其他人员不得在加工区内居住。

从境外运入出口加工区的加工贸易货物全额保税；适用电子账册管理；不实行加工贸易银行保证金台账制度。出口加工区内企业从境外进口的自用生产、管理所需设备、物资，除交通车辆和生活用品外，予以免税。

### 三、报关程序

出口加工区内企业在进出口货物前，应向出口加工区主管海关申请建立电子账册。出口加工区企业电子账册包括"加工贸易电子账册"（H账册）和"企业设备电子账册"。出口加工区进出境货物和进出区货物通过电子账册办理报关手续。

(一)出口加工区与境外之间进出货物的报关(备案制)

出口加工区企业从境外运进货物或运出货物到境外,由货物收发货人或其代理人填写进出境货物备案清单,向出口加工区海关报关。出口加工区与境外之间进出的货物,除国家另有规定外,不实行进出口许可证件管理。

(二)出口加工区与境内区外其他地区之间进出货物的报关

1. 出口加工区货物运往境内区外

出口加工区货物运往境内区外,区外企业按进口货物办理报关手续,其流程如图5-2所示。属许可证件管理的,出具有效的进口许可证件,缴纳进口关税、增值税、消费税,免交付缓税利息。

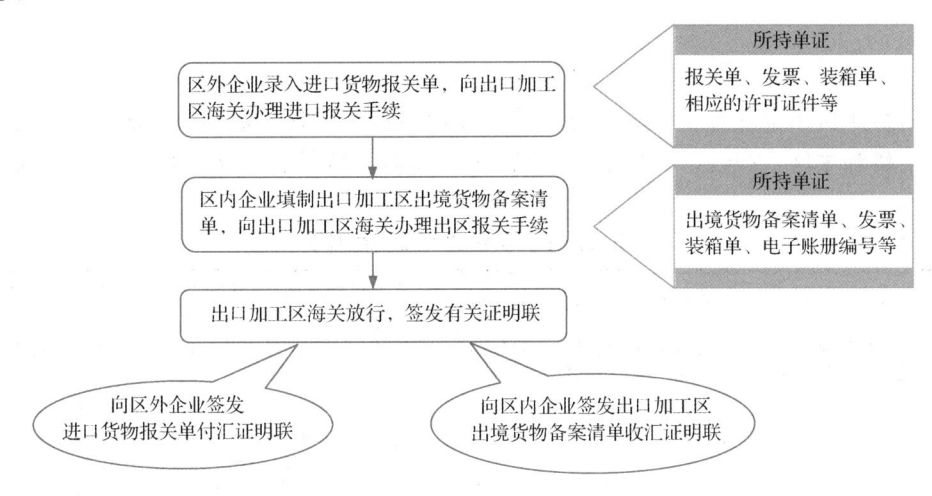

```
区外企业录入进口货物报关单,向出口加工          所持单证
区海关办理进口报关手续                       报关单、发票、装箱单、
            ↓                              相应的许可证件等

区内企业填制出口加工区出境货物备案清          所持单证
单,向出口加工区海关办理出区报关手续            出境货物备案清单、发票、
            ↓                              装箱单、电子账册编号等

出口加工区海关放行,签发有关证明联
       ↙              ↘
向区外企业签发           向区内企业签发出口加工区
进口货物报关单付汇证明联    出境货物备案清单收汇证明联
```

图5-2 出口加工区货物运往境内区外的报关程序

**职场热线**

问:我公司为出口加工区企业,保税进口用于单片集成电路上的大量原材料金线被盗,现在海关认定需内销补税。该原材料进口涉及黄金及黄金制品进口准许证,想了解一下是否需要提交?

答:根据相关规定,因非不可抗力造成的受灾保税货物对应的原进口料件内销征税时,如属进口许可证件管理范围的,企业须按照规定向海关提交有关进口许可证件。你公司原材料金线被盗属非不可抗力原因,应当提交黄金及黄金制品进口准许证。

2. 境内区外货物运入出口加工区

境内区外进入出口加工区的货物视同出口,办理出口报关手续,海关签发出口报关单退税证明联(除不予退税的基建物资外),境内区外企业可以办理出口退税手续,如图5-3所示。

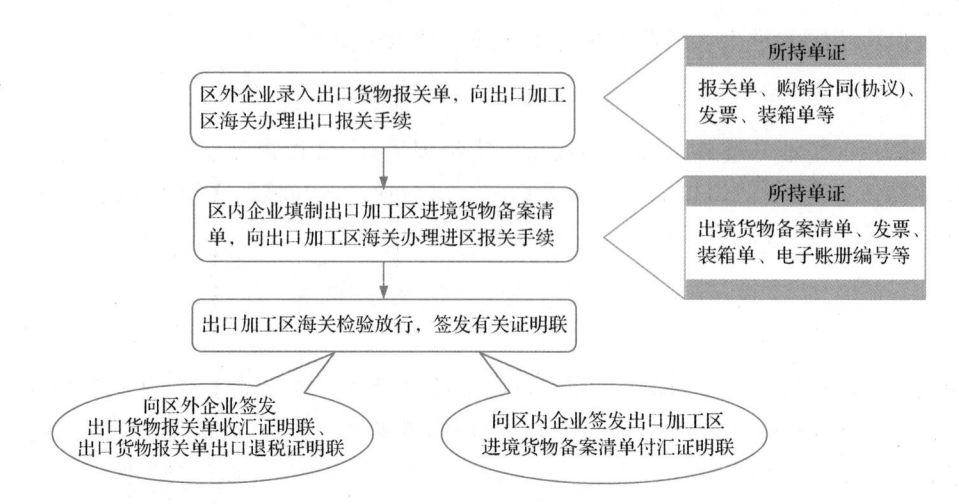

图 5-3 境内区外货物运入出口加工区的报关程序

### 3. 出口加工区出区深加工结转

出口加工区出区深加工结转可分为转入其他出口加工区、保税区等海关特殊监管区域和转入出口加工区、保税区等海关特殊监管区域外加工贸易企业两种情况。二者报关的异同见表5-5。

表 5-5　　　　　　　　　出口加工区出区深加工结转报关

| 项目 | 转入其他出口加工区、保税区等海关特殊监管区域 | 转入出口加工区、保税区等海关特殊监管区域外加工贸易企业 |
| --- | --- | --- |
| 相同 | 出口加工区企业开展深加工结转时,转出企业凭出口加工区管委会批复,向所在地的出口加工区海关办理海关备案手续后方可开展货物的实际结转 ||
| 不同 | ①转入企业凭其所在区管委会的批复办理结转手续;<br>②转出、转入企业分别在自己的主管海关办理结转手续 | ①转入企业凭商务主管部门的批复办理结转手续;<br>②转出、转入企业在转出地主管海关办理结转手续;<br>③海关按照对加工贸易进口货物的有关规定办理手续,结转产品如果属于加工贸易项下进口许可证件管理商品的,企业应当向海关提供相应的有效进口许可证件 |

转入海关特殊监管区域外加工贸易企业的深加工结转步骤如图5-4所示。

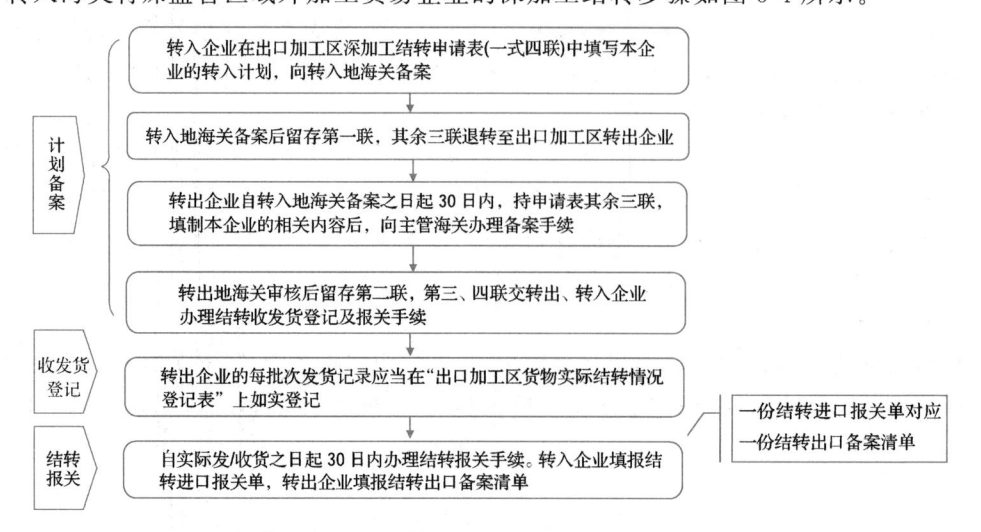

图 5-4　转入海关特殊监管区域外加工贸易企业的深加工结转步骤

## 知识链接

### 珠海园区

珠澳跨境工业区是经国务院批准设立,在我国珠海经济特区和澳门特别行政区之间跨越珠海和澳门关境线,由我国内地海关和澳门海关共同监管的海关特殊监管区域,由珠海园区和澳门园区两部分组成。珠海园区是指珠澳跨境工业区由中国海关按照《海关法》和其他有关法律、行政法规进行监管的珠海经济特区部分的园区。

珠海园区具备从事保税物流、保税加工和国际转口贸易的功能,可以开展的业务包括:①加工制造;②检测、维修、研发;③储存进出口货物及其他未办结海关手续货物;④国际转口贸易;⑤国际采购、分销和配送;⑥国际中转;⑦商品展示、展销;⑧经海关批准的其他加工和物流业务。

### 职场热线

问:我们是出口加工区内的一家企业,打算从境内区外购买一些葡萄酒到区内供企业职工自己饮用,想了解一下是否需要报关及是否能享受出口退税。

答:首先,根据相关规定,从区外进入加工区的货物视同出口,办理出口报关手续。因此,葡萄酒入区应办理出口报关手续。其次,从区外进入出口加工区供区内企业和行政管理机构使用的生活消费用品、交通运输工具等,海关不予签发出口退税报关单。你企业从区外购入供企业职工自己饮用的葡萄酒属于生活消费用品的范畴,海关将不予签发出口退税报关单,所以不能享受出口退税。

## 5.6 保税加工货物报关单的填制

### 案例导入　来料加工

深圳捷通箱包有限公司常年承接美国一客户的皮包加工贸易合同,需要进口美国客户免费提供的加工皮包使用的皮革、拉链、品牌吊牌等料件,按合同规定加工成成品后运往美国。某年8月,一加工贸易合同的料件有剩余,深圳捷通箱包有限公司与美国客户商量后,决定将剩余料件结转到下一个加工贸易合同。

如果你是深圳捷通箱包有限公司的报关人员,应该如何填制进口料件、出口成品、余料结转等报关单?

保税加工货物报关单中很多栏目与一般进出口货物相同,只有少数栏目,如备案号、监管方式、征免性质、项号、征免等存在差异。报关单中涉及的相关代码表详见"学习情境4 一般进出口货物的报关"中进出口货物报关单的填报内容。

### 一、报关单填制要求

#### (一)进/出境关别

本栏目根据货物实际进出境的口岸海关,填报海关规定的《关区代码表》中相应口岸海关的名称及代码。

特殊情况的填报要求如下：

(1)跨关区深加工结转货物，出口报关单填报转出地海关名称及代码，进口报关单填报转入地海关名称及代码。

(2)其他无实际进出境的货物，填报接受申报的海关名称及代码。

### (二)进/出口日期

进口日期填报运载进口货物的运输工具申报进境的日期。出口日期指运载出口货物的运输工具办结出境手续的日期，在申报时免予填报。无实际进出境的货物，本栏目填报海关接受申报的日期。

### (三)备案号

本栏目填报进出口货物收发货人、消费使用单位、生产销售单位在海关办理加工贸易合同备案手续时，海关核发的《加工贸易手册》的编号。

一份报关单只允许填报一个备案号。具体填报要求如下：

(1)加工贸易项下货物，除少量低值辅料按规定不使用《加工贸易手册》及以后续补税监管方式办理内销征税的外，填报《加工贸易手册》编号。

(2)使用异地直接报关分册和异地深加工结转出口分册在异地口岸报关的，填报分册号；本地直接报关分册和本地深加工结转分册限制在本地报关，填报总册号。

(3)免税品经营单位经营出口退税国产商品的，免予填报。

### (四)境外收/发货人

境外收货人通常指签订并执行出口贸易合同中的买方或合同指定的收货人，境外发货人通常指签订并执行进口贸易合同中的卖方。

本栏目填报境外收/发货人的名称及编码。名称一般填报英文名称，检验检疫要求填报其他外文名称的，在英文名称后填报，以半角括号分隔；对于AEO互认国家(地区)企业，编码填报AEO编码，填报样式为"国别(地区)代码＋海关企业编码"，例如：新加坡AEO企业SGP123456789012(新加坡国别代码＋12位企业编码)；非互认国家(地区)AEO企业等其他情形，编码免予填报。

特殊情况下无境外收/发货人的，名称及编码填报"NO"。

### (五)运输方式

本栏目根据货物实际进出境的运输方式或货物在境内流向的类别，按照海关规定的《运输方式代码表》选择填报相应的运输方式。

无实际进出境货物在境内流转时填报要求如下：

(1)出口加工区与境内(区外)(非海关特殊监管区域、保税监管场所)之间进出的货物，填报"出口加工区"(代码Z)。

(2)海关特殊监管区域外的加工贸易余料结转、深加工结转、内销货物，以及其他境内流转货物，填报"其他运输"(代码9)。

## (六)运输工具名称及航次号/提运单号

无实际进出境的货物,免予填报。

## (七)监管方式

本栏目根据实际对外贸易情况按海关规定的《监管方式代码表》选择填报相应的监管方式简称及代码。保税加工货物涉及的监管方式及代码见表5-6。一份报关单只允许填报一种监管方式。

表5-6　　　　　　　　　保税加工货物涉及的监管方式及代码

| 监管方式代码 | 监管方式简称 | 监管方式全称 |
| --- | --- | --- |
| 0110 | 一般贸易 | 一般贸易 |
| 0200 | 料件销毁 | 加工贸易料件、残次品(折料)销毁 |
| 0214 | 来料加工 | 来料加工装配贸易进口料件及加工出口货物 |
| 0245 | 来料料件内销 | 来料加工料件转内销 |
| 0255 | 来料深加工 | 来料深加工结转货物 |
| 0258 | 来料余料结转 | 来料加工余料结转 |
| 0265 | 来料料件复出 | 来料加工复运出境的原进口料件 |
| 0300 | 来料料件退换 | 来料加工料件退换 |
| 0320 | 不作价设备 | 加工贸易外商提供的不作价进口设备 |
| 0345 | 来料成品减免 | 来料加工成品凭"征免税证明"转减免税 |
| 0400 | 边角料销毁 | 加工贸易边角料、副产品(按状态)销毁 |
| 0420 | 加工贸易设备 | 加工贸易项下外商提供的进口设备 |
| 0446 | 加工设备内销 | 加工贸易免税进口设备转内销 |
| 0456 | 加工设备结转 | 加工贸易免税进口设备结转 |
| 0500 | 减免设备结转 | 用于监管年限内减免税设备的结转 |
| 0615 | 进料对口 | 进料加工(对口合同) |
| 0644 | 进料料件内销 | 进料加工料件转内销 |
| 0654 | 进料深加工 | 进料深加工结转货物 |
| 0657 | 进料余料结转 | 进料加工余料结转 |
| 0664 | 进料料件复出 | 进料加工复运出境的原进口料件 |
| 0700 | 进料料件退换 | 进料加工料件退换 |
| 0715 | 进料非对口 | 进料加工(非对口合同) |
| 0744 | 进料成品减免 | 进料加工成品凭"征免税证明"转减免税 |
| 0815 | 低值辅料 | 低值辅料 |
| 0844 | 进料边角料内销 | 进料加工项下边角料转内销 |
| 0845 | 来料边角料内销 | 来料加工项下边角料内销 |
| 1427 | 出料加工 | 出料加工 |
| 4400 | 来料成品退换 | 来料加工成品退换 |
| 4600 | 进料成品退换 | 进料成品退换 |

特殊情况下加工贸易货物监管方式填报要求如下：

（1）进口少量低值辅料（5 000美元以下，78种以内的低值辅料）按规定不使用《加工贸易手册》的，填报"低值辅料"。使用《加工贸易手册》的，按《加工贸易手册》上的监管方式填报。

（2）加工贸易料件转内销货物以及按料件办理进口手续的转内销制成品、残次品、未完成品，填制进口报关单，填报"来料料件内销"或"进料料件内销"；加工贸易成品凭"征免税证明"转为减免税进口货物的，分别填制进、出口报关单，出口报关单填报"来料成品减免"或"进料成品减免"，进口报关单按照实际监管方式填报。

（3）加工贸易出口成品因故退运进口及复运出口的，填报"来料成品退换"或"进料成品退换"；加工贸易进口料件因换料退运出口及复运进口的，填报"来料料件退换"或"进料料件退换"；加工贸易过程中产生的剩余料件、边角料退运出口，以及进口料件因品质、规格等退运出口且不再更换同类货物进口的，分别填报"来料料件复出""来料边角料复出""进料料件复出""进料边角料复出"。

（4）加工贸易边角料内销和副产品内销，填制进口报关单，填报"来料边角料内销"或"进料边角料内销"。

（5）企业销毁处置加工贸易货物未获得收入，销毁处置货物为料件、残次品的，填报"料件销毁"；销毁处置货物为边角料、副产品的，填报"边角料销毁"。

企业销毁处置加工贸易货物获得收入的，填报"进料边角料内销"或"来料边角料内销"。

## （八）征免性质

本栏目根据实际情况按海关规定的《征免性质代码表》选择填报相应的征免性质简称及代码，一份报关单只允许填报一种征免性质。

加工贸易货物报关单按照海关核发的《加工贸易手册》中批注的征免性质简称及代码填报。特殊情况填报要求如下：

（1）加工贸易转内销货物，按实际情况填报（如一般征税、科教用品、其他法定等）。

（2）料件退运出口、成品退运进口货物填报"其他法定"。

（3）加工贸易结转货物，免予填报。

## （九）启运港

本栏目填报进口货物在运抵我国关境前的第一个境外装运港。根据实际情况，按海关规定的《港口代码表》选择填报相应的港口名称及代码，未在《港口代码表》中列明的，填报相应的国家名称及代码。

其他无实际进境的货物，填报"中国境内"及代码。

## （十）合同协议号

未发生商业性交易的免予填报。

## （十一）贸易国（地区）

贸易国（地区）是指发生商业性交易的国家（地区）。进口填报购自国（地区），出口填报售予国（地区）；未发生商业性交易的填报货物所有权拥有者所属的国家（地区）。

## (十二)启运国(地区)/运抵国(地区)

无实际进出境的货物,本栏目填报"中国"及代码。

## (十三)经停港/指运港

无实际进出境的货物,本栏目填报"中国境内"及代码。

## (十四)入境口岸/离境口岸

无实际出境的货物,本栏目填报货物所在地的城市名称及代码。

## (十五)成交方式

本栏目根据进出口货物实际成交价格条款,按海关规定的《成交方式代码表》选择填报相应的成交方式名称及代码。

无实际进出境的货物,进口填报 CIF,出口填报 FOB。

## (十六)随附单证及编号

本栏目根据海关规定的《监管证件代码表》和《随附单据代码表》选择填报除许可证以外的其他进出口许可证件或监管证件、随附单据代码及编号。

单一窗口申报时本栏目分为"随附单证代码"和"随附单证编号"两栏,其中"随附单证代码"栏按海关规定的《监管证件代码表》和《随附单据代码表》选择填报相应的证件代码;"随附单证编号"栏填报证件编号。

加工贸易内销征税报关单,"随附单证代码"栏填报"c","随附单证编号"栏填报海关审核通过的内销征税联系单号。

## (十七)标记唛码及备注

本栏目的填报要求如下:

(1)填报标记唛码中除图形以外的文字、数字,无标记唛码的,填报"N/M"。

(2)集装箱箱体信息填报集装箱号(在集装箱箱体上标示的全球唯一编号)、集装箱规格、集装箱商品项号关系(单个集装箱对应的商品项号,半角逗号分隔)、集装箱货重(集装箱箱体自重+装载货物重量,千克)。

(3)与本报关单有关联关系的,同时在业务管理规范方面又要求填报的备案号,填报在电子数据报关单中"关联备案"栏。如保税间流转货物、加工贸易结转货物及凭"征免税证明"转内销货物,其对应的备案号填报在"关联备案"栏。

(4)与本报关单有关联关系的,同时在业务管理规范方面又要求填报的报关单号,填报在电子数据报关单中"关联报关单"栏。如保税间流转、加工贸易结转类的报关单,应先办理进口报关,并将进口报关单号填入出口报关单的"关联报关单"栏。

(5)涉及加工贸易货物销毁处置的,填报海关加工贸易货物销毁处置申报表编号。

(6)加工贸易副产品内销,填报"加工贸易副产品内销"。

(7)进出口列入目录的进出口商品及法律、行政法规规定须经出入境检验检疫机构检验的其他进出口商品实施检验的,填报"应检商品"字样。

(8)申报时其他必须说明的事项。

## （十八）项号

本栏目分两行填报。第一行填报报关单中的商品顺序编号；第二行填报备案序号，专用于加工贸易及保税、减免税等已备案、审批的货物，填报该项货物在《加工贸易手册》或"征免税证明"等备案、审批单证中的顺序编号。项号填制方法见表5-7。

表 5-7　　　　　　　　　　　　　　项号填制方法

| 项号 | 商品编号 | 商品名称及规格型号 | 数量及单位 | 单价/总价/币制 | 最终目的国（地区）…… |
| --- | --- | --- | --- | --- | --- |
| 01 → | 此报关单申报商品的第1项 | | | | |
| 10 → | 此商品对应《加工贸易手册》备案料件第10项 | | | | |

其中第二行特殊情况填报要求如下：

（1）深加工结转货物，分别按照《加工贸易手册》中的进口料件项号和出口成品项号填报。

（2）料件结转货物（包括料件、制成品和未完成品折料），出口报关单按照转出《加工贸易手册》中进口料件的项号填报；进口报关单按照转进《加工贸易手册》中进口料件的项号填报。

（3）料件复出货物（包括料件、边角料），出口报关单按照《加工贸易手册》中进口料件的项号填报；如边角料对应一个以上料件项号时，填报主要料件项号。料件退换货物（包括料件、不包括未完成品），进出口报关单按照《加工贸易手册》中进口料件的项号填报。

（4）成品退换货物，退运进境报关单和复运出境报关单按照《加工贸易手册》原出口成品的项号填报。

（5）加工贸易料件转内销货物（以及按料件办理进口手续的转内销制成品、残次品、未完成品）填制进口报关单，填报《加工贸易手册》进口料件的项号；加工贸易边角料、副产品内销，填报《加工贸易手册》中对应的进口料件项号。如边角料或副产品对应一个以上料件项号，则填报主要料件项号。

（6）加工贸易成品凭"征免税证明"转为减免税货物进口的，应先办理进口报关手续。进口报关单填报"征免税证明"中的项号，出口报关单填报《加工贸易手册》原出口成品项号，进出口报关单货物数量应一致。

（7）加工贸易货物销毁，填报《加工贸易手册》中相应的进口料件项号。

（8）加工贸易副产品退运出口、结转出口，填报《加工贸易手册》中新增成品的出口项号。

（9）经海关批准实行加工贸易联网监管的企业，按海关联网监管要求，企业需申报报关清单的，应在向海关申报进出口（包括形式进出口）报关单前，向海关申报报关清单。一份报关清单对应一份报关单，报关单上的商品由报关清单归并而得。加工贸易电子账册报关单中项号、品名、规格等栏目的填制规范比照《加工贸易手册》。

## （十九）商品名称及规格型号

本栏目特殊情况的填报要求如下：

（1）已备案的加工贸易及保税货物，填报的内容必须与备案登记中同项号下货物的商品名称一致。

（2）加工贸易边角料和副产品内销、边角料复出口，填报其报验状态的名称和规格型号。

## （二十）数量及单位

已备案的加工贸易及保税货物，成交计量单位必须与《加工贸易手册》中同项号下货物的计量单位一致,加工贸易边角料和副产品内销、边角料复出口,填报其报验状态的计量单位。

(二十一)征免

本栏目应按照海关有关政策规定,对报关单所列每项商品选择海关规定的《征减免税方式代码表》中相应的征减免税方式填报。

加工贸易货物报关单根据《加工贸易手册》《加工贸易账册》中备案的征免规定填报,一般为"全免";《加工贸易手册》《加工贸易账册》中备案的征免规定为"保金"或"保函"的,填报"全免"。

## 二、申报方式

(一)中国国际贸易单一窗口申报方式

(1)在浏览器中搜索"中国电子口岸",进入中国电子口岸官网主页,单击右下角的"中国国际贸易单一窗口",再单击"标准版应用",进入如图 5-5 所示的界面。

图 5-5　标准版应用界面

(2)单击"加工贸易",可选择相关菜单进行报关数据录入,如图 5-6 所示。

图 5-6　加工贸易界面

(3)单击"加工贸易账册(金二)",进行报关数据录入即可。加工贸易账册——保税核注清单(出口)界面如图 5-7 所示。

图 5-7　加工贸易账册——保税核注清单(出口)界面

### (二)"互联网＋海关"一体化网上办事平台申报方式

(1)在浏览器中搜索"中国电子口岸",进入中国电子口岸官网,单击右下角的"互联网＋海关",进入如图 5-8 所示的界面。

图 5-8　互联网＋海关界面

(2)单击"加贸保税",选择相关菜单进行报关单数据录入,如图 5-9 所示。

图 5-9　加贸保税界面

## 三、保税加工货物报关单填制范例

### （一）案例

秦皇岛君泰冷冻食品有限公司近期一直承接日本JOYA食品有限公司（JOYA FOOD CO.，LTD.）冻虾夷贝的加工贸易合同。某年7月，日本JOYA食品有限公司免费提供的228.54吨冻虾夷贝从大连港大窑湾港区进境，加工的成品于当年10月按合同规定运往日本。加工过程中剩余的43 000千克冻虾夷贝需要结转至另一个加工贸易合同，另有68 900.58千克的边角料需要做内销处理。

### （二）报关单填制范例

#### 1.料件进口报关单填制范例

**中华人民共和国海关进口货物报关单**

预录入编号：04022020021258745　　　　海关编号：04022020021258745　　（秦皇岛关）

| 境内收货人（911205158754255TGB）<br>秦皇岛君泰冷冻食品有限公司 | 进境关别（0908）<br>连大窑湾 | 进口日期<br>20××0706 | 申报日期<br>20××0706 | 备案号<br>B04029150258 |
|---|---|---|---|---|
| 境外发货人<br>JOYA FOOD CO.，LTD. | 运输方式（2）<br>水路运输 | 运输工具名称及航次号<br>CHENGJIA/365W | 提运单号<br>KLG63571 | 货物存放地点<br>秦皇岛港××码头 |
| 消费使用单位（911205158754255TGB）<br>秦皇岛君泰冷冻食品有限公司 | 监管方式（0214）<br>来料加工 | 征免性质（502）<br>来料加工 | 许可证号 | 启运港（JPN213）<br>神户（日本） |
| 合同协议号<br>KYGF4255-36 | 贸易国（地区）（JPN）<br>日本 | 启运国（地区）（JPN）<br>日本 | 经停港（JPN213）<br>神户（日本） | 入境口岸（210101）<br>大连港大窑湾港区 |
| 包装种类（99）<br>其他包装 | 件数<br>11 427 | 毛重（千克）<br>251 394 | 净重（千克）<br>228 540 | 成交方式（1）<br>CIF | 运费 | 保费 | 杂费 |

随附单证及编号
随附单证2：合同；发票；装箱单；提/运单；企业提供的声明；加工费USD 36 256.00；代理报关委托协议（电子）

标记唛码及备注
备注：国内加工企业：秦皇岛君泰冷冻食品有限公司，地址：秦皇岛市北戴河新区××路××号，生产许可证编号：SCI3573654×× N/M 集装箱箱标箱数及号码：9；AXIU6542214；AXIU6542215……（详见集装箱附加页）

| 项号 | 商品编号 | 商品名称及规格型号 | 数量及单位 | 单价/总价/币制 | 原产国（地区） | 最终目的国（地区） | 境内目的地 | 征免 |
|---|---|---|---|---|---|---|---|---|
| 1<br>1 | 0307220090<br>0｜3｜冷冻｜带壳卵边脏｜Patinopecten yessoensis｜20-150克｜15-20千克/箱 | 冻虾夷贝 | 228 540 千克<br><br>228 540 千克 | 1.500 0<br>342 810.00<br>美元 | 日本<br>（JPN） | 中国<br>（CHN） | （13039/130301）<br>秦皇岛其他/<br>秦皇岛市市辖区 | 全免<br>（3） |

| 特殊关系确认：否 | 价格影响确认：否 | 支付特许权使用费确认：否 | 自报自缴：否 |
|---|---|---|---|
| 报关人员　报关人员证号04158　电话 | 兹申明对以上内容承担如实申报、依法纳税之法律责任 | | 海关批注及签章 |
| 申报单位（9113092584657415×3）×××报关有限公司 | | 申报单位（签章） | |

### 2.余料结转报关单填制范例

## 中华人民共和国海关进口货物报关单

预录入编号：04022020021259200　　　　海关编号：04022020021259200　　（秦皇岛关）

| 境内收货人(911205158754255TGB)<br>秦皇岛君泰冷冻食品有限公司 | 进境关别（0402）<br>秦皇岛关 | 进口日期<br>20××1031 | 申报日期<br>20××1031 | 备案号<br>B04029150300 |
|---|---|---|---|---|
| 境外发货人<br>NO | 运输方式（9）<br>其他方式运输 | 运输工具名称及航次号 | 提运单号 | 货物存放地点<br>秦皇岛君泰冷冻食品有限公司 |
| 消费使用单位(911205158754255TGB)<br>秦皇岛君泰冷冻食品有限公司 | 监管方式（0258）<br>来料余料结转 | 征免性质 | 许可证号 | 启运港（CHN000）<br>中国境内 |
| 合同协议号 | 贸易国(地区)(CHN)<br>中国 | 启运国(地区)(CHN)<br>中国 | 经停港(CHN000)<br>中国境内 | 入境口岸（130101）<br>秦皇岛 |
| 包装种类(99)<br>其他包装 | 件数<br>2 150 | 毛重(千克)<br>47 300 | 净重(千克)<br>43 000 | 成交方式(1)<br>CIF | 运费 | 保费 | 杂费 |

随附单证及编号
随附单证1:保税核注清单 QD040236548952 随附单证2:合同;发票;代理报关委托协议(电子)

标记唛码及备注
备注：转自 B04029150258 N/M　关联备案 C04029150258

| 项号 | 商品编号 | 商品名称及规格型号 | 数量及单位 | 单价/总价/币制 | 原产国(地区) | 最终目的国(地区) | 境内目的地 | 征免 |
|---|---|---|---|---|---|---|---|---|
| 1<br>1 | 0307220090<br>0\|3\|冷冻\|带壳卵边脏\|Patinopecten yessoensis\|20-150 克\|15-20 千克/箱 | 冻虾夷贝 | 43 000 千克<br><br>43 000 千克 | 1.500 0<br>64 500.00<br>美元 | 日本<br>(JPN) | 中国<br>(CHN) | (13039/130301)<br>秦皇岛其他/<br>秦皇岛市市辖区 | 全免<br>（3） |

　　　　　特殊关系确认:否　　　价格影响确认:否　　　支付特许权使用费确认:否　　　自报自缴:否

报关人员　报关人员证号 04158　电话　兹申明对以上内容承担如实申报、依法纳税之法律责任　海关批注及签章

申报单位(9113092584657415×3)×××报关有限公司　　　　　　　　　　申报单位(签章)

### 3. 边角料内销报关单填制范例

## 中华人民共和国海关进口货物报关单

预录入编号：04022020021259452　　　海关编号：04022020021259452　　（秦皇岛关）

| 境内收货人（911205158754255TGB）<br>秦皇岛君泰冷冻食品有限公司 | 进境关别（0402）<br>秦皇岛关 | 进口日期<br>20××1105 | 申报日期<br>20××1105 | 备案号<br>B04029150258 |
|---|---|---|---|---|
| 境外发货人<br>NO | 运输方式（9）<br>其他方式运输 | 运输工具名称及航次号 | 提运单号 | 货物存放地点<br>秦皇岛君泰冷冻食品有限公司 |
| 消费使用单位（911205158754255TGB）<br>秦皇岛君泰冷冻食品有限公司 | 监管方式（0845）<br>来料边角料内销 | 征免性质（101）<br>一般征税 | 许可证号 | 启运港（CHN000）<br>中国境内 |
| 合同协议号 | 贸易国(地区)（CHN）<br>中国 | 启运国(地区)（CHN）<br>中国 | 经停港（CHN000）<br>中国境内 | 入境口岸（130101）<br>秦皇岛 |
| 包装种类（00）<br>散装 | 件数<br>1 | 毛重（千克）<br>69 424 | 净重（千克）<br>68 900.58 | 成交方式（1）<br>CIF | 运费 | 保费 | 杂费 |
| 随附单证及编号<br>随附单证1：内销征税联系单 B04023654K0052　随附单证2：发票；代理报关委托协议（电子）；企业提供的其他 ||||||||
| 标记唛码及备注<br>备注：品牌类型：无品牌 N/M ||||||||

| 项号 | 商品编号 | 商品名称及规格型号 | 数量及单位 | 单价/总价/币制 | 原产国(地区) | 最终目的国(地区) | 境内目的地 | 征免 |
|---|---|---|---|---|---|---|---|---|
| 1 | 0511919090 | 虾夷贝边角料<br>饲料用（卵边脏） | 68 900.58 千克<br>68 900.58 千克 | 2.340 0<br>161 227.35<br>人民币 | 中国<br>(CHN) | 中国<br>(CHN) | （13039/130301）<br>秦皇岛其他/<br>秦皇岛市市辖区 | 照章征税<br>（1） |

特殊关系确认：否　　价格影响确认：否　　支付特许权使用费确认：否　　自报自缴：是

报关人员　报关人员证号 04158　电话　兹申明对以上内容承担如实申报、依法纳税之法律责任　　海关批注及签章

申报单位（911309258465 7415×3）×××报关有限公司　　　　申报单位（签章）

## 基础知识

**一、单项选择题**

1. 下列表述中不属于保税加工货物监管特征的是( )。
   A. 料件进口时暂缓缴纳进口关税和进口环节海关代征税
   B. 成品出口无须缴纳关税
   C. 成品出口时凡属许可证件管理的,必须交验出口许可证件
   D. 进出境海关现场放行并未结束海关监管

2. 以合同为单元实施计算机联网监管模式的是( )。
   A. 电子手册　　　B. 电子账册　　　C. 出口加工区　　　D. 综合保税区

3. 保税加工货物内销,海关按规定免征缓税利息的是( )。
   A. 副产品　　　　　　　　　　　　B. 残次品
   C. 边角料　　　　　　　　　　　　D. 不可抗力受灾保税货物

4. 加工贸易企业从事加工出口业务中,因不可抗力造成损毁导致无法复出口的保税进口料件和加工制成品内销,应当( )。
   A. 按受灾货物免税,免纳缓税利息,免予交验许可证件
   B. 按原进口货物纳税,缴纳缓税利息,交验相应的许可证件
   C. 按受灾货物纳税,缴纳缓税利息,免予交验许可证件
   D. 按原进口货物纳税,免纳缓税利息,交验相应的许可证件

5. 顺德某公司从境外购进橡胶加工成橡胶零件后出口,其中橡胶零件的橡胶净耗为0.5千克/个,工艺损耗率为10%,生产过程中产生了500千克的边角料。若该公司生产30 000个橡胶零件,需进口橡胶( )。
   A. 15 000千克　　B. 15 500千克　　C. 16 667千克　　D. 17 167千克

**二、多项选择题**

1. 下列贸易形式中,属于加工贸易的是( )。
   A. 来料加工　　　B. 来料养殖　　　C. 进料加工　　　D. 出料加工

2. 保税加工货物的范围包括( )。
   A. 从国外进口且海关准予保税的料件
   B. 进口保税料件生产的成品、半成品
   C. 保税加工生产过程中产生的副产品、残次品
   D. 保税加工生产过程中产生的边角料、剩余料件

3. 目前已经公布的加工贸易禁止类商品目录包括( )。
   A. 国家明令禁止进出口的商品　　　　B. 为种植、养殖而进口的商品
   C. 引起高能耗、高污染的商品　　　　D. 高附加值、高技术含量的商品

4. 下列关于保税加工货物监管期限的说法正确的是(　　)。

　　A. 电子手册准予保税期限为1年

　　B. 电子账册准予保税期限从企业电子账册记录第一批料件进口之日起到该电子账册被撤销止

　　C. 电子账册申请核销期限为每批成品出运后30日内

　　D. 海关特殊监管区域准予保税期限为从料件进区到成品出区办结海关手续止

5. 下列关于异地加工贸易业务表述正确的是(　　)。

　　A. 经营企业所在地商务主管部门出具《加工贸易企业经营状况及生产能力证明》

　　B. 加工企业所在地商务主管部门出具《加工贸易企业经营状况及生产能力证明》

　　C. 加工贸易经营企业向加工企业所在地主管海关办理手册设立手续

　　D. 若经营企业和加工企业的管理类别不相同,按其中较高类别管理

6. 采用电子手册管理的加工贸易企业向海关申请将剩余料件结转至另一个加工贸易合同生产出口时,如不收取保证金、银行保函或采取其他相应的税收保全措施,应符合(　　)的条件。

　　A. 同一经营企业　　　　　　　　B. 同一加工企业

　　C. 同样进口料件　　　　　　　　D. 同一加工贸易方式

7. 对于履行加工贸易合同中产生的剩余料件、边角料、残次品、副产品等,在海关规定的(　　)处理方式中需要填制报关单向海关申报。

　　A. 销毁　　　　　B. 退运　　　　　C. 结转　　　　　D. 内销

8. 下列关于加工贸易深加工结转程序的表述正确的是(　　)。

　　A. 先进行加工贸易深加工结转的计划申报,再办理发货登记,最后办理报关手续

　　B. 先进行加工贸易深加工结转的计划申报,再办理报关手续,最后收发货

　　C. 先由转出企业向转出企业所在地海关进行计划申报,再由转入企业向转入企业所在地海关进行计划申报

　　D. 先由转出企业向转出企业所在地海关办理结转出口报关手续,再由转入企业向转入企业所在地海关办理进口报关手续

三、判断题

　　(　　)1. 外发加工的成品必须运回本企业。

　　(　　)2. 加工贸易银行保证金台账制度的核心是对不同地区的加工贸易企业和加工贸易涉及的进出口商品进行分类管理,对部分企业进口的部分料件和出口部分成品征收保证金。

　　(　　)3. 加工贸易边角料是指加工贸易企业从事加工复出口业务,在海关单耗标准内,加工过程中产生的,无法再用于加工该合同项下出口制成品的、数量合理的废碎料及下脚料。

　　(　　)4. 加工贸易货物首次外发的,应当在货物首次外发之日起5个工作日内向海关备案外发加工基本情况。

## 操作技能

**【项目一】**

上海申华进出口公司(以下简称申华公司,一般认证企业)从境外购进价值 100 000 美元的涤纶长丝(加工贸易限制类商品)一批,委托浙江嘉兴嘉顺针织制品公司(以下简称嘉顺公司,一般信用企业)加工生产出口袜子。该加工合同履行期间,因境外发货有误,部分原料未能及时到货。为确保履行成品出口合同,申华公司向主管海关申请,使用本企业其他进口非保税料件进行内部串换。合同执行完毕,尚有剩余料件,拟结转加工。

根据上述案例,回答下列问题:

1. 本案例涉及的委托加工在海关管理中称为( )。
   A. 加工贸易外发加工          B. 异地加工贸易
   C. 深加工结转                D. 跨关区联合加工

2. 本案例涉及的加工贸易手册设立手续应由( )。
   A. 申华公司到嘉顺公司所在地主管海关申请办理
   B. 申华公司在所在地主管海关申请办理
   C. 嘉顺公司在所在地主管海关申请办理
   D. 嘉顺公司到申华公司所在地主管海关申请办理

3. 该加工贸易手册设立时,其银行保证金台账应按下列规定办理( )。
   A. 不设台账
   B. 设台账,但无须缴付保证金
   C. 设台账,并按进口料件应征税款的50%缴付保证金
   D. 设台账,并按进口料件应征税款缴付保证金

4. 该加工贸易合同执行期间所发生的料件串换及处置,应符合( )规定。
   A. 串换的料件必须是同品种、同规格、同数量
   B. 串换的料件关税税率为零
   C. 串换的料件不涉及进出口许可证件管理
   D. 串换下来的同等数量料件,由企业自行处置

5. 该项加工合同内剩余料件的结转,应符合( )规定。
   A. 应在同一经营单位、同一加工工厂的情况下结转
   B. 应在同样的进口料件和同一加工贸易方式的情况下结转
   C. 应如实申报《加工贸易剩余料件结转联系单》
   D. 应办理正式进口报关手续,缴纳进口税和缓税利息

**【项目二】**

浙江富达桅灯有限公司(以下简称富达公司,一般认证企业)从境外购进一批价值 50 万美元的不锈钢材料(加工贸易限制类商品)用于加工出口桅灯。该企业为此向海关申领了《加工贸易手册》。在生产过程中,由于富达公司没有电镀设备,遂将半成品运至安徽海印电镀公司加工后,再运回富达公司继续加工成桅灯成品。加工完毕后桅灯全部出口,剩余部分不锈钢原料与生产过程中产生的不锈钢废碎料(属数量合理的工艺性损耗)

一起做内销处理,内销价格分别为 55 000 元和 8 800 元人民币。在这过程中:
1. 富达公司在办理加工贸易手册设立手续时,银行保证金台账应如何办理?
2. 富达公司将半成品交安徽海印电镀公司,应向海关办理哪些相关手续?
3. 不锈钢原料和不锈钢废碎料内销的完税价格如何确定?需要缴纳缓税利息吗?

【项目三】
宁波佳杰公司(一般认证企业)与境外 A 公司、上海宇辰光电材料公司(以下简称宇辰公司,一般认证企业)签订了为期一年的合同。合同约定:宁波佳杰公司从 A 公司购进偏光片、彩色滤光片等料件,A 公司向宁波佳杰公司无偿提供生产所需检测机两台,用于生产背光模组 20 000 片,其中 4 000 片在境内销售,12 000 片直接返销 A 公司,4 000 片交付宇辰公司加工成 LED 显示屏后由宇辰公司返销 A 公司。

合同执行情况:背光模组境内销售 5 000 片,返销 A 公司 11 000 片,交付宇辰公司 4 000 片。

作为宁波佳杰公司的报关人员,你需要完成:
1. 合同中多少片背光模组的生产加工需办理什么海关手续?
2. 背光模组生产所需料件进口时按哪类海关监管货物申报?
3. 交付宇辰公司的 4 000 片背光模组应办理什么海关手续?
4. 境内销售的 5 000 片背光模组需如何办理海关手续?
5. 合同执行完毕后应在何时办理什么海关手续?

## 学习情境 6

# 保税物流货物的报关

### 学习目标

**知识目标：** 掌握保税物流货物的含义、范围和特征，熟悉保税物流货物的监管特征，理解不同监管模式下保税物流货物的区别和联系，了解不同监管模式下保税物流货物的报关程序。

**技能目标：** 能够准确确定保税物流货物所属的监管模式，熟练掌握保税物流货物报关单的填制规范及报关操作流程。

**素质目标：** 通过学习我国逐步设立的不同保税物流场所的通关政策，了解我国践行"一带一路"合作等倡议的新模式、新举措，培养爱国主义精神和国际视野，树立世界各国互利共赢、共同发展、构建人类命运共同体的意识。

### 知识准备 >>>

## 6.1 认知保税物流货物

### 案例导入　　　　　　　　　　　　保税物流货物的分拨

我国香港某贸易公司有一批韩国产的橡胶粒需卖给中山、东莞、广州、深圳等地的十几家企业进行加工贸易，货柜到达香港码头后经皇岗拖运至昌运保税仓库，拆柜入仓存放。东莞以外的企业凭加工贸易手册在主管地海关办理进口报关手续提货；东莞企业在东莞海关直接申报进口，手续简单，运费低廉。这样的运作模式既使供应商节省了仓租，又方便客户办理进口报关手续。

1. 从境外运入保税仓库的橡胶粒属于哪类海关监管货物？
2. 保税物流货物具有哪些监管特征？

保税物流货物是指经海关批准未办理纳税手续进境，在境内分拨、配送或储存后复运出境的货物，以及已办结海关出口手续尚未离境，经海关批准存放在海关专用监管场所或特殊监管区域的货物。

## 一、保税物流货物的范围

保税物流货物的范围如下：

（1）进境经海关批准进入海关保税监管场所或特殊监管区域，保税储存后转口境外的货物。

（2）已经办理出口报关手续尚未离境，经海关批准进入海关保税监管场所或特殊监管区域储存的货物。

（3）经海关批准进入海关保税监管场所或特殊监管区域保税储存的加工贸易货物，供应国际航行船舶和航空器的油料、物料和维修用零部件，供维修外国产品所进口寄售的零部件，外商进境暂存货物。

（4）经海关批准进入海关保税监管场所和特殊监管区域保税的其他未办结海关手续的进境货物。

微课：何为保税物流货物

## 二、保税物流货物的特征

保税物流货物的主要特征如下：

（1）进境时暂缓缴纳进口关税及进口环节海关代征税，复运出境免税，内销应当缴纳进口关税和进口环节海关代征税，不征收缓税利息。

（2）进出境时除国家另有规定外，免予交验进出口许可证件。

（3）进境海关现场放行不是结关，进境后必须进入海关保税监管场所或特殊监管区域，运离这些场所或区域必须办理结关手续。

## 三、保税物流货物的监管模式

海关对保税物流货物的监管主要以物理围网的模式进行，包括保税物流中心、保税物流园区、保税区、保税港区、综合保税区等。

**要点提示 >>>**

# 6.2 保税物流货物的监管

**案例导入** 保税物流货物的仓储期限

天津海泰保税仓库存储一批冷压薄板，于2020年4月5日已经存放满1年，但仍未转为进口或退运出口，企业拟申请延长该批保税货物的存储期限。

根据上述情况，海关批准的延长期限不得超过多长时间？

海关对各种监管模式的保税物流货物的监管可归纳为以下五点：

## 一、设立审批

保税物流货物必须存放在经过法定程序审批设立的保税监管场所或者特殊监管区域。保税仓库、出口监管仓库、保税物流中心要经过海关审批，并核发批准证书，凭批准证书设立及存放保税物流货物；保税物流园区、保税区、保税港区、综合保税区要经过国务院审批，凭国务院同意设立的批复设立，并经海关等部门验收合格才能进行保税物流货物的运作。

## 二、准入保税

保税物流货物通过准予进入保税监管场所或特殊监管区域实现保税；海关对保税物流货物的监管是通过对保税监管场所和特殊监管区域的监管实现的，海关应当依法监管这些场所或者区域，按批准存放范围准予货物进入保税监管场所或者区域，不符合规定存放范围的货物不准进入。

## 三、纳税暂缓

凡是进境进入保税物流监管场所或特殊监管区域的保税物流货物在进境时都可以暂不办理进口纳税手续，等到运离海关保税监管场所或特殊监管区域时才办理纳税手续，或者征税，或者免税，不需征收缓税利息。

## 四、监管延伸

监管延伸包括监管地点延伸和监管时间延伸。

### （一）监管地点延伸

进境货物从进境地海关监管现场，已办结海关出口手续尚未离境的货物从出口申报地海关现场，延伸到保税监管场所或者特殊监管区域。

### （二）监管时间延伸

保税物流货物监管时间延伸见表 6-1。

表 6-1　　　　　　保税物流货物监管时间延伸

| 监管模式 | 存放保税物流货物的时间 |
| --- | --- |
| 保税仓库 | 1 年，可以申请延长，延长的时间最长为 1 年 |
| 出口监管仓库 | 6 个月，可以申请延长，延长的时间最长为 6 个月 |
| 保税物流中心 | 2 年，可以申请延长，延长的时间最长为 1 年 |

注：保税区、保税物流园区、保税港区、综合保税区等海关特殊监管区域无期限。

## 五、运离结关

除暂准运离（维修、测试、展览等）需要继续监管以外，每一批货物运离保税监管场所或者特殊监管区域，都必须根据货物的实际流向办结海关手续。

> 操作导航 >>>

## 6.3 保税仓库货物与出口监管仓库货物的报关程序

**案例导入** 　　　　　　　　　　　　　　铜陵第二家公用型保税仓库获准设立

　　某年3月,合肥海关下达保税仓库项目行政许可决定书,准予铜陵北斗星城欧洲商品直销中心有限公司设立公用型保税仓库。该保税仓库是继铜陵经济技术开发区华德公用型保税仓库之后,铜陵第二家公用型保税仓库。

　　该保税仓库依托北斗星城欧洲商品直销中心和意大利风情街项目,主要经营食品、服饰、鞋帽、皮具、家具、百货、护肤和化妆品、首饰、艺术品进口及销售业务。该保税仓库面积为2 280平方米,总投资额为2 140万元,具备保税仓储、转口贸易、缓税、简单加工和增值服务、物流配送等功能,可以满足相关企业进口、加工、销售等环节的需求,吸引更多外商投资,促进经济转型升级发展。

　　1. 保税仓库的设立需要具备哪些条件?
　　2. 保税仓库可以存放哪些货物?

　　保税仓库是指经海关批准设立的专门存放保税货物及其他未办结海关手续货物的仓库;出口监管仓库是指经海关批准设立,对已办结海关出口手续的货物进行存储、保税货物配送,提供流通性增值服务的海关专用监管仓库。两者具有不同的功能和报关程序。

### 一、保税仓库

（一）保税仓库的功能与分类

1. 保税仓库的功能

保税仓库的功能单一,就是仓储,而且只能存放进境货物。保税仓库存放货物的范围见表6-2。

表6-2　　　　　　　　　　保税仓库存放货物的范围

| 可以存入保税仓库的货物 | 禁止存入保税仓库的货物 |
| --- | --- |
| ◆ 加工贸易进口货物;<br>◆ 转口货物;<br>◆ 供应国际航行船舶和航空器的油料、物料和维修用零部件;<br>◆ 供维修外国产品所进口寄售的零配件;<br>◆ 外商进境暂存货物;<br>◆ 未办结海关手续的一般贸易进口货物;<br>◆ 经海关批准的其他未办结海关手续的进境货物 | ◆ 国家禁止进境货物;<br>◆ 未经批准的影响公共安全、公共卫生或健康、公共道德或秩序的国家限制进境货物;<br>◆ 其他不得存入保税仓库的货物 |

2. 保税仓库的分类

保税仓库根据使用对象可分为公用型和自用型两种,如图6-1所示。

```
保税仓库 ─┬─ 公用型保税仓库 ◄── 由主营仓储业务的中国境内独立企业法
         │                    人经营，专门向社会提供保税仓储服务
         └─ 自用型保税仓库 ◄── 由特定的中国境内独立企业法人经营，
                              仅存储供本企业自用的保税货物
```

图 6-1　保税仓库的分类

### （二）保税仓库货物的报关

保税仓库货物的报关分为进仓报关、出仓报关和流转报关，见表 6-3。

表 6-3　　　　　　　保税仓库货物的进仓报关、出仓报关和流转报关

| 类别 | | 说　明 |
|---|---|---|
| 进仓报关 | 进口报关 | 保税仓库货物进境入仓，免领进口许可证件 |
| 出仓报关 | 进口报关 | 转为正式进口的同批货物需进行两次申报：一次办结出仓报关手续，进行出口申报（贸易方式为"保税间货物"1200）；一次按照实际进口监管方式办理进口申报手续 |
| | | 出仓用于加工贸易　　　　　　　　　　按加工贸易货物报关程序办理手续 |
| | | 出仓用于特定减免税　　　　　　　　　按特定减免税货物报关程序办理手续 |
| | | 出仓进入国内市场或者境内其他方面　　按一般进口货物报关程序办理手续 |
| | | 寄售维修零配件申请以保修期内免税出仓　　按无代价抵偿货物（贸易方式为3100）办理报关手续 |
| | 出口报关 | 企业向口岸海关办理出口报关手续，自行提取货物出仓 |
| | 集中报关 | 保税货物出库批量小、批次多的，经海关批准可以办理定期集中报关手续。企业当月出仓的货物应在次月前5个工作日内办理报关手续，且不得跨年度申报 |
| 流转报关 | | 保税仓库之间的流转应各自在仓库主管海关报关，先办理进口报关，再办理出口报关 |

## 二、出口监管仓库

### （一）出口监管仓库的分类与功能

#### 1. 出口监管仓库的分类

出口监管仓库分为出口配送型仓库和国内结转型仓库。出口配送型仓库是指存储以实际离境为目的的出口货物的仓库；国内结转型仓库是指存储用于国内结转的出口货物的仓库。

#### 2. 出口监管仓库的功能

出口监管仓库只有仓储的功能，主要用于存放出口货物。出口监管仓库存放货物的范围见表 6-4。

表 6-4　　　　　　　　出口监管仓库存放货物的范围

| 可以存入出口监管仓库的货物 | 禁止存入出口监管仓库的货物 |
|---|---|
| ◆ 一般贸易出口货物；<br>◆ 加工贸易出口货物；<br>◆ 从其他海关特殊监管区域、场所转入的出口货物；<br>◆ 其他已办结海关出口手续的货物；<br>◆ 出口配送型仓库可以存放为拼装出口货物而进仓的货物 | ◆ 国家禁止进出境货物；<br>◆ 未经批准的国家限制进出境货物；<br>◆ 海关规定不得存放的货物 |

## (二)出口监管仓库货物的报关

出口监管仓库货物的报关可分为进仓报关、出仓报关和结转报关。

**1. 进仓报关**

出口货物存入出口监管仓库时,发货人或其代理人向海关办理出口报关手续。

**2. 出仓报关**

出口监管仓库货物出仓包括出口报关和进口报关两种情况。

(1)出口报关

出口监管仓库货物出仓出境时,由仓库经营企业或其代理人向主管海关申报。

(2)进口报关

出口监管仓库货物转进口时,应当经海关批准,按照进口货物的有关规定办理相关手续。

**3. 结转报关**

经转入、转出方所在地主管海关批准,出口监管仓库之间以及出口监管仓库与保税区、出口加工区、保税物流园区、保税物流中心、保税仓库等海关特殊监管区域、专用监管场所之间可以进行货物流转。

# 6.4 保税物流中心货物的报关程序

## 新闻速递  宜昌三峡保税物流中心(B型)正式获批

2020年3月,国家海关总署、财政部、税务总局、外汇局联合发文正式批复同意设立宜昌三峡保税物流中心(B型)。宜昌三峡保税物流中心(B型)项目位于宜昌市猇亭工业园区,紧邻318国道、云池深水港、紫云姚铁路、三峡机场和沪渝高速公路,交通条件极为便利,是具备水运、公路、铁路、航空多式联运条件的现代化物流园区。宜昌三峡保税物流中心(B型)规划布置物流作业区、海关监管查验区、交易办公区和配套服务区,建设保税物流仓库、海关查验场、海关监管仓库、保税物流中心综合服务楼、卡口等生产服务设施。

宜昌三峡保税物流中心(B型)将成为宜昌新一轮对外开放开发的战略性平台。项目建成后,将以融合保税仓库和出口监管仓库的功能为基础,主要提供保税仓储、简单加工和增值服务、出口退税、国际物流配送、进出口贸易、国际中转和转口贸易、物流信息处理等服务,对加快现代物流体系建设,扩大宜昌市对外开发度,促进宜昌市及鄂西以及三峡地区外向型经济发展、增强区域经济竞争力、加快宜昌市建设特大城市步伐具有重要意义。

1. 保税物流中心设立条件有哪些?
2. 如何申请设立保税物流中心?
3. 保税物流货物具有哪些监管特征?

根据国家海关总署的规定,保税物流中心分A型和B型两种。保税物流中心(A型)是指经海关批准,由中国境内企业法人经营、专门从事保税仓储物流业务的海关监管场所;保税物流中心(B型)是指经海关批准,由中国境内一家企业法人经营,多家企业进入并从事保税仓储物流业务的海关集中监管场所。

## 一、保税物流中心的功能

保税物流中心的功能是保税仓库和出口监管仓库功能的叠加,既可以存放进口货物,也可以存放出口货物,还可以开展多项增值服务。

### (一)存放货物的范围

(1)国内出口货物。
(2)转口货物和国际中转货物。
(3)外商暂存货物。
(4)加工贸易进出口货物。
(5)供应国际航行船舶和航空器的物料、维修用零部件。
(6)供维修外国产品所进口寄售的零配件。
(7)未办结海关手续的一般贸易进口货物。
(8)经海关批准的其他未办结海关手续的货物。

### (二)开展业务的范围

保税物流中心的业务范围见表6-5。

表6-5　　　　　　　　　　保税物流中心的业务范围

| 可以开展的业务 | 禁止开展的业务 |
| --- | --- |
| ◆ 保税存储进出口货物及其他未办结海关手续的货物;<br>◆ 对所存货物开展流通性简单加工和增值服务;<br>◆ 全球采购和国际分拨、配送;<br>◆ 转口贸易和国际中转业务;<br>◆ 经海关批准的其他国际物流业务 | ◆ 商业零售;<br>◆ 生产和加工制造;<br>◆ 维修、翻新和拆解;<br>◆ 存储国家禁止进出口货物,以及危害公共安全、公共卫生或者健康、公共道德或者秩序的国家限制进出口货物;<br>◆ 存储法律、行政法规明确规定不能享受保税政策的货物;<br>◆ 其他与物流中心无关的业务 |

## 二、保税物流中心货物的报关

### (一)保税物流中心与境外之间的进出货物报关

(1)保税物流中心与境外之间进出的货物,应当在保税物流中心主管海关办理相关手续。保税物流中心与口岸不在同一主管海关的,经主管海关批准,可以在口岸海关办理相关手续。

(2)保税物流中心与境外之间进出的货物,除实行出口被动配额管理和中华人民共和国参加或者缔结的国际条约规定及国家另有明确规定的以外,不实行进出口配额、许可证件管理。

(3)从境外进入保税物流中心的货物,凡属于规定存放范围内的货物予以保税;属于保税物流中心企业进口自用的办公用品、交通运输工具、生活消费品等,以及保税物流中心开展综合物流服务所需进口的机器、装卸设备、管理设备等,按照进口货物的有关规定和税收政策办理相关手续。

(4)从保税物流中心运往境外的货物需进行出口申报,其报关流程与保税仓库、出口监管仓库出仓运往境外货物的报关流程相似。

### (二)保税物流中心与境内之间的进出货物报关

保税物流中心内货物运往所在关区外,或者跨越关区提取保税物流中心内货物,可以在保税物流中心主管海关办理进出中心的报关手续。保税物流中心与境内之间进出货物的报关规范见表6-6。

表6-6　　　　　　保税物流中心与境内之间进出货物的报关规范

| 流向 | | 报关规范 |
|---|---|---|
| 出中心 | 货物从保税物流中心进入境内的其他地区 | ◆ 视同进口,按照货物实际贸易方式和实际状态办理进口报关手续;具体流程与保税仓库出仓进口报关相似;<br>◆ 下列货物从保税物流中心进入境内时依法免征关税和进口环节海关代征税:<br>①用于在保修期限内免费维修有关外国产品并符合无代价抵偿货物有关规定的零部件;<br>②用于国际航行船舶和航空器的物料;<br>③属于国家规定可以免税的货物 |
| 进中心 | 货物从境内进入保税物流中心 | ◆ 视同出口,办理出口报关手续;<br>◆ 从境内运入保税物流中心的原进口货物,境内发货人应当向海关办理出口报关手续,经主管海关验放,已经缴纳的关税和进口环节海关代征税,不予退还;<br>◆ 海关准予签发用于办理出口退税的出口货物报关单证明联的货物有:<br>①从境内运入保税物流中心已办结报关手续的货物;<br>②从境内运入保税物流中心供中心内企业自用的国产机器设备、装卸设备、管理设备、检测检验设备等。<br>◆ 海关不予签发用于办理出口退税的出口货物报关单证明联的货物有:<br>①供保税物流中心企业自用的生活消费品、交通运输工具;<br>②供中心企业自用的进口的机器设备、装卸设备、管理设备、检测检验设备等;<br>③保税物流中心之间,保税物流中心与出口加工区、保税物流园区和已实行国内货物入仓环节出口退税政策的出口监管仓库等海关特殊监管区域或者海关保税监管场所往来的货物 |

## 6.5 保税物流园区货物的报关程序

**案例导入**　　　　　　　　　　　　　　　　　　　　　　　　保税物流园区内货物的流转

境外客户D向境内企业A购买一批货物,并将货物存放在广州保税物流园区内的某一仓库;境外客户D计划将该货物转卖给另一家境外公司B,但存放地点、委托仓储公司都不变更。请问:

1. 案例中境外客户D与另一家境外公司B的货物买卖需要向海关申报吗?
2. 若需要,需提供什么材料? 向哪个部门申报?

保税物流园区是指经国务院批准,在保税区规划面积内或者毗邻保税区的特定港区内设立的、专门发展现代国际物流的海关特殊监管区域。

### 一、保税物流园区的功能

保税物流园区的主要功能是保税物流,可以开展的业务包括:存储进出口货物及其他未办结海关手续的货物;对所存货物开展流通性简单加工和增值服务;国际转口贸易;国际采购、分销和配送;国际中转;检测、维修;商品展示等经海关批准的其他国际物流业务。

### 二、保税物流园区货物的报关

#### (一)保税物流园区与境外之间进出货物

海关对园区与境外之间进出货物,实行备案制管理,以进出境备案清单形式向海关申报。

### 1. 境外货物运入园区

除法律、行政法规另有规定外,境外运入园区的货物不实行许可证件管理。

从境外进入园区,海关予以办理免税、保税、一般进口货物的范围见表6-7。

表 6-7　　从境外进入保税物流园区的免税货物、保税货物、一般进口货物的范围

| 免税货物的范围 | 保税货物的范围 | 一般进口货物的范围 |
| --- | --- | --- |
| ◆ 园区的基础设施建设项目所需的设备、物资等;<br>◆ 园区企业为开展业务所需机器、装卸设备、仓储设施、管理设备及其维修用消耗品、零配件及工具;<br>◆ 园区行政机构及其经营主体、园区企业自用合理数量的办公用品 | ● 园区企业为开展业务所需的货物及其包装物料;<br>● 加工贸易进口货物;<br>● 转口贸易货物;<br>● 外商暂存货物;<br>● 供应国际航行船舶和航空器的物料、维修用零部件;<br>● 进口寄售货物;<br>● 进境检测、维修货物及其零配件;<br>● 看样订货的展览品、样品;<br>● 未办结海关手续的一般贸易货物;<br>● 经海关批准的其他进境货物 | 园区行政管理机构及其经营主体和园区企业从境外进口的自用交通运输工具、生活消费用品 |

### 2. 园区货物运往境外

从园区运往境外的货物,除法律、行政法规另有规定外,免征出口关税的,不实行许可证件管理。

## (二)保税物流园区与境内区外之间进出货物

### 1. 园区货物运往境内区外

园区货物运往境内区外,视同进口。园区企业或者区外收货人或其代理人按照进口货物的有关规定向园区主管海关申报,海关按照货物出园区时实际监管方式的有关规定办理。

### 2. 境内区外货物运入园区

(1)境内区外货物运入园区,视同出口,由区内企业或者区外的发货人或其代理人向园区主管海关办理出口申报手续。

(2)境内区外货物运入园区,除特殊情况外,海关予以签发"出口货物报关单退税证明联"。

## (三)保税物流园区与其他特殊监管区域、保税监管场所之间往来货物

海关对于园区与其他特殊监管区域、保税监管场所之间的往来货物,继续实行保税监管,不予签发"出口货物报关单退税证明联"。

**职场热线**

问:我公司是保税物流园区外的一家企业,想了解在保税物流园区内能否从事产品的包装替换工作,比如对塑料粒子进行分包罐装,然后直接出口境外或者国内销售?

答:根据相关规定,保税物流园区内企业可以对所存货物开展流通性简单加工和增值服务。因此,你企业可以在园区内设立企业,也可以委托园区内企业直接从国外进口包装后再出口,园区外企业支付园区内企业相关代理费用。

## 6.6 保税区货物的报关程序

**案例导入**                                 **保税区的功能**

深圳某加工贸易企业出口一批机器到法国，一年后客户发现有的产品质量出现问题，要求退回维修。但由于该批货物出口已经超过一年，机器的退回维修不能按退运货物监管方式申报，企业只得先选择一般贸易或进出境修理的监管方式进行申报，机器维修合格后再出口到国外。

作为企业报关人员还有其他更便捷的方案解决该问题吗？

保税区是指经国务院批准在中华人民共和国境内设立的由海关进行监管的特定区域。保税区具有出口加工、转口贸易、商品展示、仓储运输等功能。

### 一、保税区的管理

(1) 从非保税区进入保税区的货物，按照出口货物办理手续，出口退税必须在货物实际报关离境后才能办理。

(2) 保税区企业开展加工贸易，进口易制毒化学品、监控化学品、消耗臭氧层物质要提供进口许可证；生产激光光盘，进口国家限制进口的可用作原料的废物并对其加工、拆解需要主管部门批准外，其他加工贸易料件进口免交验许可证件。

(3) 保税区内企业开展加工贸易，不实行银行保证金台账制度。

(4) 区内加工企业加工的制成品及其在加工过程中产生的边角余料运往境外时，应当按照国家有关规定向海关办理手续，除法律、行政法规另有规定外，免征出口关税。

(5) 区内加工企业将区内加工贸易料件及制成品以及在加工过程中产生的副产品、残次品、边角料运往非保税区时，应当依照国家有关规定向海关办理进口报关手续，并依法纳税，免交付缓税利息。

### 二、保税区货物的报关

保税区货物的报关分为进出境报关和进出区报关。

#### (一) 进出境报关

(1) 进出境报关采用报关制与备案制相结合的运行机制。属自用的货物，采用报关制，以进出口报关单的形式申报；属非自用的货物，包括加工出口、转口、仓储和展示，采用备案制，以进出境货物备案清单形式申报。

(2) 保税区与境外之间的进出货物，除易制毒化学品、监控化学品、消耗臭氧层物质等国家规定的特殊物质外，不实行进出口许可证件管理，免予交验许可证件。

(3) 为保税加工、保税仓储、转口贸易、展示而从境外进入保税区的货物可以保税。

#### (二) 进出区报关

保税区进出区货物报关规范见表6-8。

表 6-8　　　　　　　　　　保税区进出区货物报关规范

| 货物分类 | | | 报关规范 |
|---|---|---|---|
| 进出区加工 | 保税加工货物 | 进区 | 报出口,要有电子手册或电子账册编号,填制出口报关单,提供有关许可证件,缴纳应征出口关税,海关不签发"出口货物报关单退税证明联" |
| | | 出区 | 报进口,根据货物不同流向填制不同的进口报关单 |
| | 进出区外发加工（需经主管海关核准） | 进区外发加工 | 凭外发加工合同向保税区海关备案,加工出区后核销,不填制进出口货物报关单,不缴纳税费 |
| | | 出区外发加工 | 由区外加工企业向其所在地海关办理加工贸易备案,建立电子手册或电子账册,需设立银行保证金台账的应当设立台账,加工期限最长为 6 个月,经海关批准可以延长 6 个月;备案后按保税加工货物出区报关 |
| | 设备进出区（施工或投资设备） | 进出区 | 向保税区海关备案,设备进区不必填制报关单,不缴纳出口税,海关不签发"出口货物报关单退税证明联";设备退出区外,也不必填制报关单,但报保税区海关销案 |

# 6.7　保税港区货物的报关程序

**案例导入**　　践行"一带一路"合作倡议　支持巴基斯坦飞机换代

某年第一季度,在天津东疆保税港区注册成立的新丝路(天津)租赁有限公司与巴基斯坦宁静航空(Serene Air)合作完成 3 架离岸飞机租赁业务,用实际行动落实国家"一带一路"合作倡议,发挥产业优势,支持沿线国家航空产业发展。东疆保税港区将进一步整合优势资源,配合企业规划,支持租赁企业开展飞机离岸租赁业务。

保税港区可以开展哪些业务?

保税港区是指经国务院批准,设立在国家对外开放的口岸港区和与之相连的特定区域内,具有口岸、物流、加工等功能的海关特殊监管区域。

保税港区具备保税加工、保税物流功能,可以开展的业务包括:存储进出口货物和其他未办结海关手续的货物;国际转口贸易;国际采购、分销和配送;国际中转;检测和售后服务维修;商品展示;研发、加工、制造;港口作业和经海关批准的其他业务。

## 一、保税港区的管理

(1)保税港区享受的税收政策有:国外货物入港区保税;货物出港区进入国内销售按货物进口的有关规定办理报关手续,并按货物实际状态征税;国内货物入港区视同出口,实行退税;港区内企业之间的货物交易不征增值税和消费税。

(2)申请在保税港区内开展维修业务的企业应具有企业法人资格,并在保税港区主管海关登记备案;区内企业所开展的维修业务仅限于我国出口的机电产品的售后维修;维修后的产品、更换的零配件及维修过程中产生的物料应复运出境。

(3)保税港区内货物可以自由流转;区内企业转让、转移货物的,双方企业应及时向海关报送电子数据信息。

(4)保税港区货物不设存储期限,但存储期限超过 2 年的,区内企业应每年向海关备案。

(5)区内企业不实行加工贸易银行保证金台账,海关对保税港区内加工贸易货物不实行单耗标准管理。区内企业自开展业务之日起,定期向海关报送货物进、出、存情况。

## 二、保税港区货物的报关

### (一)保税港区与境外之间

保税港区与境外之间进出的货物实行备案制管理,从境外进入保税港区的货物予以保税,以进出境货物备案清单形式申报。

保税港区与境外之间进出的货物,除法律、行政法规和规章另有规定外,不实行进出口配额、许可证件管理。

(1)从境外进入保税港区,海关免征进口关税和进口环节海关代征税的货物包括:

①区内生产性的基础设施建设项目所需的机器、设备和建设生产厂房、仓储、设施所需的基建物资。

②区内企业生产所需的机器、设备、模具及其维修用零配件。

③区内企业和行政管理机构自用合理数量的办公用品,但交通运输工具、生活消费用品除外。

(2)从保税港区运往境外的货物免征出口关税。

### (二)保税港区与境内区外非特殊监管区域或场所之间

保税港区与境内区外非特殊监管区域或场所之间进出货物的报关,可细分为5种出区情形和1种进区情形,其报关规范见表6-9。

表6-9　保税港区与境内区外非特殊监管区域或场所之间进出货物的报关规范

| 类别 | | | 报关规范 |
|---|---|---|---|
| 出区 | 一般贸易货物 | | 按一般进口货物报关;如果属于优惠贸易协定项下的或符合保税、特定减免税条件的,可按相应的报关程序办理海关手续 |
| | 加工贸易货物 | 加工贸易成品及残次品、副产品 | 一般进口货物报关;按内销时的实际状态征税,提交许可证件 |
| | | 边角料、废品及加工生产、储存、运输等过程中的包装物料 | 一般进口货物报关;按出区时的实际状态征税,豁免许可证件 |
| | | 深加工结转 | 与出口加工区相同 |
| | 展示 | | 比照暂准进境货物的管理规定办理有关手续 |
| | 检测、维修 | | 与出口加工区相同(60日内运回) |
| | 外发加工 | | 与出口加工区相同(6个月内运回) |
| 进区 | 视同出口,签发用于出口退税的"出口货物报关单退税证明联"(除取消出口退税的基建物资、原进口货物、设备等除外) | | |

> **知识链接**
> 
> ### 综合保税区——海关特殊监管区域的整合
> 
> 综合保税区是设立在内陆地区的具有保税港区功能的海关特殊监管区域,执行保税港区的税收和外汇政策,集保税区、出口加工区、保税物流园区和港口的功能于一身,可以开展国际中转、配送、采购、转口贸易和出口加工等业务。
> 
> 国务院办公厅在2015年9月6日印发的《加快海关特殊监管区域整合优化方案》中提

出，将全面系统地部署海关特殊监管区域整合优化和创新升级，推进海关特殊监管区域整合、优化，将现有出口加工区、保税物流园区、跨境工业区、保税港区及符合条件的保税区一并整合为综合保税区。

## 6.8 保税物流货物报关单的填制

**案例导入** 　　　　　　　　　　　　　　　　　　　　　福田保税区提供的贸易便利

中国台湾A电脑销售公司分别从广州、深圳、中山、东莞等六家加工贸易企业购买电脑机箱、显示器、键盘等电脑组件，然后装配、包装为整机后出口到美国。以前上述六家企业生产的产品都是分别出口至我国香港，由中国台湾A电脑销售公司完成组装后再运抵美国，因为这样六家企业才能核销加工贸易手册。后来该公司将这六家企业的产品全部运抵福田保税区，在保税区内进行装配、包装，再以整机出口至美国，这样大大降低了成本，同时也解决了企业加工贸易手册核销的问题。

1. 六家企业的产品出售给中国台湾A电脑销售公司时，应该按照什么监管方式向海关申报？
2. 中国台湾A电脑销售公司出口电脑整机时，应该按照什么监管方式向海关申报？

保税物流货物报关单、备案清单的填制规范很多情况下与一般进出口货物、保税加工货物相同，只有少数栏目存在差异，涉及的相关代码表详见"学习情境4　一般进出口货物的报关"中进出口货物报关单填制的内容。

### 一、保税物流货物报关单的填制要求

（一）境内收/发货人

海关特殊监管区域收发货人填报该货物的实际经营单位或海关特殊监管区域内经营企业。

（二）进/出境关别

在不同海关特殊监管区域或保税监管场所之间调拨、转让的货物，填报对方海关特殊监管区域或保税监管场所所在的海关名称及代码。

（三）备案号

本栏目填报进出口货物收发货人、消费使用单位、生产销售单位在海关办理的海关特殊监管区域和保税监管场所保税账册或其他备案审批文件的编号。一份报关单只允许填报一个备案号。

（四）运输方式

无实际进出境货物在境内流转时的填报要求如下：
(1) 境内非保税区运入保税区货物和保税区退区货物，填报"非保税区"（代码0）。
(2) 保税区运往境内非保税区货物，填报"保税区"（代码7）。

(3)境内存入出口监管仓库和出口监管仓库退仓货物,填报"监管仓库"(代码 1)。

(4)保税仓库转内销货物或转加工贸易货物,填报"保税仓库"(代码 8)。

(5)从境内保税物流中心外运入中心或从中心运往境内中心外的货物,填报"物流中心"(代码 W)。

(6)从境内保税物流园区外运入园区或从园区内运往境内园区外的货物,填报"物流园区"(代码 X)。

(7)保税港区、综合保税区与境内(区外)(非海关特殊监管区域、保税监管场所)之间进出的货物,填报"保税港区/综合保税区"(代码 Y)。

(8)出口加工区、珠澳跨境工业区(珠海园区)、中哈霍尔果斯边境合作中心(中方配套区)与境内(区外)(非海关特殊监管区域、保税监管场所)之间进出的货物,填报"出口加工区"(代码 Z)。

(9)境内运入深港西部通道港方口岸区的货物以及境内进出中哈霍尔果斯边境合作中心中方区域的货物,填报"边境特殊海关作业区"(代码 H)。

(10)经横琴新区和平潭综合实验区(以下简称综合实验区)二线指定申报通道运往境内区外或从境内经二线指定申报通道进入综合实验区的货物,以及综合实验区内选择性征收关税申报的货物,填报"综合实验区"(代码 T)。

(11)海关特殊监管区域内的流转、调拨货物,海关特殊监管区域、保税监管场所之间的流转货物,海关特殊监管区域与境内区外之间进出的货物,海关特殊监管区域外的加工贸易余料结转、深加工结转、内销货物,以及其他境内流转货物,填报"其他运输"(代码 9)。

(五)消费使用单位/生产销售单位

保税监管场所与境外之间的进出境货物,消费使用单位/生产销售单位填报保税监管场所的名称[保税物流中心(B型)填报中心内企业名称]。

海关特殊监管区域的消费使用单位/生产销售单位填报区域内经营企业("加工单位"或"仓库")。

(六)监管方式

监管方式是以国际贸易中进出口货物的交易方式为基础,结合海关对进出口货物的征税、统计及监管条件综合设定的海关对进出口货物的管理方式。本栏目根据实际对外贸易情况,按海关规定的《监管方式代码表》选择填报相应的监管方式简称及代码。保税物流货物涉及的监管方式及代码见表 6-10。一份报关单只允许填报一种监管方式。

表 6-10　　　　　　　　　　保税物流货物涉及的监管方式及代码

| 监管方式代码 | 监管方式简称 | 监管方式全称 |
| --- | --- | --- |
| 1200 | 保税间货物 | 海关保税场所及保税区域之间往来的货物 |
| 1210 | 保税电商 | 保税跨境贸易电子商务 |
| 1233 | 保税仓库货物 | 保税仓库进出境货物 |
| 1239 | 保税电商A | 保税跨境贸易电子商务A |
| 5000 | 料件进出区 | 料件进出海关特殊监管区域 |
| 5014 | 区内来料加工 | 海关特殊监管区域与境外之间进出的来料加工货物 |
| 5015 | 区内进料加工货物 | 海关特殊监管区域与境外之间进出的进料加工货物 |

续表

| 监管方式代码 | 监管方式简称 | 监管方式全称 |
| --- | --- | --- |
| 5033 | 区内仓储货物 | 加工区内仓储企业从境外进口的货物 |
| 5034 | 区内物流货物 | 海关特殊监管区域与境外之间进出的物流货物 |
| 5100 | 成品进出区 | 成品进出海关特殊监管区域 |
| 5200 | 区内边角调出 | 用于区内外非实际进出境货物 |
| 5300 | 设备进出区 | 设备及物资进出海关特殊监管区域 |
| 5335 | 境外设备进区 | 海关特殊监管区域从境外进口的设备及物资 |
| 6033 | 物流中心进出境货物 | 保税物流中心与境外之间进出仓储货物 |

### (七)启运港

货物从海关特殊监管区域或保税监管场所运至境内外的,填报《港口代码表》中相应海关特殊监管区域或保税监管场所的名称及代码,未在《港口代码表》中列明的,填报"未列出的特殊监管区"及代码。

其他无实际进境的货物,填报"中国境内"及代码。

### (八)入境口岸/离境口岸

本栏目按海关规定的《国内口岸代码表》选择填报相应的境内口岸名称及代码。从海关特殊监管区域或保税监管场所进境/离境的,填报海关特殊监管区域或保税监管场所的中文名称及代码。其他无实际进境的货物,填报货物所在地的城市名称及代码。

### (九)标记唛码及备注

本栏目填报要求如下:

(1)填报标记唛码中除图形以外的文字、数字,无标记唛码的填报"N/M"。

(2)与本报关单有关联关系的,同时在业务管理规范方面又要求填报的备案号,填报在电子数据报关单中"关联备案"栏。如保税间流转货物、加工贸易结转货物及凭"征免税证明"转内销货物,其对应的备案号填报在"关联备案"栏。

(3)与本报关单有关联关系的,同时在业务管理规范方面又要求填报的报关单号,填报在电子数据报关单中"关联报关单"栏。如保税间流转、加工贸易结转类的报关单,应先办理进口报关,并将进口报关单号填入出口报关单的"关联报关单"栏。

(4)保税监管场所进出货物,在"保税/监管场所"栏填报本保税监管场所编码[保税物流中心(B型)填报本中心的国内地区代码],其中涉及货物在保税监管场所间流转的,在本栏填报对方保税监管场所代码。

(5)已经在进入特殊监管区时完成检验的货物,在出区入境申报时,填报"预检验"字样,同时在"关联报检单"栏填报实施预检验的报关单号。

(6)货物自境外进入境内特殊监管区或者保税仓库的,填报"保税入库"或者"境外入区"字样。

(7)海关特殊监管区域与境内区外之间采用分送集报方式进出的货物,填报"分送集报"字样。

(8)申报时其他必须说明的事项。

### (十)境内目的地/境内货源地

海关特殊监管区域、保税物流中心(B型)与境外之间的进出境货物,境内目的地/境内货源地填报本海关特殊监管区域、保税物流中心(B型)所对应的国内地区。

本栏目按海关规定的《国内地区代码表》选择填报相应的国内地区名称及代码。境内目的地还需根据《中华人民共和国行政区划代码表》选择填报其对应的县级行政区名称及代码。无下属县级行政区的,可选择填报地市级行政区。

## 二、申报方式

### (一)中国国际贸易单一窗口申报方式

在浏览器中搜索"中国电子口岸",进入中国电子口岸官网,单击右下角的"中国国际贸易单一窗口",然后单击"标准版应用",进入如图 6-2 所示的界面,单击"加工贸易",选择相应菜单进行报关单数据录入即可。

### (二)"互联网＋海关"申报方式

(1)在浏览器中搜索"中国电子口岸",进入中国电子口岸官网,单击右下角的"互联网＋海关",进入如图 6-3 所示的界面。

图 6-2 中国国际贸易单一窗口加工贸易界面

(2)单击"加贸保税",选择相关菜单进行报关单数据录入,如图 6-4 所示。

图 6-3 互联网＋海关界面

图 6-4 加贸保税界面

微课：海关特殊监管区域内企业与单一窗口"两步申报"

## 基础知识 >>>

一、单项选择题

1. 一批转口的货物于 2019 年 6 月 1 日进入某保税仓库储存,到 2020 年 5 月底因故没有出库,经海关批准延期 3 个月,但到期仍未出库。按规定海关对这批货物可以提取依法变卖的时间为( )。
   A. 2020 年 8 月底以后
   B. 2020 年 11 月底以后
   C. 2020 年 5 月底以后
   D. 2020 年 12 月底以后

2. 下列货物中,不得存入保税仓库的是( )。
   A. 国家禁止进境货物
   B. 进境转口货物
   C. 供应国际航行船舶的进口油料
   D. 外商进境暂存货物

3. 海关特殊监管区域外的保税仓库经营企业( )。
   A. 可以自理报关,不能代理报关
   B. 既可以自理报关,也可以代理报关
   C. 可以代理报关,不能自理报关
   D. 既不可以自理报关,也不可以代理报关

4. 从境内运入物流中心的原进口货物,应当( )。
   A. 办理出口报关手续,退还原进口税
   B. 办理出口报关手续,不退原进口税
   C. 办理进口报关手续,退还原进口税
   D. 办理进口报关手续,不退原进口税

5. 以下关于保税区与境外之间进出货物的报关制度,正确的表述是( )。
   A. 保税区与境外之间进出境货物采取报关制
   B. 保税区与境外之间进出境货物采取备案制
   C. 保税区与境外之间进出境货物,属自用的,采取备案制;属非自用的,采取报关制
   D. 保税区与境外之间进出境货物,属自用的,采取报关制;属非自用的,采取备案制

6. 保税物流中心经营企业应自海关总署出具批准文件之日起( )内向海关总署申请验收,验收合格后方可开展业务。
   A. 6 个月
   B. 1 年
   C. 2 年
   D. 3 年

二、多项选择题

1. 海关对保税物流货物监管的基本特征,除监管延伸、纳税暂缓外,还有( )。
   A. 设立审批
   B. 准入保税
   C. 复运出境
   D. 运离结关

2. 下列关于海关专用监管场所或特殊监管区域保税物流货物存放时间的表述,正确的是( )。
   A. 保税仓库存放保税物流货物的时间是 1 年,可以申请延长,延长最长 1 年
   B. 出口监管仓库存放保税物流货物的时间是 6 个月,可以申请延长,延长最长 6 个月
   C. 保税物流中心存放保税物流货物的时间是 1 年,可以申请延长,延长最长 1 年
   D. 保税物流园区存放保税物流货物的时间是 2 年,可以申请延长,延长最长 1 年

3. 保税区进境的(　　)，使用进出境货物备案清单报关。
A. 加工贸易料件　　　B. 加工贸易设备　　　C. 转口贸易货物　　　D. 仓储货物
4. 保税港区可以开展的业务包括(　　)。
A. 对外贸易，国际采购、分销和配送　　　B. 商品加工、制造
C. 商品展示与商业零售　　　　　　　　　D. 港口作业

三、判断题

(　　)1. 保税物流货物进境时暂缓缴纳进口关税及进口环节海关代征税，复运出境免税，内销应当缴纳进口关税和进口环节海关代征税，不征收缓税利息。

(　　)2. 企业设立保税仓库应向仓库所在地主管海关提交书面申请，主管海关报直属海关审批，直属海关批准设立保税仓库后报海关总署备案。

(　　)3. 自境内区外运入保税物流园区的货物，都予以签发"出口货物报关单退税证明联"。

(　　)4. 保税港区与境外之间进出的货物实行备案制管理，从境外进入保税港区的货物予以保税，以进出境货物备案清单形式申报。

(　　)5. 保税区与境外之间进出的货物，除易制毒化学品、监控化学品、消耗臭氧层物质等国家规定的特殊物质外，不实行进出口许可证件管理，免予交验许可证件。

**操作技能** >>>

山西忻州A公司从我国香港购进原产于韩国的二醋酸纤维丝束10吨，成交价为CIF新港USD5 000/吨。装载该批货物的货轮于2月15日向天津新港口岸申报进境，该公司委托天津B货代公司向天津新港海关办理了该批货物的报关手续，货物于2月18日运抵忻州，经海关验放存入忻州C保税仓库。2月28日，A公司经海关批准提取该批货物出库，以每吨40 000元的价格售予D公司用于生产内销商品。

1. 如何办理该批货物的入仓手续？
2. 如何办理该批货物的出仓手续？

## 学习情境 7

# 减免税货物的报关

**学习目标**

知识目标：掌握减免税货物的范围及报关要点。

技能目标：能够独立完成减免税货物的报关操作。

素质目标：通过了解海关对不同减免税货物的监管方式及报关要点，学习国际援助主义及爱国主义精神。

**知识准备** >>>

## 7.1 认知减免税货物

**案例导入** 　　　　　　　　　　　　　　法定减免税货物的识别

四川雅安地震后，外国某知名企业向我国无偿捐赠一批医疗器械；同时，俄罗斯政府赠送的救援物资也陆续运抵。请问：

这两批无偿援助的救灾物资都是法定减免税货物吗？

微课：了解减免税货物

进出口税收减免是海关按照国家政策、《海关法》和其他有关法律、行政法规的规定，对进出口货物的关税和进口环节海关代征税给予减征或免征。关税减免可分为法定减免税、特定减免税和临时减免税三类。

特定减免税和临时减免税都属于政策性减免税。政策性减免税进口货物的特点包括：纳税义务人在货物进口前办理减免税审批手续；货物放行后在其监管年限内接受海关监管，未经海关核准并补缴关税，不得移作他用；经海关批准，可以在两个享受同等税收优惠待遇的单位之间转让，无须补税。

## 一、法定减免税

法定减免税是依照相关法律、行政法规的规定,进出口货物享受的减免关税优惠。法定减免税货物一般无须办理减免税审批手续,海关对其也不进行后续监管。下列进出口货物、进出境物品减征或免征关税:

(1)一票货物关税税额、进口环节增值税或消费税税额在人民币50元以下。
(2)无商业价值的货样和广告品。
(3)外国政府、国际组织无偿赠送的物资。
(4)在海关放行前遭受损坏或者损失的货物。
(5)进出境运输工具装载的途中必需的燃料、物料和饮食用品。
(6)中华人民共和国缔结或者参加的国际条约规定减征、免征关税的货物、物品。
(7)法律规定减征、免征关税的其他货物、物品。

## 二、特定减免税

特定减免税是指海关根据国家规定,对特定地区、特定用途和特定企业给予的减免关税和进口环节海关代征税的优惠。

特定地区是指我国关境内由行政法规规定的某一特别限定区域,享受减免税优惠的进口货物只能在这一特别限定的区域内使用。例如,保税区、出口加工区等海关特殊监管区域内生产性的基础设施建设项目所需的机器设备可以享受免税待遇。

特定用途是指国家规定可以享受减免税优惠的进口货物只能用于行政法规专门规定的用途。

特定企业是指由国务院制定的行政法规专门规定的企业,享受减免税优惠的进口货物只能由这些专门规定的企业使用。例如,外商投资企业在投资总额内进口的企业自用的投资设备可以享受免税待遇。

目前实施特定减免税的项目主要有:外商投资项目投资额度内进口自用设备、外商投资企业自有资金项目、国内投资项目进口自用设备、贷款项目进口物资、重大技术装备、特定区域物资、科教用品、科技开发用品、无偿援助项目进口物资、救灾捐赠物资、扶贫慈善捐赠物资、残疾人专用品、集成电路项目进口物资、海上石油和陆上石油项目进口物资、远洋渔业项目进口自捕水产品等。

## 三、临时减免税

临时减免税是国务院根据某个单位、某类商品、某个时期或某批货物的特殊情况和需要,给予特别的临时性减免税优惠。如因地震、洪水、重大疫情等灾后重建,进口国内不能供应的大宗物资、设备等,在规定期限内免征进口关税和进口环节增值税。

**要点提示** >>>

## 7.2 特定减免税货物的监管

**案例导入**　　　　　　　　　　　　　　　　　　　**特定减免税货物的转让**

外商投资企业 A 公司在我国东部地区进行飞机制造项目的投资,经海关审定该项目的减免税额度为 7 000 万元。该公司进口一套价值为 500 万元的飞机制造设备,三年后,经海关批准,按折旧价格(300 万元)转让给同样享受减免税待遇的 B 公司(该公司的减免税额度为 5 000 万元),并办理了相关的转让手续。

1. 飞机制造设备转让后,A 公司、B 公司的减免税额度各为多少?
2. 海关对该套设备的监管年限为多长时间?

特定减免税货物在海关监管年限内,减免税申请人应当按照海关规定保管、使用进口特定减免税货物,并依法接受海关监管。

### 一、特定减免税货物的监管年限

减免税申请人可自行或委托取得报关注册登记证书的报关企业或进出口货物收发货人向海关申请办理减免税备案、审批、税款担保和后续管理业务等相关手续。

进口减免税货物的监管年限:船舶、飞机为 8 年;机动车辆为 6 年;其他货物为 5 年。

### 二、申请先予办理货物放行的情形

减免税申请人在下列情形下可以向海关申请先予办理货物放行,但进出口限制类货物不能提供许可证件的,不得办理凭税款担保放行手续:

(1)主管海关已经受理减免税备案或审批申请,尚未办理完毕。

(2)有关进口税收优惠政策国务院已批准,具体实施措施尚未明确,海关总署已确认减免税申请人属于享受该政策范围。

(3)其他经海关总署核准的情况。

### 三、特定减免税货物的使用

在海关监管年限内,减免税申请人应当自进口减免税货物放行之日起,在每年的第一季度向海关报告减免税货物使用状况。在海关监管年限及其后 3 年内,海关可依法实施稽查。

在海关监管年限内,减免税申请人将进口减免税货物转让给享受同等减免税待遇的其他单位,不予恢复减免税货物转出申请人的减免税额度,转入申请人的减免税额度按结转状态予以扣减。

减免税货物由于转让或者其他原因需要补征税款的,补税的完税价格以海关审定的货物原进口时的价格为基础,按照减免税货物已进口时间与监管年限的比例进行折旧。其计

算公式为

补税的完税价格＝海关审定的货物原进口时的价格×$(1-\frac{减免税货物已进口时间}{监管年限\times 12})$

减免税货物已进口时间自减免税货物放行之日起按月计算。不足 1 个月但超过 15 日的按 1 个月计算；未超过 15 日的，不予计算。

**操作导航 >>>**

## 7.3 特定减免税货物的报关程序

**案例导入**                                   特定减免税设备的困境

某年 5 月，河北 A 公司免税进口法国产检测设备一套，报关价格为 70 万欧元。三年后因经营不善，A 公司无法正常生产。为避免设备闲置，A 公司将包括免税进口设备在内的绝大部分设备租赁给 B 公司。年底海关对 A 公司进行专项稽查时，发现了租赁合同，随即对此进行行政立案。A 公司法律顾问告诉公司总经理老张：企业涉嫌违规，海关根据相关条例可能对企业处以货物价值 5% 以上 30% 以下的罚款，并没收违法所得，同时租赁合同必须终止。老张惊得一下子说不出话来：这样一个减少损失的应急措施怎么会引来这么大的麻烦？

与此同时，海关又发现 A 公司还曾将此减免税设备作为抵押，向某农业银行贷款人民币 220 万元。公司法律顾问对此判断：公司擅自抵押减免税设备的行为同样涉嫌违规，故亦需按照《中华人民共和国海关行政处罚实施条例》的罚则进行处罚。老张闻之顿时万念俱灰，看来这次公司在劫难逃了！这究竟是为什么？

A 公司的哪些经营行为违反了海关监管规定？

特定减免税货物的报关一般分为减免税备案和审批、进口报关和后续处置三个阶段。

### 一、减免税备案和审批

减免税申请人可向所在地海关申请办理减免税备案和审批手续。

（一）减免税备案

1. 海关现场备案申请

减免税申请人首先到海关现场进行减免税货物备案申请，提交资料如下：

(1) 进出口货物减免税备案申请表（表 7-1）。
(2) 项目介绍。
(3) 产品情况介绍。
(4) 进出口合同、发票、装箱单及货物的相关情况资料。

微课：特定减免税货物的报关

表 7-1　　　　　　　　　　进出口货物减免税备案申请表

| 项目统一编号 | | | 项目名称 | |
|---|---|---|---|---|
| 海关注册编码 | | | 企业名称 | |
| 企业种类/代码 | | | 合营外方 | |
| 外方国别/代码 | | 投资比例 | 合同协议号 | |
| 征免性质/代码 | | | 项目批文号 | |
| 立项日期 | | 开始日期 | 结束日期 | |
| 审批部门/代码 | | | 项目性质/代码 | |
| 项目产业政策审批条目/代码 | | | | |
| 投资总额 | | | 投资总额币制/代码 | |
| 用汇额度(美元) | | | 减免税额度(美元) | |
| 减免税额度(数量) | | | 计量单位 | |
| 减免税申请人所在地 | | | 减免税申请人签章 | |
| 联系人及电话 | | | | 年　月　日 |
| 备注 | | | | |

## 2. 单一窗口录入

海关对申请人的纸质备案申请进行确认后，申请人要在中国国际贸易单一窗口→"货物申报"→"减免税"→"减免税申请"界面录入电子数据（图 7-1），提交合同、发票、装箱单、项目介绍、产品情况说明等资料。海关对减免税申请人的资格或投资项目等情况进行确认。

图 7-1　单一窗口进出口货物减免税申请界面

（二）减免税审批

减免税备案后，货物申报进境前，减免税申请人应当向主管海关提交以下纸质资料申请办理进口货物减免税审批手续：

(1)海关进出口货物征免税证明申请表(减免税备案申请后系统自动生成,见表7-2);

表 7-2　　　　　　　　海关进出口货物征免税证明申请表

## 海关进出口货物征免税证明申请表

核对单

有备案无清单/2　　　　进口/I　　　　　　　征免税申请表编号:Z04022000064

| 暂存单编号 | Z00000000104929674 | 数据中心统一编号 | | 000000000019449667 | |
|---|---|---|---|---|---|
| 减免税申请人海关注册编码 | | 减免税申请人名称 | ××大学 | 征免性质 | 高等学校/902 |
| 项目备案编号 | 040220179022800 | / | | 有效日期 | 2020/09/17 |
| 主管单位名称 | | 物资确认表编号 | | 确认表有效期 | |
| 项目主管部门代码 | | 许可证编号 | | | |
| 收发货人名称/海关注册编码 | 秦皇岛××贸易有限公司/1303××1061 | 合同号 | | YSU191208-5 | |
| 项目性质 | | 政策依据 | | 财关税〔2016〕70号 | |
| 进(出)口岸 | 京机场关 | 货物是否已向海关申报进口 | 否 | 申请形式 | 有纸 |
| 是否按规定递交《减免税货物使用状况报告书》 | | 需要递交,暂未递交 | | | |
| 备注 | 清单二(三)5.用途:通过电离产生的氯离子束对半导体集成电路、芯片、器件等样品进行测试前的精密干法刻蚀加工(不含计算机及外设) | | | | |

| 序号 | 税则号 | 商品名称/规格型号 | 数量/单位 | 总价/币制 | 产销国/地区 | 征免意见 |
|---|---|---|---|---|---|---|
| 1 | 84862041/00 | 微束定点离子刻蚀仪/\|\|\|\|\|1040 | 1套<br>1台<br>200千克 | ×××<br>美元 | 美国 | 全免 |

一审意见:

二审意见:

三审意见:

申报单位签章:

(2)企业营业执照、组织机构代码证书、国家机关设立文件等证明材料；

(3)进出口合同、发票及货物的相关情况资料；

(4)相关政策规定的享受进出口税收优惠政策资格的证明材料；

(5)海关认为需要提供的其他材料。

海关收到减免税审批申请后，经审核符合相关规定的，做出申请人所申请货物征税、减税或免税的决定，并签发"中华人民共和国海关进出口货物征免税证明"(以下简称"征免税证明")，如图7-2所示。

中 华 人 民 共 和 国 海 关

进 出 口 货 物 征 免 税 证 明

第 1 页　共 1 页　　　　　　　　　　　　　　　　　　　　　编号：Z0402200006

| 减免税申请人： | | | 征免性质/代码：高等学校 | | | | 审批依据：财关税〔2016〕70号 | | |
|---|---|---|---|---|---|---|---|---|---|
| 发证日期： | 2020年03月17日 | | 有效期： | | 至 | | 2020年09月17日止 | | |
| 到货口岸：首都机场海关 | | | 合同号：YSU191208-5 | | | | 项目性质： | | |
| 序号 | 货名 | 规格 | 税号 | 数量 | 单位 | 金额 | 币制 | 主管海关审批征免意见 | | |
| | | | | | | | | 关税 | 增值税 | 其他 |
| 1 | 微束定点离子刻蚀仪//////1040 | | 848×××4100 | 1.00 | 套 | ××× | USD | 全免 | 全免 | |
| 2 | <以下空白> | | | | | | | | | |
| 3 | | | | | | | | | | |
| 4 | | | | | | | | | | |
| 5 | | | | | | | | | | |
| 备注 | 清单二(三)5.用途：通过电离产生的氯离子束对半导体集成电路、芯片、器件等样品进行测试前的精密干法刻蚀加工(不含计算机及外设) | | | | | | | | | |
| 审批海关签章： 负责人： 　年　月　日 | | 核放海关批注： 负责人： 　年　月　日 | | | 注意事项及权利义务提示： 　1.本证明使用一次有效。如同一合同项下货物分口岸进口或分批到货的，应向审批海关申明，并按到货口岸、到货日期分别申请此证明。 　2.货物进口时应向海关交验本证明，复印件无效。 　3.本证明有效期应按照具体政策规定填写，但不得超过半年；如需延期，应在有效期内向原审批海关提出延期申请。 　4.规定由海关监管使用的减免税货物，在海关监管年限内，减免税申请人应按照特定用途、特定企业、特定地区使用；未经海关许可，不得擅自转让、抵押、质押、移作他用或者进行其他处置，否则，海关将依法处理。 　5.如不服本证明决定，依照《中华人民共和国行政复议法》第九条、第十二条、第十六条，《中华人民共和国海关法》第六十四条之规定，可以在本证明送达之日起六十日内向上一级海关(海关总署)申请行政复议，对复议决定仍不服的，依照《中华人民共和国行政诉讼法》第三十八条第二款之规定，可以自收到复议决定书之日起十五日内，向人民法院提起诉讼。 | | | | | |

图 7-2　"中华人民共和国海关进出口货物征免税证明"

"征免税证明"的有效期为6个月，如情况特殊，可以向海关申请延长，延长的最长期限为6个月，实行"一批一证""一证一关"制度。

## 二、进口报关

与一般进口货物报关有所不同，特定减免税货物进口报关时，进口货物报关单的"备案号"栏填写"征免税证明"上的编号；进口货物收货人或其代理人除了向海关提交报关单电子数据及随附单证以外，还应当向海关提交"征免税证明"。

## 三、后续处置

特定减免税货物海关监管年限届满的自动解除监管。在海关监管年限内,减免税申请人可能改变当初备案审批使用的具体情形,后续处置见表7-3。

表7-3　　　　　　　　　　　　特定减免税货物的后续处置

| 在海关监管年限内的后续处置 | 海关监管 |
| --- | --- |
| 变更使用地点 | 向主管海关提出申请,说明理由,经批准后方可变更 |
| 结转 | 需经转出地主管海关审核同意 |
| 转让 | 向主管海关申请办理减免税货物补缴税款和解除监管手续 |
| 移作他用 | 经海关批准后,按海关批准的使用地区、用途、企业将减免税货物移作他用,并按照移作他用的时间补缴相应税款 |
| 减免税申请人变更、终止 | 减免税申请人发生分立、合并、股东变更等情形,应自营业执照颁发之日起30日内向主管海关汇报;需补征税款的补税,继续享受减免税的办理备案变更或结转手续 |
| | 因破产、改制或其他情形导致减免税申请人终止且没有承受人的,应自资产清算之日起30日内向主管海关办理补缴税款和解除监管手续 |
| 退运出口 | 持出口货物报关单向主管海关办理解除监管手续 |
| 贷款抵押 | 向主管海关申请,经审核批准,方可且只能向金融机构抵押贷款,并应提供担保 |
| 解除监管 | 向主管海关申请办理补缴税款和解除监管手续,进口时免交许可证件的补交有关许可证件 |

### 职场热线

问:我公司为进料加工企业,2015年5月以鼓励项目免税进口一批设备。现海关监管到期,准备向海关申请解除监管证明,可是录单时发现系统里没有2015年的征免税资料。请问要怎样才能办理解除监管证明?

答:进口减免税设备的海关监管年限届满后自动解除监管,企业可以自行处置该设备,包括转卖,不需要到海关办理解除监管手续。贵公司2015年进口的减免税设备已超过海关监管年限,自动解除监管,可以自行处理。

问:我公司为外商投资企业,鼓励类项目确认书办下来后正向海关申请减免税备案,现有一批项目的设备即将到港,但减免税备案及审批手续还未办齐,能否凭银行的税款担保先办理进口报关手续?

答:根据规定,如有主管海关按照规定已经受理减免税备案或者审批申请,尚未办理完毕的,减免税申请人可以向海关申请凭税款担保先予办理货物放行手续。减免税申请人需要办理税款担保手续的,应当在货物申报进口前向主管海关提出申请,主管海关做出准予担保决定的,应当出具《中华人民共和国海关准予办理减免税货物税款担保证明》(以下简称《准予担保证明》),进出口地海关凭主管海关出具的《准予担保证明》,办理货物的税款担保和验放手续。因此,你公司可以向主管海关提出申请,由主管海关审核认定后出具同意担保证明,企业凭到进境地海关办理担保验放手续。

## 7.4 减免税货物报关单的填制

### 案例导入
**2台3D打印机的通关**

坐落于河北省秦皇岛市的某大学为了科研和教学的需要,近期计划从美国进口2台3D打印机。科研经费到账后,该大学与秦皇岛市华顺进出口贸易有限公司签订了委托代理进口合同,很快秦皇岛市华顺进出口贸易有限公司与美国客户签订了进口贸易合同。

1. 秦皇岛市华顺进出口贸易有限公司的报关人员应该如何办理2台3D打印机的通关手续?
2. 应该如何填制进口货物报关单?

### 一、减免税货物报关单填制规范

#### (一)备案号

本栏目填报进出口货物收发货人、消费使用单位、生产销售单位在海关办理征、减、免税审核确认等手续时,海关核发的"征免税证明"或其他备案审批文件的编号。

一份报关单只允许填报一个备案号。具体填报要求如下:

(1)加工贸易成品凭"征免税证明"转为减免税进口货物的,进口报关单填报"征免税证明"编号,出口报关单填报《加工贸易手册》编号。

(2)涉及征、减、免税审核确认的报关单,填报"征免税证明"编号。

(3)减免税货物退运出口,填报《中华人民共和国海关进口减免税货物准予退运证明》编号;减免税货物补税进口,填报《减免税货物补税通知书》编号;减免税货物进口或结转进口(转入),填报"征免税证明"编号;相应的结转出口(转出),填报《中华人民共和国海关进口减免税货物结转联系函》编号。

#### (二)消费使用单位/生产销售单位

减免税货物报关单的消费使用单位/生产销售单位应与"征免税证明"的"减免税申请人"一致。

#### (三)监管方式

加工贸易成品凭"征免税证明"转为减免税进口货物的,分别填制进、出口报关单,出口报关单填报"来料成品减免"或"进料成品减免",进口报关单按照实际监管方式填报。

减免税货物涉及的监管方式及代码见表7-4。

表7-4　　　　　　　　减免税货物涉及的监管方式及代码

| 监管方式代码 | 监管方式简称 | 监管方式全称 |
| --- | --- | --- |
| 0110 | 一般贸易 | 一般贸易 |
| 2025 | 合资合作设备 | 合资合作企业作为投资进口的设备物品 |
| 2225 | 外资设备物品 | 外资企业作为投资进口的设备物品 |

续表

| 监管方式代码 | 监管方式简称 | 监管方式全称 |
|---|---|---|
| 0345 | 来料成品减免 | 来料加工成品凭"征免税证明"转减免税 |
| 0744 | 进料成品减免 | 进料加工成品凭"征免税证明"转减免税 |
| 5335 | 境外设备进区 | 海关特殊监管区域从境外进口的设备及物资 |
| 3511 | 援助物资 | 国家和国际组织无偿援助物资 |
| 3612 | 捐赠物资 | 进出口捐赠物资 |
| 9900 | 其他 | 其他 |

(四)征免性质

本栏目根据实际情况按海关规定的《征免性质代码表》选择填报相应的征免性质简称及代码,持有海关核发的"征免税证明"的,按照"征免税证明"中批注的征免性质填报。一份报关单只允许填报一种征免性质。

(五)随附单证及编号

本栏目根据海关规定的《监管证件代码表》和《随附单据代码表》选择填报除许可证件以外的其他进出口许可证件或监管证件、随附单据代码及编号。随附单证应包括"征免税证明"。

(六)标记唛码及备注

本栏目的填报要求如下:

(1)填报标记唛码中除图形以外的文字、数字,无标记唛码的填报"N/M"。

(2)填报受外商投资企业委托代理其进口投资设备、物品的进出口企业名称。

(3)与本报关单有关联关系的,同时在业务管理规范方面又要求填报的备案号,填报在电子数据报关单中"关联备案"栏。

凭"征免税证明"转内销货物,其对应的备案号填报在"关联备案"栏。

减免税货物结转进口(转入),"关联备案"栏填报本次减免税货物结转所申请的《中华人民共和国海关进口减免税货物结转联系函》的编号。

减免税货物结转出口(转出),"关联备案"栏填报与其相对应的进口(转入)报关单"备案号"栏中"征免税证明"的编号。

(4)与本报关单有关联关系的,同时在业务管理规范方面又要求填报的报关单号,填报在电子数据报关单中"关联报关单"栏。

减免税货物结转出口(转出),应先办理进口报关,并将进口(转入)报关单号填入出口(转出)报关单的"关联报关单"栏。

(七)征免

本栏目按照海关核发的"征免税证明"或有关政策规定,对报关单所列每项商品选择海关规定的《征减免税方式代码表》中相应的征减免税方式填报,一般为"全免(3)"。

## 二、减免税货物申报方式

### (一)中国国际贸易单一窗口申报方式

在浏览器中搜索"中国电子口岸",进入中国电子口岸官网主页,单击右下角的"中国国际贸易单一窗口",然后单击"标准版应用",进入如图 7-3 所示的界面。单击"货物申报",选择"减免税"→"减免税申报",进行报关单数据录入即可。

图 7-3　单一窗口货物申报界面

### (二)"互联网+海关"申报方式

在浏览器中搜索"中国电子口岸",进入中国电子口岸官网主页,单击右下角的"互联网+海关",进入如图 7-4 所示的界面,然后单击"货物通关",选择"进出口货物申报管理",再单击"货物申报",进行报关单数据录入即可。

图 7-4　互联网+海关界面

## 三、减免税货物报关单填制范例

### 中华人民共和国海关进口货物报关单

预录入编号：010120200021258365　　　　海关编号：010120200021258365　　（机场单证）

| 境内收货人(911303058752350X6)<br>秦皇岛××××贸易有限公司 | 进境关别（0101）<br>机场单证 | 进口日期<br>20××0326 | 申报日期<br>20××0326 | 备案号<br>Z0402200006 |
|---|---|---|---|---|
| 境外发货人<br>TGKL CO.,LTD. | 运输方式（3）<br>航空运输 | 运输工具名称及航次号<br>8526HB | 提运单号<br>58255158 | 货物存放地点<br>宏远 |
| 消费使用单位(911303058752350X6)<br>秦皇岛××××贸易有限公司 | 监管方式（0110）<br>一般贸易 | 征免性质（902）<br>高等学校 | 许可证号 | 启运港（USA309）<br>纽约 |
| 合同协议号<br>YSU191208-5 | 贸易国(地区)（USA）<br>美国 | 启运国(地区)（USA）<br>美国 | 经停港（USA309）<br>纽约 | 入境口岸（110101）<br>首都国际机场 |
| 包装种类(93)<br>天然木托 | 件数<br>1 | 毛重(千克)<br>210 | 净重(千克)<br>200 | 成交方式(1)<br>CIF | 运费 | 保费 | 杂费 |

| 随附单证及编号 |
|---|
| 随附单证2:合同;发票;装箱单;提/运单;代理报关委托协议(电子) |

| 标记唛码及备注 |
|---|
| 备注:境外品牌(其他)/用途:用于……/品牌:DESKOUY N/M |

| 项号 | 商品编号 | 商品名称及规格型号 | 数量及单位 | 单价/总价/币制 | 原产国(地区) | 最终目的国(地区) | 境内目的地 | 征免 |
|---|---|---|---|---|---|---|---|---|
| 1 | 8486204100<br>\|\|\|1040 | 微束定点离子刻蚀仪 | 1套<br>1台<br>200千克 | ×××××.0000<br>×××××.0000<br>美元 | 美国<br>(USA) | 中国<br>(CHN) | (13032/130301)<br>秦皇岛经济技术开发区/<br>秦皇岛市市辖区 | 全免<br>(3) |

| 特殊关系确认:否 | 价格影响确认:否 | 支付特许权使用费确认:否 | 自报自缴:否 |
|---|---|---|---|
| 报关人员　报关人员证号 056847 | 电话 | 兹申明对以上内容承担如实申报、依法纳税之法律责任 | 海关批注及签章 |
| 申报单位(911100255846574)×××国际货运代理有限公司 | | 申报单位(签章) | |

## 基础知识 >>>

### 一、单项选择题

1. 东部地区 A 企业特定减免税进口飞机设备一套，2 年后经批准按折旧价格转让给同样享受特定减免税的西部地区 B 企业。海关对 B 企业飞机设备的监管年限为（　　）。
   A. 8 年　　　　B. 6 年　　　　C. 5 年　　　　D. 3 年

2. 北京某外资企业从美国购进大型机器成套设备，分三批运输进口，其中两批从天津进口，另一批从青岛进口。该企业在向海关申请办理该套设备的减免税手续时，下列做法正确的是（　　）。
   A. 向北京海关分别申领两份"征免税证明"
   B. 向北京海关分别申领三份"征免税证明"
   C. 向天津海关申领一份"征免税证明"，向青岛海关申领一份"征免税证明"
   D. 向天津海关申领两份"征免税证明"，向青岛海关申领一份"征免税证明"

3. 下列进口货物中，属于法定减免税范围的是（　　）。
   A. 完税价格在人民币 50 元以下的一票货物
   B. 无商业价值的货样、广告品
   C. 外国政府、国际组织、商业机构无偿赠送的物资
   D. 在海关放行后遭受损坏或损失的货物

### 二、多项选择题

1. 在海关监管年限内，减免税申请人将进口减免税货物转让给进口同货物享受同等减免税优惠待遇的其他单位的，应当办理的海关手续是（　　）。
   A. 转出人向转出地主管海关提出转出申请
   B. 转入人向转入地主管海关申请办理转入货物减免税审批手续
   C. 转出人、转入人分别向各自的主管海关申请办理转让货物的出口、进口报关手续
   D. 转出人向转出地海关办理转出货物的解除监管手续，转入人接受转入地主管海关对转入货物的后续监管

2. 特定减免税和临时减免税都属于政策性减免税。政策性减免税进口货物的特点包括（　　）。
   A. 纳税义务人在货物进口前办理减免税审批手续
   B. 货物放行后在其监管年限内接受海关监管，未经海关批准并补缴关税，不得移作他用
   C. 可以自由在两个享受同等税收优惠待遇的单位之间转让，无须补税
   D. 经海关批准，可以在两个享受同等税收优惠待遇的单位之间转让，无须补税

### 三、判断题

（　　）1. 海关对各类减免税货物均进行后续管理。

（　　）2. 税收减免可分为法定减免税、特定减免税和临时减免税。

（　　）3. 特定减免税是指海关根据国家规定，对特定地区、特定用途和特定企业给予的减免关税和进口环节海关代征税的优惠。

## 操作技能 >>>

家乐食品饮料有限公司是2019年4月成立的外商独资企业,海关注册编码为4401940033,拟建设以生产果汁饮料为主要产品的项目,属于国家鼓励发展的外资项目,投资总额为500万美元。该公司要进口生产果蔬类饮料所需的吹瓶机、注塑设备、洗瓶灌装瓶盖三合一机、空气压缩机、液位瓶盖标签检测系统等灌装生产线设备,总价值折合人民币约850万元。作为该公司的报关人员,应如何完成此批生产设备的进口报关手续?

任务1:向主管海关申请办理减免税备案手续;

任务2:货物申报进口前,向主管海关申请办理进口货物减免税审批手续,申领"征免税证明";

任务3:填制进口货物报关单,完成该批设备的进口报关手续。

## 学习情境 8

# 暂时进出境货物的报关

### 学习目标

**知识目标**：掌握暂时进出境货物的范围、海关监管特征及报关要点。
**技能目标**：能够独立完成各种暂时进出境货物的报关操作。
**素质目标**：通过学习暂时进出境货物的报关，树立加强国际合作、共同发展的意识，拓展世界眼光，增强对习近平总书记"为人类谋进步、为世界谋大同"的崇高理想和信念的认同感。

### 知识准备 >>>

## 8.1 认知暂时进出境货物

**案例导入** 暂时进出境货物的识别

党的二十大指出，我们要坚持高水平对外开放，加快构建以国内大循环为主体、国内国际双循环相互促进的新发展格局。依托我国超大规模市场优势，以国内大循环吸引全球资源要素，增强国内国际两个市场两种资源联动效应，提升贸易投资合作质量和水平。

2022年11月5日至10日，第五届中国国际进口博览会在上海举办，这是党的二十大之后中国举办的首场重大国际展会。本届进博会参展国别更广、展示内容更加丰富、展商产品质量更优，共有来自127个国家和地区的企业参加企业商业展，66个国家和3个国际组织亮相国家综合展。

1. 参展的展览品属于哪类海关监管货物？
2. 参展的展览品进境时应该如何办理报关手续？

暂时进出境货物是指为了达到特定目的，经海关批准暂时进境或出境，按规定的期限原状复运出境或复运进境的货物。暂时进出境货物可分为两类：

*微课：了解暂时进出境货物*

第一类包括：①在展览会、交易会、会议及类似活动中展示或者使用的货物；②文化、体育交流活动中使用的表演、比赛用品；③进行新闻报道或者摄制电影、电视节目使用的仪器、设备及用品；④开展科研、教学、医疗活动使用的仪器、设备及用品；⑤上述四项活动中使用的交通工具及特种车辆；⑥货样；⑦供安装、调试、检测设备时使用的仪器、工具；⑧盛装货物的容器；⑨其他用于非商业目的的货物。

第二类是指第一类以外的暂时进出境货物,如工程施工中使用的设备、仪器及用品。

**要点提示** >>>

## 8.2 暂时进出境货物的监管

**案例导入**　　　　　　　　　　　　　　　　暂时进出境货物复运出境/进境的期限

某企业之前有一票货物是按照暂时进出境货物的监管方式申报进口的,现在已经超过规定期限,计划在国内留购不再复运出境。请问:

海关对暂时进出境货物复运出境或复运进境的期限是如何规定的?可否向海关申请延期?

暂时进出境货物的监管特征主要包括:

1. 暂时免予缴纳税费

第一类暂时进出境货物在进境或出境时向海关缴纳相当于应纳税款的保证金或提供其他担保的,暂时免予缴纳全部税费;第二类暂时进出境货物应按照该货物的完税价格和其在境内滞留时间与折旧时间的比例计算征收进口关税。

2. 免予提交进出口许可证件

暂时进出境货物不是实际进出口货物,一般情况下,免予交验进出口许可证件。

3. 规定期限内按原状复运进出境

暂时进出境货物应当自货物进境或者出境之日起6个月内复运出境或者复运进境;经收发货人申请,海关可以根据规定延长复运出境或者复运进境的期限。

4. 按货物实际使用情况办结海关手续

暂时进出境货物都必须在规定期限内,由货物的收发货人根据货物的不同流向向海关办理核销结关手续。

**职场热线**

问:我公司有几件货物需要临时出口到中国澳门客户处做产品演示,演示结束当天或第二天即运回内地。请问临时出口产品应如何报关?

答:你所述货物属于暂时进出境货物范围,可使用ATA单证册报关;也可不使用ATA单证册,由进出境货物收发货人或其代理人向海关提交货物暂时进/出境申请书、暂时进/出境货物清单等相关单据进行申报。

**操作导航** >>>

## 8.3 暂时进出境货物的报关程序

**案例导入**　　　　　　　　　　　　　　　　　　　走出国门的传统艺术精品

温润的石质、美丽的色泽、细致的刻痕、或端庄或粗犷的艺术风格,杭州海关快速验放了一批特殊物品——赶赴意大利参加罗马艺术展的180余件精美篆刻书法艺术精品。为保证这批珍贵的中国传统书法作品能安全快速地走出国门,杭州海关提前介入,指导展品拥有者杭州西泠印社选择最适合的通关方式,并开通 ATA 单证册通道,几分钟内全部验放完毕。

1. 这批货物属于哪种海关监管货物?
2. ATA 单证册是什么?如何使用 ATA 单证册进行申报?

暂时进出境货物按报关程序可分为:使用 ATA 单证册报关的暂时进出境货物、不使用 ATA 单证册报关的进出境展览品、集装箱箱体和其他暂时进出境货物。

## 一、使用 ATA 单证册报关的暂时进出境货物

世界海关组织推行的 ATA 单证册,其使用目的是简化特定货物的进出境通关程序,促进国际经济、科技、文化的交流。

### (一)ATA 单证册的含义

ATA 单证册是暂准进口单证册的简称,是指世界海关组织通过的《货物暂准进口公约》及其附约 A 和《关于货物暂准进口的 ATA 单证册海关公约》中规定使用的,用于替代各缔约方海关暂时进出口货物报关单和税费担保的国际性通关文件。ATA 单证册是英文和法文的合称,由法文"Admission Temporaire"与英文"Temporary Admission"的首字母组成,即暂时进口单证册。

### (二)ATA 单证册的格式

一份 ATA 单证册一般由八页 ATA 单证组成:一页绿色封面单证、一页黄色出口单证、一页白色进口单证、一页白色复出口单证、两页蓝色过境单证、一页黄色复进口单证和一页绿色封底单证。

### (三)ATA 单证册在我国的使用

1. ATA 单证册的适用范围

在我国,适用 ATA 单证册的范围仅限于展览会、交易会、会议及类似活动项下的货物,在商店或其他营业场所以销售国外货物为目的而组织的非公共展览会不属于此范围,我国海关不接受邮运渠道的货物使用 ATA 单证册。

微课:暂时进出境货物的报关

我国海关只接受用中文或英文填写的 ATA 单证册。

2. ATA 单证册的管理

中国国际商会、中国国际贸易促进委员会是我国 ATA 单证册的出证和担保机构,负责我国 ATA 单证册的签发和担保工作。海关总署在北京海关设立 ATA 核销中心,负责对 ATA 单证册的进出境凭证进行核销、统计以及追索等,并对全国海关 ATA 单证册的有关核销业务进行协调和管理。

3. ATA 单证册项下货物暂时进出境期限

使用 ATA 单证册报关的货物暂时进出境期限为自货物进出境之日起 6 个月。超过 6 个月的,ATA 单证册持证人应在规定期限届满 30 个工作日前向海关申请延期。延期不得超过 3 次,每次延长期限不超过 6 个月。延长期届满应当复运出境、进境或者办理进出口

手续。参加展期在 24 个月以上展览会的展览品,在 18 个月延长期届满后仍需延期的,由主管地直属海关报海关总署审批。

(四)使用 ATA 单证册的暂时进出境货物的报关程序

以暂时出境货物为例,其报关程序如图 8-1 所示。

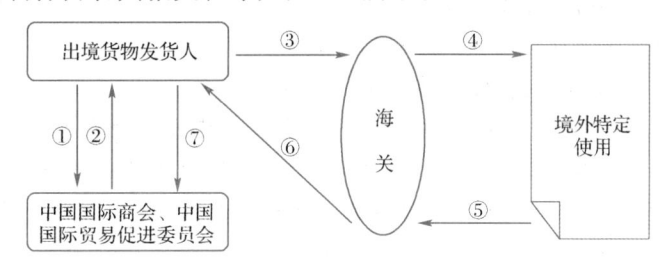

图 8-1　暂时出境货物的报关程序

①出境货物发货人向出证机构(中国国际商会、中国国际贸易促进委员会)提出申请,缴纳一定的手续费,并按规定提供担保。

②出证机构向出境货物发货人发放 ATA 单证册。

③出境货物发货人或其代理人持 ATA 单证册向出境地海关申报出境展览品,提交国家主管部门的批准文件、纸质 ATA 单证册、装货单等单证;海关在绿色封面单证和黄色出口单证上签注,并留存黄色出口单证(正联),退还其存根联和 ATA 单证册其他各联。

④货物出境,用于境外特定使用。

⑤在规定期限内出境展览品复运进境。

⑥ATA 单证册持证人向进境地海关申报复运进境,进境地海关在黄色复进口单证上签注,留存单证(正联),退还其存根联和 ATA 单证册其他各联,正式核销结关。

⑦ATA 单证册持证人将经各海关签注的 ATA 单证册交还出证机构。

## 二、不使用 ATA 单证册报关的进出境展览品

进出境展览品可以使用 ATA 单证册报关,也可以不使用 ATA 单证册直接按展览品进行进出口货物的申报。

(一)进出境展览品的范围

1. 进境展览品

进境展览品包含在展览会中展示或示范用的货物、物品;为示范展出的机器或器具所需用的物品;展览者设置临时展台的建筑材料及装饰材料;供展览品做示范宣传用的电影片、幻灯片、录像带、录音带、说明书、广告、光盘、显示器材及其他用于展览会展示的货物等。

展览会期间出售的小卖品,属于一般进口货物范围。

**知识链接**

适用免征进口关税和进口环节海关代征税的展览用品

展览用品即在境内展览会期间供消耗、散发的用品,由海关根据展览会性质、参展商规模、观众人数等情况,对其数量和总值进行核定,在合理范围内,按有关规定免征进口关税和

进口环节海关代征税。展览用品包括：

(1)在展览活动中的小件样品,包括原装进口的或在展览期间用进口散装原料制成的食品或饮料的样品。

(2)为展出的机器或者器件进行操作示范被消耗或者损坏的物料。

(3)布置、装饰临时展台消耗的低值货物。

(4)展览期间免费向观众散发的有关宣传品。

(5)供展览会使用的档案、表格及其他文件。

上述货物、物品还应当符合以下条件：①由参展人免费提供并在展览期间专供免费分送给观众使用或消费的；②单价较低,做广告样品用；③不适用于商业用途,并且单位容量明显小于最小零售包装容量；④食品及饮料的样品虽未包装分发,但确实在活动中被消耗掉。

展览用品中的含酒精饮料、烟草制品及燃料不适用有关免税的规定。

2.出境展览品

出境展览品包含国内单位赴国外举办展览会或参加外国博览会、展览会而运出的展览品,以及与展览活动有关的宣传品、布置品、招待品及其他公用物品。与展览活动有关的小卖品、展卖品,可以按展览品报关出境,不按规定期限复运进境的办理一般出口手续。

(二)展览品的暂时进出境期限

进出境展览品的暂时出/进境期限是6个月,超过6个月的,展览品收发货人应当在规定期限届满30个工作日前向海关申请延期,延期不得超过3次,每次延长期限不超过6个月。参加展期在24个月以上展览会的展览品,在18个月延长期限届满后仍需延期的,由主管地直属海关报海关总署审批。

(三)展览品的进出境申报

展览品进出境申报时,展览会的办展人除向海关提交报关单、代理报关委托书之外,还应向海关提交展会批文、展览品清单等相关单证,提供担保或相当于税款的保证金；进境展览品涉及检验检疫等管制的,还应提交有关许可证件,出境展览品属于核用品、核两用品及相关技术的出口管制商品的,应当提交出口许可证。

海关一般在展览会举办地对展览品开箱查验；进境展览品在非展出期间应当存放在海关指定的监管场所,未经批准,不得移出。

(四)进出境展览品的核销结关

1.复运进出境

进出境展览品按规定期限复运出/进境后,海关分别签发报关单证明联,展览品所有人或其代理人凭以向主管海关办理核销结关手续。

2.转为正式进出口

进境展览品在展览期间被人购买的,由展览会主办单位或其代理人向海关办理进口申报、纳税手续,其中属于许可证件管理的,还应当提交进口许可证件。出境展览品在境外参加展览会后被销售的,由海关核对展览品清单后要求企业补办有关正式出口手续。

3.展览品放弃或赠送

展览会结束后,进境展览品的所有人决定将展览品放弃交由海关处理的,由海关变卖后将款项上缴国库。展览品的所有人决定将展览品赠送的,受赠人应当向海关办理进口手续,海关根据进口礼品或经贸往来赠送品的规定办理。

### 4. 展览品毁坏、丢失、被窃

进境展览品因毁坏、丢失、被窃等无法原状复运出境的,展览会主办单位或其代理人应当向海关报告。对于毁坏的展览品,海关根据毁坏程度估价征税;对于丢失或被窃的展览品,海关按照进口同类货物征收进口税。

进出境展览品因不可抗力灭失或者失去使用价值的,经海关核实后可以视为该货物已经复运出境、进境。进出境展览品由于不可抗力以外其他原因灭失或受损的,进出境展览品的收发货人应当按照货物进出口的有关规定办理海关手续。

## 三、集装箱箱体

集装箱箱体既是一种运输设备,又是一种货物。当货物用集装箱装载进出口时,集装箱箱体就作为一种运输设备;当企业购买进口或销售出口集装箱时,集装箱箱体就是暂时进出境货物。

暂时进出境的集装箱箱体根据集装箱的所有权可分为两种情况,并具有不同的报关要求,见表8-1。

表 8-1　　　　　　　暂时进出境集装箱箱体的报关要求

| 类别 | 报关要求 |
| --- | --- |
| 境内生产的集装箱及我国营运人购买进口的集装箱箱体 | ①投入国际运输前,营运人应当向其所在地海关办理登记手续;<br>②海关准予登记并符合规定的集装箱箱体,无论是否装载货物,海关准予暂时进境和异地出境,营运人或其代理人无须对集装箱箱体单独向海关办理报关手续,进出境时也不受规定的期限限制 |
| 境外集装箱箱体 | ①暂时进境,无论是否装载货物,承运人或其代理人应当向海关申报,并应当于入境之日起6个月内复运出境;<br>②如因特殊情况不能按期复运出境的,营运人应当向暂时进境地海关提出延期申请,经海关核准后可以延期,但延期不得超过3个月,逾期应按规定向海关办理进口报关纳税手续 |

## 四、其他暂时进出境货物

可以暂不缴纳税款的9项暂时进出境货物除上述3种按各自的监管要求由海关进行监管外,其余的均按其他暂时进出境货物进行监管。其他暂时进出境货物应当自进出境之日起6个月内复运出境或复运进境,超过6个月的可以向海关申请延期,延期不得超过3次,每次延长期限不超过6个月。18个月延长期限届满后仍需延期的,由主管地直属海关报海关总署审批。

其他暂时进出境货物进/出境时,收发货人或其代理人应向进出境地主管海关办理暂时进出境货物审批、申报手续,审批、申报手续可同时进行。目前,以海关现场审批、申报为主。报关程序如下:

(1)海关现场办理审批手续。收发货人或其代理人提交暂时进/出境货物审批手续授权代理委托书(代理时使用)、暂时进/出境货物确认申请书、暂时进出口协议、发票、装箱单、暂时进/出口说明、暂时进/出境货物清单、提单等单据,取得海关签发的暂时进/出境货物审核确认书、货物暂时进/出境海关审批表。

(2)单一窗口录入。报关单数据录入、审核无误后提交系统,打印系统自动生成纸质报关单。

(3)海关现场申报。收发货人或其代理人向海关提交暂时进/出境货物审核确认书、进/出口货物报关单、报关代理委托书、商业及货运单据等,提供免予缴纳进口税的担保手续,办理暂时进/出境申报手续。

(4)办理结关手续。其他暂时进出境货物复运出/进境,或转为正式进/出口,或放弃后,收发货人应向海关提交经海关签注的有关单证申请报核。

### 操作导航 >>>

## 8.4 暂时进出境货物报关单的填制

### 案例导入　　　　可循环使用的盛装腌渍萝卜的容器报关

河南A进出口有限公司常年向韩国B食品有限公司出口腌渍萝卜,包装为可循环使用的铁箱,货物需从秦皇岛港发运至韩国仁川港,委托秦皇岛C报关有限公司报关。C报关有限公司的报关人员每次在腌渍萝卜出口报关时,还需分单填报周转铁箱的暂时出口,后续还要进行周转铁箱的进口报关。请问:

1. 出口的腌渍萝卜属于哪种海关监管货物?
2. 周转铁箱属于哪种海关监管货物?
3. 周转铁箱的报关单应该如何填制?

### 一、暂时进出境货物报关单的填制规范

(一)备案号

备案号不需填写。

(二)运输方式

本栏目根据货物实际进出境的运输方式或货物在境内流向的类别,按照海关规定的《运输方式代码表》选择填报相应的运输方式。

不复运出(入)境而留在境内(外)销售的进出境展览品、留赠转卖物品等,填报"其他运输"(代码9)。

(三)监管方式

本栏目根据实际对外贸易情况按海关规定的《监管方式代码表》选择填报相应的监管方式简称及代码。暂时进出境货物涉及的监管方式及代码见表8-2。

表8-2　　　　　暂时进出境货物涉及的监管方式及代码

| 监管方式代码 | 监管方式简称 | 监管方式全称 |
| --- | --- | --- |
| 2600 | 暂时进出货物 | 暂时进出口货物 |
| 2700 | 展览品 | 进出境展览品 |
| 3010 | 货样广告品 | 进出口的货样广告品 |

一份报关单只允许填报一种监管方式。

(四)征免性质

征免性质填报"其他法定",代码为"299"。

(五)标记唛码及备注

标记唛码及备注的填报要求如下:

(1)填报标记唛码中除图形以外的文字、数字,无标记唛码的填报"N/M"。

(2)填报受外商投资企业委托代理其进口投资设备、物品的进出口企业名称。

(3)与本报关单有关联关系的,同时在业务管理规范方面又要求填报的报关单号,填报在电子数据报关单中"关联报关单"栏。

(4)当监管方式为"暂时进出货物"(代码2600)和"展览品"(代码2700)时,填报要求如下:

①根据《中华人民共和国海关暂时进出境货物管理办法》(海关总署令第233号,以下简称《管理办法》)第三条第一款所列项目,填报暂时进出境货物类别,如暂进六、暂出九。

②根据《管理办法》第十条的规定,填报复运出境或者复运进境日期,期限应在货物进出境之日起6个月内,如20200815前复运进境、20201020前复运出境。

③根据《管理办法》第七条的规定,向海关申请对有关货物是否属于暂时进出境货物进行审核确认的,填报《中华人民共和国××海关暂时进出境货物审核确认书》编号,例如:<ZS海关审核确认书编号>,其中英文为大写字母;无此项目的,无须填报。

上述内容依次填报,项目间用"/"分隔,前后均不加空格。

收发货人或其代理人申报货物复运进境或者复运出境时,注明"暂时出境复进境""暂时进境复出境"字样。如货物办理过延期,根据《管理办法》填报《货物暂时进/出境延期申请书》的海关回执编号,例如:<ZS海关回执编号>,其中英文为大写字母;无此项目的,无须填报。

(5)集装箱箱体信息填报集装箱箱号(在集装箱箱体上标示的全球唯一编号)、集装箱规格、集装箱商品项号关系(单个集装箱对应的商品项号,半角逗号分隔)、集装箱货重(集装箱箱体自重+装载货物重量,千克)。

(六)征免

按照有关政策规定,对报关单所列每项商品选择海关规定的《征减免税方式代码表》中相应的征减免税方式填报,一般为"全免"(代码3)、"保函"(代码7)。

## 二、暂时进出境货物的申报方式

(一)中国国际贸易单一窗口申报方式

首先在中国国际贸易单一窗口"标准版应用"的申报模块中单击"货物申报",打开"货物申报"下拉菜单,如图8-2所示。之后单击"货物申报",再选择"出口报关单整合申报"或"进口报关单整合申报",进入报关单录入界面,如图8-3所示。

图 8-2　中国国际贸易单一窗口"货物申报"界面

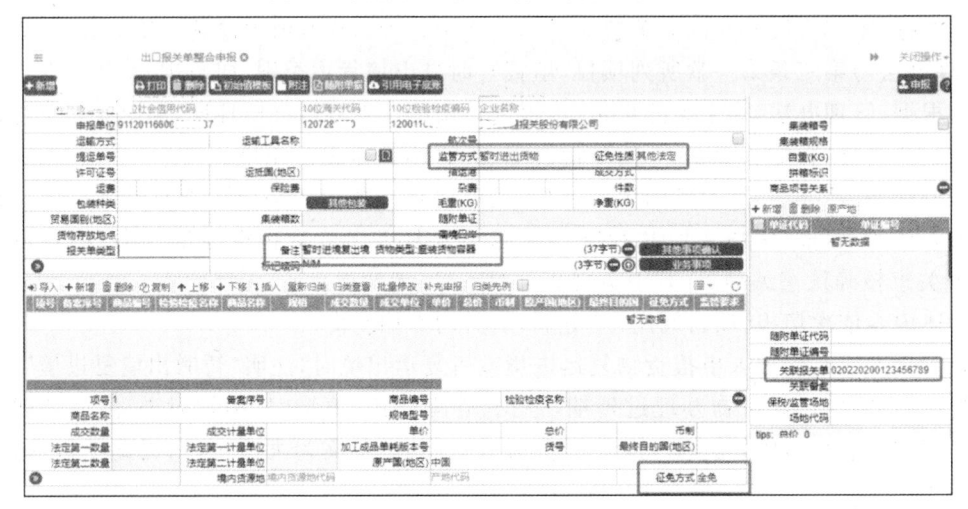

图 8-3　报关单录入界面

## (二)"互联网+海关"申报方式

在"互联网+海关"界面中选择"货物通关"模块,之后单击"进出境货物监管"下"暂时进出境货物管理",如图 8-4 所示,进入报关单录入界面。

图 8-4　暂时进出境货物管理

## 三、暂时进出境货物报关单范例

### (一) 暂时出境货物报关单范例

#### 中华人民共和国海关出口货物报关单

预录入编号：040220200020500452　　　　海关编号：040220200020500452　　（秦皇岛关）

| 境内发货人(914104××××××××7)<br>××××有限公司 | 出境关别(0402)<br>秦皇岛关 | 出口日期 | 申报日期<br>20200107 | 备案号 | |
|---|---|---|---|---|---|
| 境外收货人<br>×××××× CO.,LTD | 运输方式(2)<br>水路运输 | 运输工具名称及航次号<br>FENG ZE YUAN/2003E | 提运单号<br>QIFRQHINF120433B | | |
| 生产销售单位(914104××××××××7)<br>××××有限公司 | 监管方式(2600)<br>暂时进出货物 | 征免性质(299)<br>其他法定 | 许可证号 | | |
| 合同协议号<br>FDS2020-J005-2 | 贸易国(地区)(KOR)<br>韩国 | 运抵国(地区)(KOR)<br>韩国 | 指运港(KOR018)<br>仁川(韩国) | 离境口岸(130101)<br>秦皇岛 | |
| 包装种类(99)<br>其他包装 | 件数<br>20 | 毛重(千克)<br>1 400 | 净重(千克)<br>1 400 | 成交方式(3)<br>FOB | 运费 | 保费 | 杂费 |
| 随附单证及编号<br>随附单证2：代理报关委托协议(电子)；发票；装船单；合同 ||||||
| 标记唛码及备注<br>备注：暂出九/20200707前复运进境/〈ZS0402200100013〉N/M　集装箱标箱数及号码；1；ECMU1484165； ||||||

| 项号 | 商品编号 | 商品名称及规格型号 | 数量及单位 | 单价/总价/币制 | 原产国(地区) | 最终目的国(地区) | 境内货源地 | 征免 |
|---|---|---|---|---|---|---|---|---|
| 1 | 7309000000<br>0\|0\| | 周转铁箱<br>盛装腌渍萝卜用\|钢铁\|铁箱\|1.1m*1.1m*1.1m\|<br>未装有机械或热力装置\|\|\|无　20个 | 1 400千克<br><br>20个 | 40.000 0<br>800.00<br>美元 | 中国<br>(CHN) | 韩国<br>(KOR) | (41049)平顶山 | 全免<br>(3) |

| 特殊关系确认：否 | 价格影响确认：否 | 支付特许权使用费确认：否 | 自报自缴：否 | |
|---|---|---|---|---|
| 报关人员　报关人员证号 04158　电话　兹申明对以上内容承担如实申报、依法纳税之法律责任 |||| 海关批注及签章 |
| 申报单位(9113092584655685×6)×××报关有限公司 |||| 申报单位(签章) |

## (二)复运进境货物报关单范例

# 中华人民共和国海关进口货物报关单

**预录入编号:** 040220200025364588　　　　**海关编号:** 040220200025364588　　（秦皇岛关）

| 境内收货人(914104××××××××7) ××××有限公司 | 进境关别(0402) 秦皇岛关 | 进口日期 20××0116 | 申报日期 20××0116 | 备案号 |
|---|---|---|---|---|
| 境外发货人 ××××××CO.,LTD. | 运输方式(2) 水路运输 | 运输工具名称及航次号 FENG ZE YUAN/2035W | 提运单号 QIFRINQHF12006 | 货物存放地点 秦皇岛港××码头 |
| 消费使用单位(914104××××××××7) ××××有限公司 | 监管方式(2600) 暂时进出货物 | 征免性质(299) 其他法定 | 许可证号 | 启运港(KOR018) 仁川(韩国) |
| 合同协议号 PDS2020-J005-2 | 贸易国(地区)(KOR) 韩国 | 启运国(地区)(KOR) 韩国 | 经停港(KOR018) 仁川(韩国) | 入境口岸(130101) 秦皇岛 |
| 包装种类(99) 其他包装 | 件数 20 | 毛重(千克) 1 400 | 净重(千克) 1 400 | 成交方式(1) CIF | 运费 | 保费 | 杂费 |

| 随附单证及编号 |
|---|
| 随附单证 2:合同;发票;装箱单;提/运单;企业提供的其他;代理报关委托协议(电子) |

| 标记唛码及备注 |
|---|
| 备注:暂时出境复进境,无纸化报检,关联报关单号:040220200020500452 N/M 集装箱标箱数及号码:1; PCIU2548635; |

| 项号 | 商品编号 | 商品名称及规格型号 | 数量及单位 | 单价/总价/币制 | 原产国(地区) | 最终目的国(地区) | 境内目的地 | 征免 |
|---|---|---|---|---|---|---|---|---|
| 1 | 7309000000 | 周转铁箱 0\|3盛装腌渍萝卜用\|钢铁 \|铁箱\|1.1m*1.1m*1.1m\|未装有 机械或热力装置\|\|\|无 | 1 400 千克 800.00 20 个 | 40.000 0 美元 | 中国 (CHN) | 中国 (CHN) | (41049/410400) 平顶山/河南省平顶山市(3) | 全免 |

| 特殊关系确认:否 | 价格影响确认:否 | 支付特许权使用费确认:否 | 自报自缴:否 |
|---|---|---|---|
| 报关人员　报关人员证号 04158　电话　兹申明对以上内容承担如实申报、依法纳税之法律责任 申报单位(9113092584655685×6)×××报关有限公司　　　　申报单位(签章) | | | 海关批注及签章 |

## 基础知识 >>>

### 一、单项选择题

1. 使用 ATA 单证册报关的展览品,暂时进出境期限为自进口之日起(　　)。超过期限,ATA 单证册持证人可以向海关申请延期。参加展期在 24 个月以上展览会的展览品,在 18 个月延长期限届满后仍需要延期的,由(　　)审批。

　　A. 6 个月,主管地直属海关　　　　　　B. 6 个月,海关总署
　　C. 12 个月,主管地直属海关　　　　　D. 12 个月,海关总署

2. 在我国,适用 ATA 单证册报关的范围包括(　　)。

　　A. 在展览会、交易会及类似活动中展示或者使用的货物
　　B. 文化、体育交流活动中使用的表演、比赛用品
　　C. 进行新闻报道或者摄制电影、电视节目使用的仪器、设备及用品
　　D. 开展科研、教学、医疗活动使用的仪器、设备及用品

### 二、多项选择题

1. 已进境的展览品在(　　)情形下不需要缴纳进口税。

　　A. 展览品复运出境的　　　　　　　　B. 展览品放弃交由海关处理的
　　C. 展览品被窃的　　　　　　　　　　D. 展览品因不可抗力灭失的

2. 暂时进出境货物的监管特征主要包括(　　)。

　　A. 暂时免予缴纳税费
　　B. 一般情况下免予提交进出口许可证件
　　C. 需在规定期限内按原状复运进出境
　　D. 按货物实际使用情况办结海关手续

### 三、判断题

(　　)1. 对于因毁坏而不能复运出境的进出境展览品,海关根据毁坏程度估价征税,对于丢失或被窃的进境展览品,海关按照进口同类货物征收进口税。

(　　)2. 暂时进境或出境的集装箱箱体无论是否装载货物,承运人或其代理人应当就箱体单独向海关申报。

## 操作技能 >>>

经批准某地举行国际商品博览会。展品及与展出活动有关的其他物品,使用境外集装箱装载进境,经黄埔海关验放,由主办单位向展出地海关申报进口。展出期间,部分展品被境内单位购买。展出结束后,上述展览品,除复运出境及已被留购的以外,因修建、布置展台等进口的一次性廉价物品被展览品所有人放弃;部分展品被展览品所有人赠送给境内与其有经贸往来的单位。

请根据上述案例,回答下列问题:

1. 下列( )可按展览品申报进境。

   A. 参展商免费提供并在展出中免费散发的与展出活动有关的宣传印刷品、说明书、价目表等

   B. 为配合展出,将在展览会上出售的小卖品

   C. 为展出的机器或器件进行操作示范,并在示范过程中被消耗的物品

   D. 展览会期间招待使用的含酒精饮料

2. 进境展览品在办理进境海关手续时,主办单位应( )。

   A. 使用ATA单证册作为报关单据

   B. 在展览品进口前,向海关提出暂时进境申请

   C. 向海关提供担保

   D. 在展出地海关申报进境

3. 关于展览品和展览用品的进境许可证件管理,下列表述正确的是( )。

   A. 因不属实际进口,免予提交进口许可证件

   B. 属于国家实行许可证件管理的,应当向海关交验相关证件,办理进口手续

   C. 展览品,除另有规定外,免予提交进口许可证件;展览用品,属于国家实行许可证件管理的,应当向海关交验相关证件

   D. 海关派员进驻展览场所执行监管的,进境展览品、展览用品免予提交进口许可证件,否则应当向海关交验相关证件

4. 下列展览用品中在海关核定的合理范围内,免征进口关税和进口环节海关代征税的是( )。

   A. 在展览活动中的小件样品,包括原装进口的或者在展览期间用进口的散装原料制成的食品或者饮料的样品

   B. 为展出的机器或者器件进行操作示范被消耗或者损坏的物料

   C. 布置、装饰临时展台消耗的低值货物

   D. 展览用品中的含酒精饮料、烟草制品及燃料

5. 在展览期间和展览结束后,展览品的各种处置,应符合( )海关规定。

   A. 在展览期间,部分展品被境内单位购买的,由主办单位或其代理人向海关办理进口申报、纳税手续

   B. 展览品所有人已申明放弃的一次性廉价物品,由海关变卖后将款项上缴国库

   C. 展览品被其所有人赠送的,受赠人应当向海关办理进口手续,海关根据进口礼品或经贸往来的赠送品的规定办理

   D. 展览品的各种处置如符合海关规定,还需由主办单位向海关办理核销结关手续

## 学习情境 9

# 其他进出境货物的报关

**学习目标**

**知识目标**：掌握跨境电子商务的相关概念，熟悉跨境电子商务零售进出口商品的报关要点；掌握过境、转运、通运货物的范围及报关要点；掌握进出境快件及其他进出境货物的含义及报关要点。

**技能目标**：能够独立完成跨境电子商务零售进出口商品的报关操作，完成过境、转运、通运货物及进出境快件、其他进出境货物的报关操作。

**素质目标**：通过学习其他进出境货物的通关，了解中国坚持对外开放的基本国策；通过了解我国跨境电商的伟大成就，增强民族自豪感和使命感，培养爱国主义精神。

### 知识准备 >>>

## 9.1 跨境电商货物的报关

**新闻速递** **杭州跨境电商"1210"邮路保税出口新模式正式启动**

党的二十大报告指出，中国坚持对外开放的基本国策，坚定奉行互利共赢的开放战略，不断以中国新发展为世界提供新机遇，推动建设开放型世界经济，更好惠及各国人民。

2019 年 12 月 27 日，在杭州跨境电商综合试验区下沙园区，首批 39 件包裹、货值 529 美元，内含木质装饰品、杯子、硬盘壳的跨境电商商品，通过 eWTP 公共服务平台申报，并得到海关特殊监管区域现场放行指令后，经邮路正式发往俄罗斯、乌克兰、英国等国家，标志着杭州跨境电商"1210"邮路保税出口新模式正式启动。

跨境电商商品以一般贸易形式备货入综合保税区，即可办理出口退税手续，再根据消费者在跨境电商平台的订单，以包裹形式经海关监管查验后，转运到海关邮局办事处，按照邮件监管离境。

相较于大宗的一般贸易出口模式，跨境电商邮路保税出口在模式上做了重大创新。跨境电商零售出口"9610"模式下，由于企业征税发票与报关单无法一一对应，导致跨境电商企业退税难。通过跨境电商邮路保税出口新模式，跨境电商商品入区即可以办理退税手续，解决了跨境电商零售出口退税难的问题。

什么是跨境电商邮路保税？

## 一、认知跨境电子商务

### (一)跨境电子商务的概念

跨境电子商务是指分属不同关境的交易主体,通过电子商务平台达成交易、进行电子支付结算,并通过跨境电子商务物流及异地仓储送达商品,从而完成交易的一种国际商业活动。

在 B2C 模式下,跨境电子商务企业直接面对消费者,以销售个人消费品为主,物流方面主要采用航空小包、邮寄、快递等方式。

### (二)参与跨境电子商务的企业类别

参与跨境电子商务的企业有跨境电子商务企业、电子商务交易平台企业、支付企业、物流企业等。跨境电子商务企业是指通过自建或者利用第三方电子商务交易平台开展跨境电子商务业务的企业;电子商务交易平台企业是指提供电子商务进出口商品交易、支付、配送服务的平台提供企业。

### (三)电子商务通关服务平台

电子商务通关服务平台是由中国电子口岸搭建的,实现企业、海关以及相关管理部门之间数据交换与信息共享的平台。

### (四)跨境电子商务零售进出口商品的报关要点

(1)跨境电子商务零售进出口商品的报关主体为进出境快件的经营人、邮政等。

(2)跨境电子商务零售进出口商品申报前,跨境电子商务企业或电子商务交易平台企业、支付企业、物流企业应分别如实向海关传输交易、支付/收款、物流等电子信息。

(3)跨境电子商务企业或其代理人应提交《中华人民共和国海关跨境电子商务零售进出口商品申报清单》(以下简称《申报清单》),出口采取"清单核放、汇总申报"方式办理报关手续,进口采取"清单核放"方式办理报关手续。

(4)跨境电子商务零售进口商品的申报币制为人民币;跨境电子商务企业应对购买跨境电子商务零售进口商品的个人(订购人)身份信息进行核实,并向海关提供身份有效信息;无法提供或者无法核实订购人身份信息的,订购人与支付人视为同一人。

(5)跨境电子商务零售商品出口后,跨境电子商务企业或其代理人应当于每月 10 日前(当月 10 日是法定节假日或者法定休息日的,顺延至其后的第一个工作日;第 12 月的清单汇总应当于当月最后一个工作日前完成),将上月(12 月为当月)结关的《申报清单》依据清单表头同一收发货人、同一运输方式、同一运抵国、同一出境口岸,以及清单表体同一 10 位海关商品编码、同一申报计量单位、同一币制规则进行归并,汇总形成出口货物报关单向海关申报。

(6)《申报清单》的修改或者撤销,参照海关进(出)口货物报关单修改或者撤销的有关规定办理。

(7)在报关单"标记唛码及备注"栏目填报"跨境电子商务"。

### (五)跨境电子商务零售进口商品的税收征管

(1)跨境电子商务零售进口商品按照一般进口货物征收关税和进口环节海关代征税,完税价格为实际交易价格,包括商品零售价格、运费和保险费。

(2)跨境电子商务零售进口商品消费者为纳税义务人。在海关注册登记的跨境电子商务平台企业、物流企业或申报企业作为税款的代收代缴义务人,代为履行纳税义务,并承担相应的补税义务及相关法律责任。

(3)代收代缴义务人应当如实、准确向海关申报跨境电子商务零售进口商品的相关要素,其申报币制为人民币。

(4)海关对满足监管规定的跨境电子商务零售进口商品按时段汇总计征税款,代收代缴义务人应当依法向海关提交足额有效的税款担保;海关放行后30日内未发生退货或修撤单的,代收代缴义务人在放行后第31日至第45日内向海关办理纳税手续。

## 二、跨境电商货物的海关监管

为了做好跨境电子商务进出口货物的监管工作,海关总署于2014年先后发布第12、54号公告,分别增列海关监管方式代码"9610""1210"。此外,针对跨境电子商务进口商品的监管,海关总署又于2016年发布第75号公告,增列海关监管方式代码"1239"。

### (一)海关监管方式代码"9610"

海关监管方式代码"9610",全称为"跨境贸易电子商务",简称"电子商务",适用于境内个人或电子商务企业通过电子商务交易平台实现交易,并采用"清单核放、汇总申报"模式办理通关手续的电子商务零售进出口商品(通过海关特殊监管区域或保税监管场所一线的电子商务零售进出口商品除外)。

微课:跨境电商进口模式中海关监管方式代码解读

### (二)海关监管方式代码"1210"

海关监管方式代码"1210",全称为"保税跨境贸易电子商务",简称"保税电商",适用于境内个人或电子商务企业在经海关认可的电子商务平台实现跨境交易,并通过海关特殊监管区域或保税监管场所进出的电子商务零售进出境商品[海关特殊监管区域、保税监管场所与境内区外(场所外)之间通过电子商务平台交易的零售进出口商品不适用该监管方式]。"1210"监管方式用于进口时仅限经批准开展跨境贸易电子商务进口试点的海关特殊监管区域和保税物流中心(B型)。

### (三)海关监管方式代码"1239"

海关监管方式代码"1239",全称为"保税跨境贸易电子商务A",简称"保税电商A",适用于境内电子商务企业通过海关特殊监管区域或保税物流中心(B型)一线进境的跨境电子商务零售进口商品。其中,天津、上海、杭州、宁波、福州、平潭、郑州、广州、深圳、重庆等37个试点城市及跨境电商综合试验区的城市开展跨境电子商务零售进口业务暂不适用"1239"监管方式。

## 三、跨境电商进出口货物的报关

### (一)跨境电商出口货物的报关

1."9610"通关模式

"9610"报关出口针对的是小体量商品,也就是俗称的集货模式,比如国际快递发送的货物。它对普通城市采取"清单核放、汇总申报"方式;对跨境电商综合试验区内符合条件的企业,可采取"清单核放、汇总统计"方式。跨境电商企业将数据推送给税务、外汇管理部门,实现退税。

(1)清单核放:跨境电商出口企业将"三单信息"(商品信息、物流信息、支付信息)推送到单一窗口,海关对"清单"进行审核并办理货物放行手续,通关效率更高,通关成本更低。

(2)汇总申报:跨境电商出口企业定期汇总清单形成报关单进行申报,海关为企业出具报关单退税证明,解决企业出口退税难题。

(3)汇总统计:清单直统模式,不用再汇总形成报关单。

2."9610"监管模式下的通关流程

"9610"监管模式下的B2C出口流程为国外买家网上购物→订单付款→清单核放→买家收到货物→汇总申报/汇总统计,其通关流程如图9-1所示。

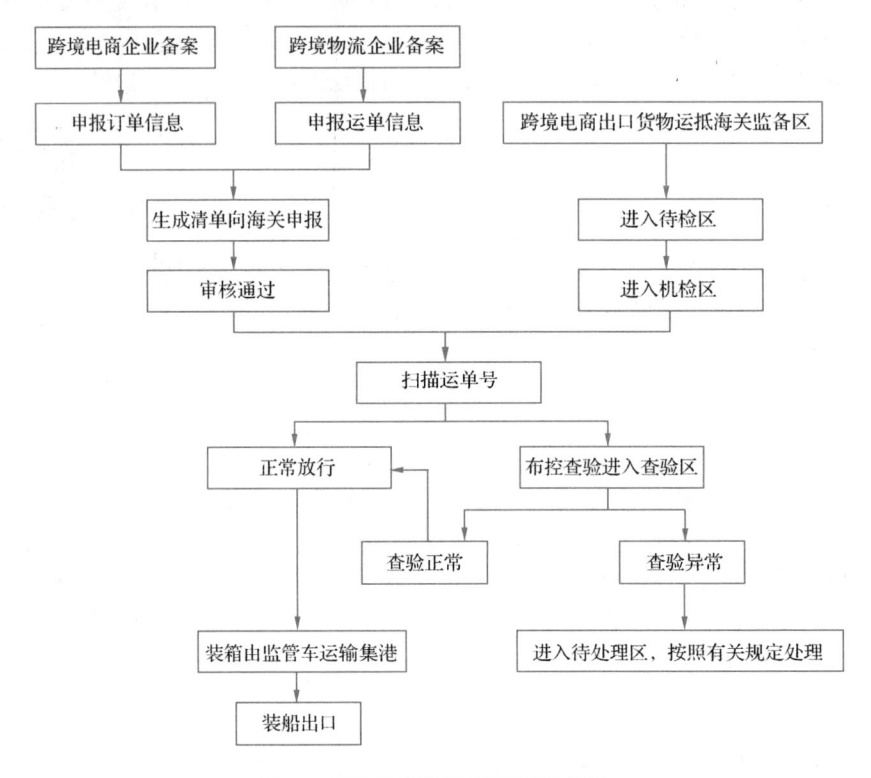

图9-1 "9610"监管模式下的通关流程

(1)企业注册:凡是参与跨境电商零售出口业务的企业,包括跨境电商企业、物流企业等,如需办理报关业务,则应当向所在地海关办理信息登记。

(2)通关申报:跨境电商零售出口商品申报前,跨境电商企业或其代理人、物流企业应当分别通过中国国际贸易单一窗口或跨境电商通关服务平台,向海关传输交易、收款、物流等电子信息,申报出口明细清单。

(3)离境结关:出口申报清单放行后,跨境电商出口商品通过运输工具运输离境,对应出口申报清单结关。

(4)汇总申报/汇总统计:跨境电商零售商品出口后,跨境电商企业或其代理人应当于每月 15 日前按规定汇总上月结关的进口申报清单形成出口报关单;允许以"清单核放、汇总统计"方式办理报关手续的,则不再汇总申报。

(5)出口退税:跨境卖家要在 21 日内,整理前 20 日出口的商品清单并提交给海关,海关据此出具企业办理出口退税的证明。

(二)跨境电商进口货物的报关

1."1210""1239"通关模式

"1210""1239"用于跨境电商进口均属于保税模式:"1210"适用跨境电商进口示范城市及跨境电商综合试验区城市;"1239"适用开放保税进口业务的其他城市。

2.跨境电商保税进口模式下的通关流程

跨境电商保税进口模式下的通关流程如图 9-2 所示。

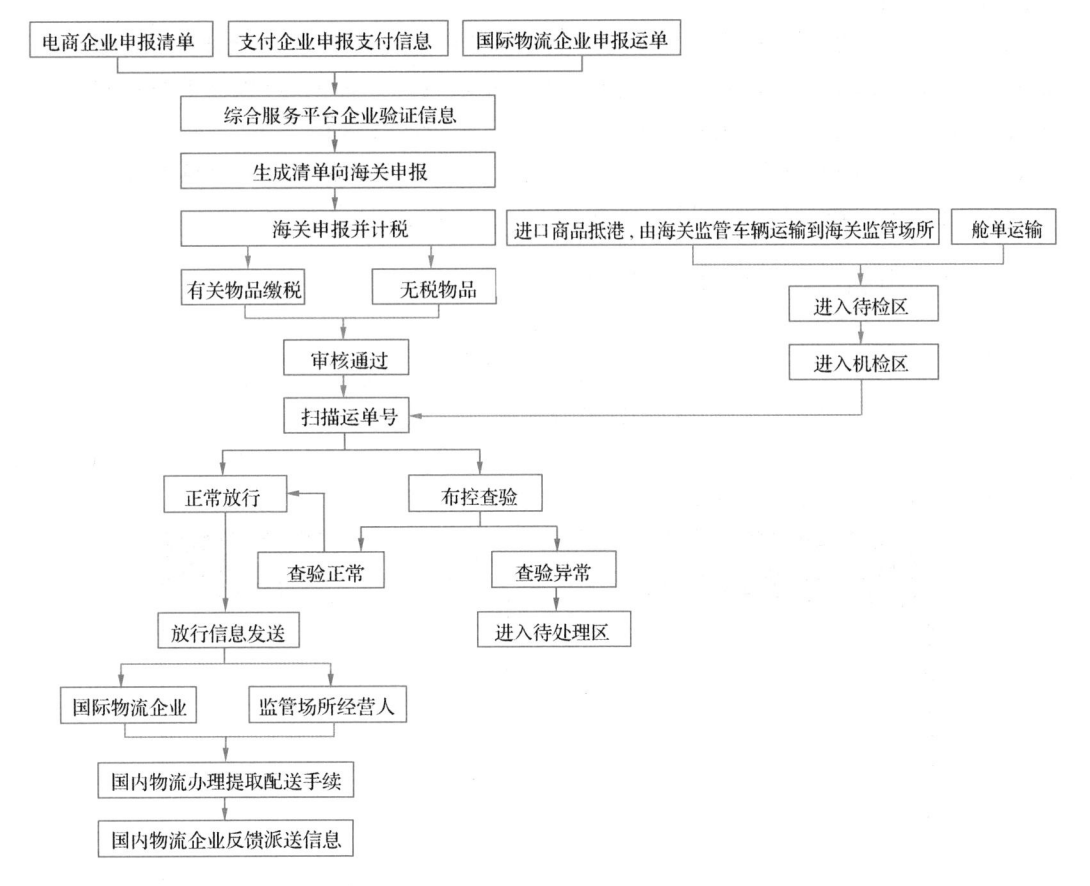

图 9-2  跨境电商保税进口模式下的通关流程

(1)企业注册:跨境电子商务平台企业、物流企业、支付企业等参与跨境电子商务零售进口业务的企业,应当依据海关报关单位注册登记管理相关规定,向所在地海关办理注册登记;境外跨境电子商务企业应委托境内代理人(以下称跨境电子商务企业境内代理人)向该代理人所在地海关办理注册登记。

(2)通关申报:跨境电子商务零售进口商品申报前,跨境电子商务平台企业或跨境电子商务企业境内代理人、支付企业、物流企业应当分别通过中国国际贸易单一窗口或跨境电子商务通关服务平台向海关传输交易、支付、物流等电子信息,并对数据真实性承担相应责任。

跨境电子商务零售商品进口时,跨境电子商务企业境内代理人或其委托的报关企业应提交《中华人民共和国海关跨境电子商务零售进出口商品申报清单》,采取"清单核放"方式办理报关手续。

(3)税收征管:对跨境电子商务零售进口商品,应按照国家关于跨境电子商务零售进口税收政策上缴关税和进口环节增值税、消费税,完税价格为实际交易价格,包括商品零售价格、运费和保险费。

(4)进入海关监管场所:跨境电商进口商品抵港,由海关监管车辆运输到海关监管场所。跨境电子商务监管作业场所经营人、仓储企业应当建立符合海关监管要求的计算机管理系统,并按照海关要求交换电子数据;跨境电子商务网购保税进口业务应当在海关特殊监管区域或保税物流中心(B型)内开展。

(5)检疫、查验:货物需在进境口岸完成检疫及检疫处理工作后,才能被运至跨境电子商务监管作业场所;海关实施查验时,跨境电子商务企业或其代理人、跨境电子商务监管作业场所经营人、仓储企业应当按照有关规定提供便利,配合海关查验。

(6)通关放行:对于查验正常的货物,海关会向国际物流企业或者监管场所经营人发送放行信息,之后国内物流企业办理物流配送手续及反馈派送信息。

## 四、跨境电商货物的申报方式

### (一)中国国际贸易单一窗口申报方式

首先在中国国际贸易单一窗口的"标准版应用"申报模块中单击"跨境电商",然后在下拉菜单中单击"进口申报"或"出口申报",如图9-3所示。再选择"出口报关单整合申报"或"进口报关单整合申报",进入报关单录入页面。

图9-3 中国国际贸易单一窗口跨境电商货物申报界面

### (二)"互联网+海关"申报方式

在"互联网+海关"界面中选择"物品通关"模块,然后单击"其他",再单击"跨境电子商务监管",进入报关单录入界面,如图9-4所示。

图9-4 "互联网+海关"跨境电商货物申报界面

> **行业动态**

### 国务院批复设立第四批跨境电子商务综合试验区

2019年12月24日,国务院发布《国务院关于同意在石家庄等24个城市设立跨境电子商务综合试验区的批复》,同意包括石家庄市、太原市、赤峰市、抚顺市、珲春市、绥芬河市、徐州市、南通市、温州市、绍兴市、芜湖市、福州市、泉州市、赣州市、济南市、烟台市、洛阳市、黄石市、岳阳市、汕头市、佛山市、泸州市、海东市、银川市等24个城市设立第四批跨境电子商务综合试验区。

目前,全国共有59个跨境电子商务综合试验区,前三批归纳如下:

(1)第一批试验区:杭州

2015年国务院批准设立中国(杭州)跨境电子商务综合试验区,国务院在中华人民共和国中央人民政府官网上发布了国函〔2015〕44号文件——《国务院关于同意设立中国(杭州)跨境电子商务综合试验区的批复》。

(2)第二批试验区:天津市、上海市、重庆市、合肥市、郑州市、广州市、成都市、大连市、宁波市、青岛市、深圳市、苏州市等12个城市

2016年1月6日,国务院常务会议决定,设第二批跨境电子商务综合试验区,用新模式为外贸发展提供新支撑(国函〔2016〕17号)。

(3)第三批试验区:北京市、沈阳市、长春市、哈尔滨市、呼和浩特市、南京市、南昌市、武汉市、长沙市、南宁市、海口市、贵阳市、昆明市、西安市、兰州市、厦门市、唐山市、无锡市、威海市、珠海市、东莞市、义乌市等22个城市

2018年7月24日,国务院发布《国务院关于同意在北京等22个城市设立跨境电子商务综合试验区的批复》(国函〔2018〕93号)。

## 9.2 过境、转运、通运货物的报关

> **新闻速递**

### 海关服务"一带一路"促过境贸易发展

某日,青岛远洋大亚物流有限公司在青岛大港海关为一票由韩国仁川港起运,经青岛大港运往哈萨克斯坦阿拉木图的电冰箱办理了过境通关手续。10分钟后,该票货物顺利放行,满载过境集装箱的列车随即驶离青岛大港,7日之后,该批货物就能通过新疆阿拉山口

口岸进入哈萨克斯坦。

过去,美国及日韩等国去往中亚的过境货物,一般通过海运运输到欧洲港口中转,或者通过俄罗斯西伯利亚铁路运输。自青岛开通海铁联运后,过境货物可以从青岛搭乘新亚欧大陆桥通过中国境内运输,相比传统线路距离短、时间快,运费低20%～60%。目前青岛已成为中国重要的过境货物通关口岸之一。

什么是过境货物?过境货物与转运货物有何区别?

## 一、过境、转运、通运货物的含义

过境、转运、通运货物的最终运抵地点都是我国关境外的国家或地区,它们的具体含义如下:

过境货物是指从境外启运,在我国境内不论是否换装运输工具,通过陆路运输,继续运往境外的货物。

转运货物是指由境外启运,通过我国境内设立海关的地点换装运输工具,不通过境内陆路运输,继续运往境外的货物。

通运货物是指从境外启运,不通过我国境内陆路运输,运进境后由原运输工具载运出境的货物。

## 二、过境、转运、通运货物的监管

海关对过境货物监管的目的是防止过境货物在我国境内运输过程中滞留在国内,或将我国货物混入过境货物随运出境;防止禁止过境货物从我国过境。

海关对转运货物实施监管的主要目的在于防止货物在口岸换装过程中误进口或出口。

海关对通运货物监管的目的是防止通运货物与其他货物混卸、误卸,监管其继续运往境外。

## 三、过境、转运、通运货物的报关程序

过境、转运、通运货物的报关程序见表9-1。

表9-1　　　　　过境、转运、通运货物的报关程序

| 类型 | 范围 | 期限 | 报关程序 |
| --- | --- | --- | --- |
| 过境货物 | ①与我国签有过境货物协定的国家的过境货物;②与我国签有铁路联运协定的国家收、发货的过境货物;③未与我国签有协定但经批准准予过境的货物 | 一般6个月,最长可延期3个月 | ①进境时,过境货物经营人或代理人应当向海关申报,递交过境货物报关单、运单及其他相关单证;②海关审核验放;③出境时,向出境地海关申报,海关验核放行 |
| 转运货物 | ①持有转运或联运提货单的;②进口载货清单上注明是转运货物的;③持有普通提货单,但在卸货前向海关声明转运的;④误卸的进口货物,经运输工具经理人提供确实证件的;⑤由于特殊原因申请转运,获海关批准的 | 3个月 | ①载有转运货物的运输工具进境后,承运人在"进口载货清单"上列明转运货物的名称、数量、起运地和到达地,并向主管海关申报进境;②申报经海关同意后,在海关指定的地点换装运输工具;③在规定时间内运送出境 |
| 通运货物 | 运输工具因装卸货物需搬运或倒装货物时,应向海关申请并在海关的监管下进行 |  | ①进境时,运输工具负责人向进境地海关申报;②进境地海关接受申报,在运输工具抵、离境时对申报的货物予以核查,并监管货物实际离境 |

> **职场热线**
>
> 问：如果过境货物小包装入境改大宗散货出境，处理外包装需要报告海关吗？
> 答：根据海关规定，过境货物自进境起到出境止属海关监管货物，应当接受海关监管。过境货物进境后、出境前确因实际需要进行换装、储存时均应经海关同意，并在海关监管场所进行。未经海关许可，任何单位和个人不得开拆、提取、交付、发运、调换、改装、抵押、转让或者更换标记。

## 9.3 进出境快件的报关

**案例导入** —— 快件运营人的抉择

某公司从日本以快件方式进口传真机使用的传感器一批（5 纸箱，价值 9 万美元），传真机传感器属自动许可管理商品；另外供货方免费提供传真机使用说明书 200 份（1 纸箱，标明价值 50 美元）。

该批进口货物的报关可以使用进出境快件的方式申报吗？为什么？

### 一、进出境快件的含义

进出境快件是指进出境快件运营人，以向客户承诺的快速商业运作方式承揽、承运的进出境的货物、物品。

进出境快件运营人是指在中华人民共和国境内依法注册，在海关登记备案的从事进出境快件运营业务的国际货物运输代理企业。

### 二、进出境快件的监管

（一）进出境快件的分类

进出境快件分为 A 类、B 类和 C 类三类。

A 类快件是指无商业价值的文件、单证、票据和资料（依照法律、行政法规以及国家有关规定应当予以征税的除外）。

B 类快件是指境内收寄件人（自然人）收取或者交寄的个人自用物品（旅客分离运输行李物品除外）。

C 类快件是指价值在 5 000 元人民币（不包括运、保、杂费等）及以下的货物（涉及许可证件管制的，需要办理出口退税、出口收汇或者进口付汇的除外）。

（二）进出境快件的查验

海关查验进出境快件时，运营人应派员到场，并负责进出境快件的搬移、开拆、封装。

海关对进出境快件中的个人物品实施开拆查验时，运营人应通知进境快件的收件人或出境快件的发件人到场，收件人或发件人不能到场时，运营人应向海关提交其委托书，代理其履行义务，并承担相应的法律责任。

海关认为必要时，可对进出境快件径行开验、复验或提取货样。

## 三、进出境快件的报关程序

进境快件应当自运输工具申报进境之日起14日内,出境快件在运输工具离境3小时之前,向海关申报。不同的进出境快件申报时需提供不同的单证,见表9-2。

表9-2　　　　　　　　　　　　进出境快件的报关

| 快件分类 | 快件运营人提交的报关单证 |
| --- | --- |
| A类 | A类快件报关单、总运单(副本)、海关需要的其他单证 |
| B类 | B类快件报关单、每一进境快件的分运单、进境快件收件人或出境快件发件人身份证影印件、海关需要的其他单证 |
| C类 | C类快件报关单、代理报关委托书或者委托报关协议、每一进境快件的分运单、发票和海关需要的其他单证 |

注:1.C类快件的监管方式为"一般贸易(0110)"或"货样广告品(3010)",征免性质为"一般征税(101)",征减免税方式为"照章征税"。

2.通过快件渠道进出境的其他货物、物品,应按照海关对进出境货物、物品的规定办理海关手续。

# 9.4　其他不同性质进出境货物的报关

**案例导入**　　　　　　　　　　　　　　　　　　　　　　无代价抵偿货物的辨别

大连某科技有限公司从美国某公司进口一套大豆出仓系统。设备使用的第二年11月,出仓机的滑动式轴承磨损严重,该公司遂通过"无代价抵偿"方式更换了一套滑动式轴承,已损部件未退运出境(以下简称"第一次更换行为")。设备使用的第三年6月,该轴承又产生严重磨损,经海关检验是设计缺陷。公司与外方签订索赔协议,将滑动轴承更换为滚动轴承(以下简称"第二次更换行为"),又拟以"无代价抵偿"方式向海关申报。

"第一次更换行为"和"第二次更换行为"应分别按哪种海关监管货物进行申报?

其他不同性质的进出境货物是指除一般进出口货物、保税货物、特定减免税货物、暂准进出境货物、跨境电商货物、过境货物、转运货物、通运货物、进出境快件之外的进出境货物,包括货样和广告品、租赁货物、加工贸易不作价设备、出境加工货物、无代价抵偿货物、进出境修理物品、溢卸货物和误卸货物、退运货物、退关货物、放弃货物、超期未报关货物等。

## 一、货样和广告品

### (一)货样和广告品的含义

货样是指专供订货参考的进出口货物样品;广告品是指用以宣传有关商品的进出口广告宣传品。

### (二)货样和广告品的报关要点

(1)进出口货样和广告品,不论是否免费提供,均应由在海关注册登记的进出口收发货人或其代理人向海关申报。

(2)进出口货样和广告品属于国家禁止进出口或者进出口实行许可证件管理的商品,应按相关规定办理。

(3)进出口无商业价值的货样和广告品属于法定减免税,其他进出口货样和广告品一律照章征税。

(4)进出口货物报关单的监管方式栏填报"货样广告品(3010)"。

## 二、租赁货物

### (一)租赁货物的含义

租赁货物主要指租赁进口货物,包括金融租赁进口货物和经营租赁进口货物两类。金融租赁进口货物一般是不复运出境的,租赁期满,以很低的名义价格转让给承租人,承租人按合同规定分期支付租金,租金的总额一般都大于货价;经营租赁进口的货物一般是暂时性质的,按合同规定的期限复运出境,承租人按合同规定支付租金,租金总额一般都小于货价。

### (二)租赁货物的报关程序

租赁货物的报关程序见表9-3。

表9-3　　　　　　　　　　　租赁货物的报关程序

| 类别 | 税款缴纳方式 | 完税价格 | 说明 |
| --- | --- | --- | --- |
| 金融租赁 | 一次性缴纳税款 | 货物的实际价格 | ①按进口货物的实际价格向海关申报;<br>②租赁期在1年及以上的进出口货物报关单的监管方式栏填报"租赁贸易(1523)",租赁期不满1年的进出口货物报关单的监管方式栏填报"租赁不满一年(1500)";<br>③向海关提供租赁合同、应当提供的进口许可证件和其他单证;<br>④海关现场放行后不再对货物进行监管 |
| 金融租赁 | 按租金分期缴纳税款 | 第一期实际支付的租金(海关统计按货物的实际价格) | ①按第一期应当支付的租金和货物的实际价格填制两份报关单向海关申报,一份报关单监管方式栏填报"租赁贸易(1523)"或"租赁不满一年(1500)",申报租赁货物的全值,用于监管和统计;另一份报关单监管方式栏填报"租赁征税(9800)",用于计征税款;<br>②向海关提供租赁合同、应当提供的进口许可证件和其他单证;<br>③海关现场放行后对货物继续进行监管;<br>④纳税义务人在每次支付租金后的15日内(含第15日)按支付租金额向海关申报,报关单监管方式栏填报"租赁征税(9800)",并将首次进口报关单号作为关联报关单填报于标记唛码及备注栏,直到最后一期租金支付;<br>⑤租期届满30日内纳税义务人应向海关办结相关手续,退运出境或残值转让 |
| 经营租赁 | 一次性缴纳税款 | 租金总额 | ①按第一期应当支付的租金或租金总额和货物的实际价格填制两份报关单向海关申报,报关单监管方式栏的填报同上;<br>②向海关提供租赁合同、应当提供的进口许可证件和其他单证;<br>③海关现场放行后对货物继续进行监管;<br>④分期缴纳税款的,纳税义务人在每次支付租金后的15日内(含第15日)按支付租金额向海关申报,报关单监管方式栏、标记唛码及备注栏的填报同上,直到最后一期租金支付;<br>⑤租期届满30日内纳税义务人应向海关办结相关手续,复运出境、留购或续租 |
| 经营租赁 | 按租金分期缴纳税款 | 第一期实际支付的租金 | |

> **职场热线**
>
> 问：我公司准备从韩国以租赁方式进口旧机器设备，成品返销给国外设备租赁方。如果以租赁方式进口旧机器设备，进口时关税和增值税是免税还是先征后退？
>
> 答：纳税义务人申报进口租赁货物，应当向海关提交租赁合同及其他有关文件；海关认为必要时，纳税义务人应当提供税款担保。一次性支付租金的，纳税义务人应当在申报租赁货物进口时办理纳税手续，缴纳税款。租赁进口货物自进境之日起至租赁结束办结海关手续之日止，应当接受海关监管。

## 三、加工贸易不作价设备

### （一）加工贸易不作价设备的含义

加工贸易不作价设备是指与加工贸易经营企业开展加工贸易的境外厂商，免费向经营单位提供的加工生产所需的设备。加工贸易进口设备必须是不作价的，可以是由境外厂商免费提供，也可以是向境外厂商免费借用。

### （二）加工贸易不作价设备的特征

加工贸易不作价设备与保税加工货物、特定减免税设备的监管特征比较见表9-4、表9-5。

表 9-4　　　　　加工贸易不作价设备与保税加工货物的监管特征比较

| 比较项目 | 相同点 | 不同点 |
| --- | --- | --- |
| 加工贸易不作价设备 | 都用于加工贸易生产 | 生产设备，进境使用一般不改变形态，不强调复运出境 |
| 保税加工货物 |  | 生产料件，进境使用一般改变形态，强调加工后复运出境 |

表 9-5　　　　　加工贸易不作价设备与特定减免税设备的监管特征比较

| 比较项目 | 相同点 | 不同点 |
| --- | --- | --- |
| 加工贸易不作价设备 | 都是免税进境的生产设备 | 按保税货物管理，核发加工贸易手册；进口凭加工贸易手册验放；监管期限为5年 |
| 特定减免税设备 |  | 按特定减免税货物管理 |

### （三）加工贸易不作价设备的报关

1. 备案

企业持订有加工贸易不作价设备条款的加工贸易合同等相关单证向海关提出申请，海关审核后核发加工贸易手册；加工贸易不作价设备加工贸易手册的有效期为1年。

2. 进口

加工贸易不作价设备进境时提交加工贸易手册，海关凭此验放。除国家另有规定外，进境时免征进口关税，不免征进口环节增值税，可免交进口许可证件。

加工贸易不作价设备进口申报时，监管方式为"不作价设备（0320）"，对临时进口（6个月以内）加工贸易生产所需的不作价模具、单台设备，按暂准进境货物申报进口。

3. 核销

加工贸易不作价设备海关监管期限一般是5年。监管期限未满，企业可结转、转让、留用、修理替换和退运,但企业需提前申请解除监管,办理相关海关手续;监管期满的,如不退运出境,可留用,也可申请放弃。

> **职场热线**
>
> 问:我公司有一批不作价设备将从国内同一集团所属的子公司结转过来,请问我公司可否办理不作价设备手册?如果可以办理,需要提供什么资料?
>
> 答:办理不作价设备手册,首先要求设备为外方产权,且免费提供,如果你公司有加工贸易业务,有独立厂房存放不作价设备或产品70%以上出口,就可以办理不作价设备手册。你公司可凭商务主管部门出具的不作价设备批件、加工贸易合同、外方设备提供清单向主管海关申请办理。手册申领完成后,再分别向两地海关申请不作价设备结转。

## 四、出境加工货物

### (一)出境加工的含义

出境加工是指我国境内符合条件的企业将自有的原辅料、零部件、元器件或半成品等货物委托境外企业制造或加工后,在规定的期限内复运进境并支付加工费和境外料件费等相关费用的经营活动。

### (二)开展出境加工业务的条件

企业开展出境加工业务应同时符合下列要求:①信用等级为一般认证及以上企业;②不涉及国家禁止、限制进出境货物;③不涉及国家应征出口关税货物。

企业有下列情形之一的,不得开展出境加工业务:①涉嫌走私、违规,已被海关立案调查、侦查,且案件尚未审结的;②未在规定期限内向海关核报已到期出境加工账册的。

### (三)出境加工货物的监管模式

海关采用账册方式对出境加工货物实施监管;出境加工货物不受加工贸易禁止类、限制类商品目录限制,不实行加工贸易银行保证金台账及单耗管理等加工贸易相关规定。

### (四)出境加工货物的报关程序

出境加工货物的报关包括设立账册、进出境申报、核销三个阶段,见表9-6。

表9-6　　　　　　　　　　出境加工货物的报关程序

| 阶段 | | 报关要点 |
| --- | --- | --- |
| 设立账册 | | 到主管海关办理出境加工账册设立手续,账册核销期为1年 |
| 进出境申报 | 出境 | 提交账册、出口货物报关单及相关单证申报出口,属许可证件管理的免交许可证件;出口货物报关单监管方式栏为"出料加工(1427)",标记唛码及备注栏填写账册编码 |
| | 进境 | 提交账册、进口货物报关单及相关单证申报进口;进口货物报关单监管方式栏为"出料加工(1427)",标记唛码及备注栏填写账册编码;海关以加工费、材料费、复运进境的运输及其相关费用和保险费审定完税价格征收进口关税和进口环节海关代征税 |
| 核销 | | 企业应于出境加工账册核销期结束之日起30日内向主管海关报核出境加工账册 |

注:出境加工货物的出口和复进口应在同一口岸。

## 五、无代价抵偿货物

### (一)无代价抵偿货物的含义

无代价抵偿货物是指进出口货物在海关放行后,因残损、短少、品质不良或者规格不符,由进出口货物的发货人、承运人或者保险公司免费补偿或者更换的与原货物相同或者与合同规定相符的货物。

收发货人申报进出口的无代价抵偿货物,与退运出境或者退运进境的原货物不完全相同或者与合同规定不完全相符的,经收发货人说明理由,海关审核认为理由正当且税则号列未发生改变的,仍属于无代价抵偿货物范围。其税则号列与原进出口货物的税则号列不一致,则不属于无代价抵偿货物范围。

### (二)无代价抵偿货物的特征

(1)进出口无代价抵偿货物免交验进出口许可证件。
(2)对于完全相符的无代价抵偿货物,进口不征收进口关税和进口环节海关代征税;出口不征收出口关税。
(3)现场放行后,海关不再进行监管。

### (三)无代价抵偿货物的报关程序

(1)无代价抵偿大体上可以分为两种:一种是短少抵偿,一种是残损、品质不良或规格不符抵偿。后者原进出口货物有多种处置方式,如退运、放弃或不退运也不放弃,因此进出口无代价抵偿货物在报关程序上也有所区别,如图9-5所示。

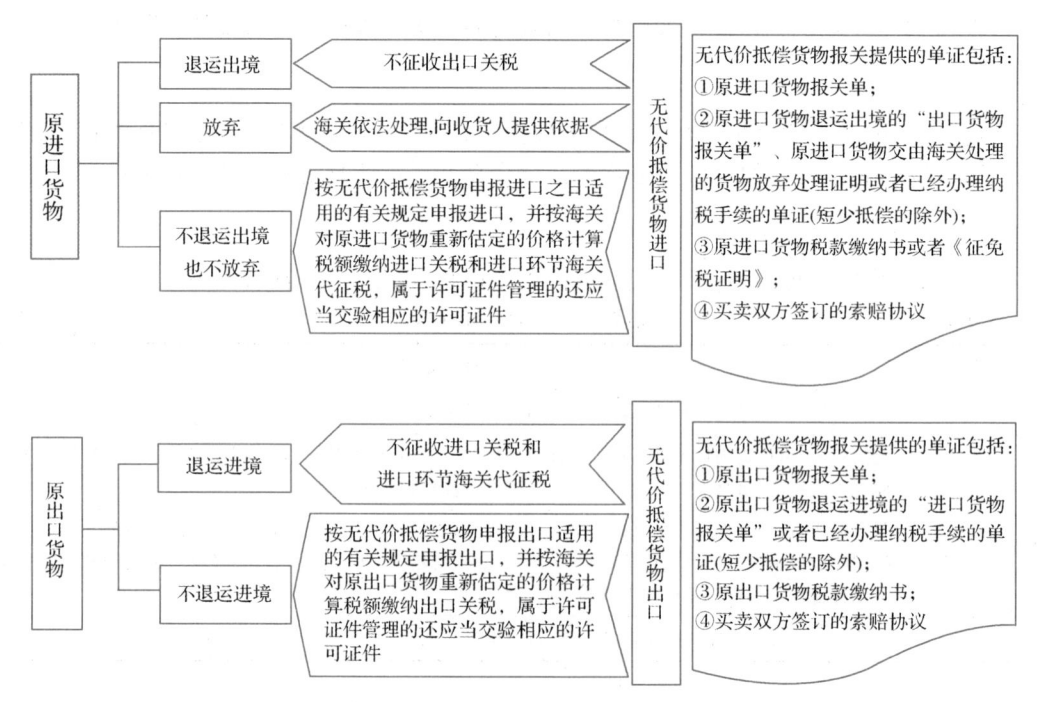

图9-5 残损、品质不良或规格不符的无代价抵偿货物的报关程序

(2)向海关申报进出口无代价抵偿货物应当在原进出口合同规定的索赔期内,不超过原货物进出口之日起3年。

(3)收发货人申报无代价抵偿货物进出口时除应当填制报关单和提供基本单证外,还应当提供如图9-5所示的特殊单证;海关认为需要时,纳税义务人还应当提交具有资质的商品检验机构出具的原进口/出口货物残损、短少、品质不良或者规格不符的检验证明书或者其他有关证明文件。

(4)无代价抵偿进出口货物报关单的监管方式栏为"无代价抵偿(3100)",征免性质栏为"其他法定(299)"或"一般征税(101)",标记唛码及备注栏填报关联的原进出口货物报关单号;原进出口货物退运出/进境时,其报关单监管方式栏为"其他(9900)",标记唛码及备注栏填报关联的原进出口货物报关单号。

> **职场热线**
>
> 问:我公司以一般贸易申报进口一批墙纸原纸,已办好海关通关手续且已到工厂。后来经我公司测试该批墙纸质量及型号未能符合要求,经协商将其退回供应商,由供应商重新发同一规格型号墙纸到我公司。请问我公司能否退运出口该货物?如何办理?关税如何处理?
>
> 答:根据相关规定,你公司应先将原进口货物以"其他"监管方式申报退运出境,再将外国供应商给予更换的与合同相符的货物以"无代价抵偿"的监管方式申报进境,不征收进口关税和进口环节海关代征税。

## 六、进出境修理物品

(一)进出境修理物品的含义

进出境修理物品是指运进(出)境进行维护修理后复运出(进)境的货物以及为维修这些货物需要进(出)口的原材料、零部件;不包括保税加工货物的进出境修理。

(二)进出境修理物品的监管要点

进出境修理物品的监管要点见表9-7。

表9-7　　　　　　　　　　　进出境修理物品的监管要点

| 类别 | | 监管要点 | 相同要点 | | |
|---|---|---|---|---|---|
| | | | 许可证件 | 规定期限 | 销案 |
| 进境修理货物 | | 提交维修合同或者含有保修条款的原出口合同及相关单证;提供进口货款担保,免缴纳进口关税和进口环节海关代征税 | 免予交验 | 自进出境修理之日起6个月,可申请延长6个月 | 进出境修理物品属海关监管货物,复运进出境后应办销案手续;未复运出境的或超过规定期限复运进境的,按一般进出口货物办理报关手续 |
| 出境修理货物 | 保修期内 | 由境外免费维修的,免征进口关税和进口环节海关代征税;在保修期内或保修期外境外维修收取费用的,按照境外修理费和材料费审定完税价格计征进口关税和进口环节海关代征税 | | | |
| | 保修期外 | 按照境外修理费和材料费审定完税价格计征进口关税和进口环节海关代征税 | | | |

注:进出境修理物品报关单的监管方式栏为"修理物品(1300)",征免性质栏为"其他法定(299)"或"一般征税(101)";复运出/进境报关单的标记唛码及备注栏填报关联的出、进口报关单号。

> **职场热线**
>
> 问：我公司有些设备是国内生产的，由于技术问题，国内暂时没有办法维修，只能运至韩国维修。请问国内生产的设备可以运至国外维修吗？如果可以，应如何办理海关相关手续？
>
> 答：据你公司所述情况，可按进出境修理物品向海关申报，监管方式为"修理物品(1300)"，申报时应提供修理合同或含保修条款的协议，同时缴纳担保金并办理通关担保手续，确保6个月内复运进境。
>
> 问：我公司有一成套设备需要进境修理，但是在修理时需要使用专门的仪器，是否可将该仪器与设备一并按照进境修理物品申报？
>
> 答：修理物品是指被修理的货物以及维修所需要的原材料和零部件，因此维修所需的专门仪器不是修理物品，不能与设备一并申报，应单独申报。维修设备所需的专门仪器可按"暂时进出境货物"申报。
>
> 维修设备所使用的专门仪器或工具进行进出境申报时，应按照"暂时进出境货物"申报。

## 七、溢卸货物和误卸货物

### （一）溢卸货物、误卸货物的含义

溢卸货物是指未列入进口载货清单、运单的货物，或者多于进口载货清单、提单或运单所列数量的货物。

误卸货物是指将指运境外港口、车站或境内其他港口、车站而在本港（站）卸下的货物。

经海关核实的溢卸货物和误卸货物，由载运该货物的原运输工具负责人，自该运输工具卸货之日起3个月内，向海关申请办理退运出境手续；或者由该货物的收发货人，自该运输工具卸货之日起3个月内，向海关申请办理退运或者申报进口手续。经载运该货物的原运输工具负责人，或者该货物的收发货人申请，海关批准，可以延期3个月办理退运出境或者申报进口手续。

溢卸货物及误卸货物属于危险品或者鲜活、易腐、易烂、易失效、易变质、易贬值等不宜长期保存的货物的，海关可以根据实际情况，提前提取依法变卖处理，变卖所得价款按有关规定处理。

### （二）溢卸货物、误卸货物的报关程序

溢卸货物、误卸货物的报关程序见表9-8。

学习情境 9　其他进出境货物的报关　219

表 9-8　　　　　　　　　　溢卸货物、误卸货物的报关程序

| 货　物 | 适用情形 | 报关程序 |
|---|---|---|
| 溢卸货物 | 就地进口 | 原收货人接受的,原收货人或其代理人向进境地海关申报,并提供相关的溢卸货物证明,如属许可证件管理的提交许可证件,海关征税放行 |
| | 溢短相补 | 溢卸货物抵补短卸货物的,限于同一运输工具、同一品种的货物;非同一运输工具或同一运输工具非同一航次之间抵补的,只限于同一运输公司、同一发货人、同一品种的进口货物。由短卸货物原收货人或其代理人按照无代价抵偿货物办理进口手续 |
| 误卸货物 | 物归原主 | 指运境外的,运输工具负责人或其代理人按转运货物办理海关手续,转运至境外;指运境内的,可由原收货人或其代理人就地办理进口申报手续 |
| 溢卸或误卸货物 | 退运境外 | 当事人可向海关申请办理直接退运手续 |
| | 境内转售 | 原收货人不接受货物,或不办理退运手续的,运输工具负责人或其代理人可以要求在国内进行销售,由购货单位向海关办理相应的进口手续 |

## 八、退运货物

退运货物是指原出口货物或进口货物由于各种原因造成退运的货物。退运货物分为一般退运货物和直接退运货物两类,如图 9-6 所示。

```
                ┌── 一般退运货物 ──── 指已办理进出口申报手续且海关已放行的退运货物
退运货物 ──┤
                └── 直接退运货物 ──── 指在进境后、办结海关放行手续前,直接退运境外的货物
```

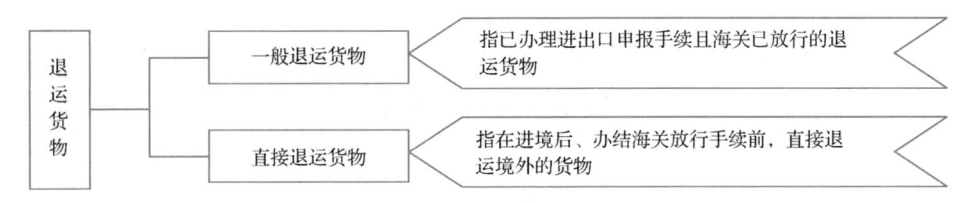

图 9-6　退运货物的分类及含义

### (一) 一般退运货物

一般退运货物的退运进口和退运出口的报关要点见表 9-9。

表 9-9　　　　　一般退运货物的退运进口和退运出口的报关要点

| 类别 | 方式 | 申报单证 | 报关单相关栏目填报 | 免退税情况 |
|---|---|---|---|---|
| 退运进口 | 原出口货物已退税 | ①进口货物报关单;②原出口货物的出口货物报关单;③税务部门出具的"出口商品退运已补税证明";④保险公司证明或承运人溢装、漏卸的证明等有关资料 | ①监管方式:退运货物(4561);征免性质:其他法定(299) ②标记唛码及备注栏填报关联的原出/进口货物报关单号 | ①由于品质或者规格原因,出/进口货物自出/进口之日起 1 年内原状退货复运出/进境的,不予征收进口税/免征出口关税 ②退运进口货物原出口时已经征收出口关税的,只要重新缴纳因出口而退还的国内环节税的,自缴纳出口税款之日起 1 年内准予退还 ③退运出口货物已征收的进口关税和进口环节海关代征税,自缴纳进口税款之日起 1 年内准予退还 |
| | 原出口货物未退税 | ①进口货物报关单;②原出口货物的出口货物报关单;③出口货物报关单出口退税证明联;④保险公司证明或承运人溢装、漏卸的证明等有关资料 | | |
| | 原出口货物部分退运 | 若出口货物部分退运进口,海关在原出口报关单上应批注退运的实际数量、金额后退回企业并留存复印件 | | |
| 退运出口 | | ①出口货物报关单;②原进口货物的进口货物报关单;③保险公司证明或承运人溢装、漏卸的证明等有关资料 | | |

## （二）直接退运货物

直接退运货物包括两种情形：①进口货物收发货人、原运输工具负责人或其代理人（简称当事人）申请直接退运境外的全部或部分货物；②海关根据国家有关规定责令直接退运境外的全部或部分货物。

### 1. 直接退运货物的范围

当事人申请和海关责令直接退运货物的范围见表9-10。

表9-10　　　　　　　　　　直接退运货物的范围

| 当事人申请直接退运的货物 | 海关责令直接退运的货物 |
| --- | --- |
| ①因国家贸易管理政策调整，收货人无法提供相关证件的；<br>②属错发、误卸或溢卸货物，能够提供发货人或承运人书面证明文书的；<br>③收发货人协商一致同意退运，能够提供双方同意退运的书面证明文书的；<br>④有关贸易发生纠纷，能够提供法院判决书、仲裁机构仲裁决定书或无争议的有效货物所有权凭证的；<br>⑤货物残损或者海关检验检疫不合格的 | ①进口国家禁止进口货物，经海关依法处理后的；<br>②违反国家检验检疫政策法规的；<br>③未经许可擅自进口属于限制进口用作原料的固体废物，经海关依法处理后的；<br>④违反国家有关法律、行政法规，应当责令直接退运的其他情形 |

注：对海关已经确定查验或者认为有走私违规嫌疑的货物，不予办理直接退运。

### 2. 直接退运货物的报关程序

当事人申请和海关责令直接退运货物的报关程序见表9-11。

表9-11　　　　　　　　　直接退运货物的报关程序

| 当事人申请直接退运的货物 | 海关责令直接退运的货物 |
| --- | --- |
| ①当事人向海关提交《进口货物直接退运表》及相关单证、证明文书，办理直接退运申报手续；<br>②先填制出口货物报关单，标记唛码及备注栏填写《进口货物直接退运表》编号，监管方式栏填写"直接退运（4500）"；<br>③填制进口货物报关单，标记唛码及备注栏填报关联的出口货物报关单号 | ①海关制发《中华人民共和国海关责令进口货物直接退运通知书》，当事人自收到通知书之日起30日内办理直接退运申报手续；<br>②先填制出口货物报关单，标记唛码及备注栏填写《进口货物直接退运表》编号，监管方式栏填写"直接退运（4500）"；<br>③填制进口货物报关单，标记唛码及备注栏填报关联的出口货物报关单号 |

注：由于承运人的责任造成货物错发、误卸或者溢卸的，当事人办理直接退运手续时可以免予填制报关单。

---

**职场热线**

问：我公司出口至德国的一批风机，因质量问题需退回修理，但无法确定何时能修好，而且也不确定是否要重新更换机器。请问采用哪种方式申报将物品退回来比较合适？

答：如果是修理后再出口，建议用"修理物品"申报进出口；如果只是退回不再出口，建议用"退运货物"申报进口；如果是退回后换一批同样的货物出口，建议用"其他"的监管方式申报进口，用"无代价抵偿"的监管方式申报出口。

## 九、退关货物

### (一) 退关货物的含义

退关货物又称出口退关货物,是指出口货物在向海关申报出口后被海关放行,因故未能装上运输工具,发货单位请求将货物退运出海关监管区域不再出口的货物。

### (二) 退关货物的报关程序

(1) 出口货物的发货人及其代理人应当在得知出口货物未装上运输工具,并决定不再出口之日起3日内,向海关申请退关;

(2) 经海关核准且撤销出口申报后方能将货物运出海关监管场所;

(3) 已缴纳出口关税的退关货物,可以在自缴纳税款之日起1年内,提出书面申请,向海关申请退税。

## 十、放弃货物

放弃货物即放弃进口货物,是指进口货物的收货人或其所有人声明放弃,由海关提取依法变卖处理的货物。国家禁止或限制进口的废物、对环境造成污染的货物不得声明放弃。

由海关提取依法变卖处理的放弃进口货物的所得价款,优先拨付变卖处理实际支出的费用后,再扣除运输、装卸、储存等费用。所得价款不足以支付运输、装卸、储存等费用的,按比例支付。变卖价款扣除相关费用后尚有余款的,上缴国库。

## 十一、超期未报关货物

超期未报关货物是指在规定的期限内未办结海关手续的海关监管货物,由海关提取依法变卖处理。超期未报关货物包括:

(1) 自运输工具申报进境之日起,超过3个月未向海关申报的进口货物;

(2) 在海关批准的延长期满仍未办结海关手续的溢卸货物、误卸货物;

(3) 超过规定期限3个月未向海关办理复运出境或者其他海关手续的保税货物和暂准进境货物;

(4) 超过规定期限3个月未运输出境的过境、转运和通运货物。

### 基础知识 >>>

#### 一、单项选择题

1. 上海某航运公司完税进口一批驳船,但使用不久后发现大部分驳船油漆剥落,遂向境外供应商提出索赔,供应商同意减价60万美元,并应进口方的要求以等值的驳船用润滑油补偿。该批润滑油进口时应当办理的海关手续是( )。

A. 按一般贸易进口报关,缴纳进口税

B. 按一般贸易进口报关,免纳进口税

C. 按无代价抵偿货物报关,缴纳进口税

D. 按无代价抵偿货物报关,免纳进口税

2. 下列关于进境快件适用的报关单表述错误的是（　　）。

A. 无商业价值的文件、单证、票据和资料的快件提交 A 类快件报关单

B. 境内收件人（自然人）收取的个人自用物品提交 B 类快件报关单

C. 价值在 5 000 元人民币（不包括运、保、杂费等）及以下的货物提交 C 类快件报关单

D. 对涉及许可证件管理的货物，提交进口货物报关单

3. 从境外启运，在我国境内设立海关的地点换装运输工具，不通过境内陆路运输，继续运往境外的货物是（　　）。

A. 通运货物　　　　B. 转口货物　　　　C. 过境货物　　　　D. 转运货物

4. 某纺织品进口公司在国内购买一批坯布运出境印染，复运进境后委托服装厂加工成服装，然后回收出口。前后两次出口适用的报关程序分别是（　　）。

A. 暂准出境和一般出口　　　　　　　B. 一般出口和进料加工

C. 出境加工和一般出口　　　　　　　D. 出境加工和进料加工

5. 跨境电子商务零售进出口商品申报前，应分别如实向海关传输交易、支付/收款、物流等电子信息的企业不包括（　　）。

A. 电子商务企业或电子商务交易平台企业　　B. 支付企业

C. 物流企业　　　　　　　　　　　　　　　D. 商品生产企业

二、多项选择题

1. 短少抵偿的进口货物，收货人按照无代价抵偿货物向海关申报时，除应当提交报关单并提供基本单证外，还需要提交的特殊单证包括（　　）。

A. 原进口货物报关单

B. 原进口货物税款缴纳书或"征免税证明"

C. 买卖双方签订的索赔协议

D. 商品检验机构出具的原进口货物短少检验证明书

2. 补偿货物进口时，可以以无代价抵偿货物向海关申报进口的情形有（　　）。

A. 合同规定的索赔期 1 年，原货物进口 1 年

B. 合同规定的索赔期 2 年，原货物进口 3 年

C. 合同规定的索赔期 5 年，原货物进口 3 年

D. 合同规定的索赔期 10 年，原货物进口 5 年

3. 下列关于直接退运货物报关手续的表述正确的有（　　）。

A. 先报出口，再报进口　　　　　　　B. 因承运人错发的，免填报关单

C. 不需要交验进出口许可证件　　　　D. 免予征收各种税费及滞报金

4. 在货物进境后，办结海关放行手续前，特定情形下依法应当退运的，由海关责令当事人退运境外。上述特定情形包括（　　）。

A. 因国家贸易管理政策调整，收货人无法提供相关证件的

B. 进口国家禁止进口的货物，经海关依法处理后的

C. 违反国家检验检疫政策法规的

D. 未经许可擅自进口属于限制进口的固体废物用作原料，经海关依法处理的

5. 由于品质或规格原因,出口货物自出口放行之日起 1 年内原装退货复运进境,纳税义务人在办理进口申报手续时,应当按照规定提交有关单证和证明文件。经海关确认后,对退运进境的原出口货物(　　)。

　　A. 不予征收进口关税　　　　　　　　B. 不予征收进口环节增值税
　　C. 不予征收进口环节消费税　　　　　D. 不予退还原征出口关税

6. 下列关于按租金分期缴纳税款的租赁进口货物的报关手续,正确的是(　　)。

　　A. 收货人或者其代理人在租赁货物进口报关时应当向海关提供租赁合同

　　B. 收货人或其代理人需要填制两张报关单,按照第一期应当支付的租金填制 1 张报关单用于征税,按照货物的实际价格填制 1 张报关单用于统计

　　C. 纳税义务人在每次支付租金后的 15 日内(含第 15 日)按支付租金额向海关申报纳税

　　D. 纳税义务人应当在租期届满之日起 15 日内,申请办结海关手续

7. 出境加工货物按规定期限复进口,海关审定完税价格时,其价格因素包括(　　)。

　　A. 原出口料件成本价

　　B. 境外加工费

　　C. 境外加工的材料费

　　D. 复运进境的运输及其相关费用、保险费

8. 下列货物中需要海关后续管理的有(　　)。

　　A. 无代价抵偿货物

　　B. 出境加工货物

　　C. 进出境修理物品

　　D. 一次性按货物实际价格缴纳税款的金融租赁进口货物

9. 下列关于海关对进出境货物监管期限的表述正确的是(　　)。

　　A. ATA 单证册项下的展览品自货物进境之日起 6 个月内应当复运出境,但经海关批准后可以延期,延长的期限不得超过 3 个月

　　B. 境外集装箱箱体暂准进境,应当于进境之日起 6 个月内复运出境,但经海关批准后可以延期,延长的期限不得超过 3 个月

　　C. 过境货物的过境期限为 6 个月,但经海关批准后可以延期,延长的期限不得超过 3 个月

　　D. 出境加工货物自出境之日起 6 个月内应当复运进境,但经海关批准后可以延期,延长的期限不得超过 3 个月

10. 下列关于跨境电子商务零售进口商品报关的表述正确的是(　　)。

　　A. 跨境电子商务零售进口商品申报前,电子商务企业或电子商务交易平台企业、支付企业、物流企业应分别通过跨境电子商务通关服务平台如实向海关传输交易、支付、物流等电子信息

　　B. 电子商务企业或其代理人应提交《中华人民共和国海关跨境电子商务零售进口商品申报清单》

　　C. 采取"清单核放、汇总申报"方式办理报关手续

　　D. 按时段汇总计征税款,代收代缴义务人应当依法向海关提交足额有效的税款担保

### 三、判断题

（　　）1. 无代价抵偿货物是指进出口货物在海关放行后，因残损、短少、品质不良或者规格不符，由进出口货物的收发货人、承运人或者保险公司免费补偿或者更换的与原货物相同或者与合同规定相符的货物。

（　　）2. 海关采用手册方式对出境加工货物实施监管。

（　　）3. 出境修理货物超过海关规定期限复运进境的，海关按一般进口货物计征进口关税和进口环节海关代征税。

（　　）4. 一般退运进口货物监管方式为"退运货物（4561）"。

（　　）5. 跨境电子商务零售进出口商品的报关主体为进出境快件的经营人、邮政等。

（　　）6. 跨境电子商务零售进口商品按照一般进口货物征收关税和进口环节海关代征税，完税价格为实际交易价格，包括商品零售价格、运费和保险费。

## 操作技能 >>>

**【项目一】**

某年2月，汕头A公司向我国香港B公司订购了一批国家限制进口钢材，我国香港B公司随后与韩国C公司签订了购买钢材合同，同时委托境外D银行为其购买上述钢材开具信用证，D银行于4月向韩国C公司开立了金额为92.5万美元的信用证。当年8月，韩国C公司按合同约定将上述信用证项下钢材运抵汕头港并储存在港口海关监管区内，但此后汕头A公司未收取货物、支付货款并办理进口报关手续，我国香港B公司也没有就该批钢材向境外D银行支付货款赎取提单。在此情况下，D银行向国外供货方韩国C公司支付了信用证项下货物应付款项，并以此获得了进口钢材的正本提单。海关于转年2月依法提取上述超期未报关钢材，委托专门拍卖机构进行公开拍卖，拍卖所得价款为人民币8 896 025.60元，扣除有关费用后，剩余货款为人民币5 832 052.82元。境外D银行在获悉进口钢材被海关拍卖后，持正本提单以货物所有权人身份向某海关申请返还上述变卖余款。

1. 海关有权提取变卖进口钢材吗？为什么？
2. 海关针对D银行返还变卖余款的申请将如何做出决定？为什么？

**【项目二】**

日前，江苏扬州某中外合资企业遇到一件烦心事，该企业从美国进口的用于进料加工的多晶硅原料，由于品质不合格需退运换货，扬州海关做了品质检验，出具了检验证书。一个月后，美国客户又发运了更换的货物。

1. 如何办理此批原料的出口退运手续？
2. 申报时监管方式、征免性质、征免、关联报关单号等栏目应该如何填写？
3. 美国客户更换的货物应该以什么监管方式申报？

# 学习情境 10

# 进出口商品归类与原产地确定

## 学习目标

**知识目标：** 理解《商品名称及编码协调制度公约》的含义及基本结构，掌握归类总规则和商品归类要点，理解进出口货物原产地确定原则和方法。

**技能目标：** 运用归类总规则完成进出口商品归类，能够正确确定进出口商品的监管条件与适用税率。

**素质目标：** 通过学习进出口商品归类规则、方法与步骤等，培养精益求精的工作态度及工匠精神，树立规则意识、规矩意识。

### 知识准备 >>>

## 10.1 认知我国海关进出口商品分类目录

### 案例导入  商品编码暗藏玄机

某年2月，民汇有限公司向某海关申报进口一般贸易的防盗报警器5 000台，申报商品编码为85311000（该商品编码关税普通税率为40%）。经查验，实际进口货物为有显示功能的防盗报警器，商品编码为85312000（该商品编码关税普通税率为70%）。

由于当事人未按进口货物的商品属性和功能如实申报，品名及商品编码申报不实，因此海关对民汇有限公司进行立案调查。

1. 什么是进出口商品编码？它在国际贸易与进出口通关中有何作用？
2. 进出口商品应如何进行归类？归类时应遵循什么原则？

进出口商品归类是通关主体依据《海关法》及相关法律、法规，对进出口商品进行编码（亦称税则）查询、审定、确认的过程性活动，是海关监管、海关征税和海关统计的基础。正确申报商品的归类是进出口货物收发货人或其代理人应尽的法律义务，归类的正确与否与报关单位的切身利益密切相关，直接影响进出口货物适用的监管条件、税种税率及通关效率。因此，进出口商品归类是报关人员必须掌握的基本技能。

## 一、《协调制度》概述

### (一)《协调制度》的产生

《协调制度》(HS)是《商品名称及编码协调制度公约》(Harmonized Commodity Description and Coding System)的简称。《协调制度》是原海关合作理事会(Customs Co-operation Council,简称CCC)(1995年更名为世界海关组织)在《海关合作理事会商品分类目录》(CCCN)和《国际贸易标准分类》(SITC)的基础上制定的。目前,已有200多个国家、地区和国际组织采用《协调制度》分类目录。

微课:何为进出口商品分类目录?

### (二)《协调制度》的基本结构

《协调制度》是一部系统的国际贸易商品分类目录,所列商品名称的分类和编排有一定的规律,每一种商品都有其相应的归类编码。根据各种商品的生产类别、自然属性和功能用途等原则将其分为21类97章(其中第77章空缺,以备将来使用),每一章由若干品目构成,品目项下又细分出若干一级子目和二级子目。

1. 类的设置依据

从类来看,基本上按社会生产的分工分类。例如,农业在第一、二类;化学工业在第六类;纺织工业在第十一类;冶金工业在第十五类;机电制造业在第十六类等。

2. 章的设置依据

从章来看,基本上按商品的自然属性或功能、用途划分。第1章至第83章(第64章至第66章除外)是按商品的自然属性来分章:第1章至第5章是活动物和动物产品;第64章至第66章和第84章至第97章是按货物的用途或功能来分章,如第84章是机械设备。

3. 类、章、品目的编排次序

类、章、品目的编排,一般是:动物→植物→其他;原材料→成品,加工程度低→加工程度高;整机→零配件。

## 二、我国海关进出口商品分类目录的产生

我国海关自1992年1月1日起开始采用《协调制度》。我国在《协调制度》的基础上增设本国子目(三级子目和四级子目),形成了我国海关进出口商品分类目录,编制出《中华人民共和国进出口税则》(以下简称《进出口税则》)和《进出口税则商品及品目注释》(以下简称《商品及品目注释》)以及《中华人民共和国海关统计商品目录》(以下简称《统计商品目录》),且根据需要进行适当调整。

## 三、我国海关进出口商品分类目录的基本结构

《进出口税则》中的商品号列称为税则号列,每项税则号列后列出了该商品的税率;《统计商品目录》中的商品号列称为商品编号,为统计需要,每项商品编号后列出了该商品的计量单位,并增加了第二十二类"特殊交易品及未分类商品",内有第98章。

《协调制度》中的编码只有6位数,而我国《进出口税则》中的编码为8~10位数,6位以后的位数是我国根据实际情况加入的本国子目。编码的编排是有一定规律的,以0102.1000"改

良种用牛"为例说明如下:

| 编码 | 0 1 | 0 2 | 1 | 0 | 0 | 0 |
|---|---|---|---|---|---|---|
| 位数 | 1 2 | 3 4 | 5 | 6 | 7 | 8 |
| 含义 | 章号 | 顺序号 | 一级子目 | 二级子目 | 三级子目 | 四级子目 |

前 4 位"0102"是"品目条文"(或 4 位税则号),"01"表示该商品所在章号,"02"表示该商品在本章的顺序号。后 4 位"1000"是"子目条文",第 5 位编码"1"代表一级子目,表示在 0102 品目条文下所含商品一级子目的顺序号,在商品编码表中的商品名称前用"—"表示;第 6 位编码"0"代表二级子目,表示在一级子目下所含商品二级子目的顺序号,在商品编码表中的商品名称前用"— —"表示,"0"表示在一级子目下未设二级子目;第 7、8 位含义依此类推,在商品编码中分别用"— — —"和"— — — —"表示。需要指出的是,若第 5 至第 8 位上出现数字"9",则通常情况下代表未具体列名的商品,即在"9"的前面一般留有空序号以便修订时增添新商品。

**要点提示 >>>**

## 10.2 《商品名称及编码协调制度公约》的归类总规则

**案例导入**　　　　　　　　　　　　　　　　　　　归类总规则的运用

日前,泉眼通关服务有限公司报关人员常娅接到出口日本花生米罐头的报关委托,常娅详细了解了该批货物的情况,是经烘焙、去皮、带有少量盐、净重 200 克的花生米罐头。根据《协调制度》归类总规则中规则三的第一项"列名具体优先于列名一般"的规定,应按其列名归类,不应将其归入烘焙花生或未经加工的含油子仁,而应将其归入花生米罐头 2008.1110。

报关人员常娅确定的商品编码正确吗?

归类总规则是为保证国际上对《协调制度》使用和解释的一致性,使某一特定商品能始终如一地归入一个唯一编码,对其商品归类的普遍规律加以归纳总结形成的分类原则和方法。

### 一、规则一

**(一)条文内容**

类、章及分章的标题,仅为查找方便而设;具体法律效力的归类,应按品目条文和有关类注或章注确定,如品目、类注或章注无其他规定,按以下规则确定。

**(二)条文解释**

(1)类、章及分章的标题,只为方便查找,本身不是归类依据。

①类、章及分章的标题未包含全部商品。尽管 HS 系统地将商品按类、章分类,每类、

章、分章标有标题,但由于各类、章、分章所包含的商品种类繁多,不可能将其全部列出。如第 86 章的标题是"铁道及电车道机车、车辆及其零件;铁道及电车道轨固定装置及其零件、附件;各种机械(包括电动机械)交通信号设备",但实际上,该章还包括"集装箱"。

②类、章及分章的标题下的商品有可能不归入该类、章、分章。同一类的商品在不同条件下可能有不同的分类,但无法体现在标题上。如第 1 章的标题是"活动物",马、牛、羊等活动物归入该章,但活的鱼、甲壳动物、软体动物及其他水生无脊椎动物应归入第 3 章。

③类、章及分章的标题存在交叉。

(2)归类的法律依据是品目条文和类注、章注。如"针织女式胸衣",如果直接看标题,似乎符合第 61 章的标题"针织或钩编的服装及衣着附件",但标题不是归类依据,应根据品目条文和类注、章注来确定;按第 61 章章注二(一)、第 62 章章注一和 62.12 品目条文归入品目 6212。

(3)如果按品目条文、类注或章注还无法确定归类,则按下面的规则二、三、四、五确定品目的归类。

(三)应用实例:流动马戏团的小狗

(1)查阅类、章标题,可归入第一类第 1 章活动物。

(2)查阅第 1 章章注三,流动马戏团的活动物不在第 1 章而在第 95 章,故编码是 9508.1000。

## 二、规则二

(一)条文内容

> (一)品目所列货品,应视为包括该项货品的不完整品或未制成品,该项不完整品或未制成品需要具有完整品或制成品的基本特征;还应视为包括该货品的完整品或制成品(或按本款可作为完整品或制成品归类的货品)未组装件或拆散件。
>
> (二)品目中所列材料或物质,应视为包括该种材料或物质与其他材料或物质混合或组合的物品。品目所列某种材料或物质构成的货品,应视为包括全部或部分由该种材料或物质构成的货品。由一种以上材料或物质构成的货品,应按规则三归类。

(二)条文解释

(1)规则二(一)不完整品是指货品缺少某些部分、不完整,未制成品指货品尚未完全制成,需进一步加工才成为制成品;但"基本特征"的判断有些难度,需要综合结构、性能、价值、作用等方面的因素进行具体分析。可以把握的一般原则为:①对于不完整品主要看关键部件是否存在,以冰箱为例,如果压缩机、蒸发器、冷凝器、箱体这些关键部件存在,则可以判断为具有冰箱的基本特征;②对于未制成品主要看是否具有制成品的特征,如齿轮的毛坯,已制成品或制成零件的大概形状或轮廓,则可以判断是否具有齿轮的基本特征。

(2)规则二(一)未组装件或拆散件是指货品尚未组装或已拆散,通常是由于包装、装卸或运输上的需要。如为便于运输而拆散的自行车成套散件,按自行车归入品目 8712;本款规则也适用于以未组装或拆散形式报检的不完整品或未制成品,只要其具有完整品或制成品的基本特征,例如,缺少某些非关键部件(螺丝、垫圈等)的风扇的散件,按风扇归入品目 8414。

(3)规则二(二)则是有条件地将该品目货品的组合物或混合物也归入该品目中,具体包含两层含义:

①品目所提到的某种材料或物质,应包括该种材料或物质与其他材料或物质的混合品或组合品,但这种混合品或组合品不能因添加了其他材料或物质而失去品目条文所列货品的特征。例如,加糖的牛奶,还应按牛奶归类,因为添加了糖的牛奶并未改变牛奶的性质。但加入杀鼠剂的稻谷,已经成为一种用于杀灭老鼠的毒饵,就不能按品目 1006 的稻谷归类。

②品目所列的由某种材料或物质制成的货品,应包括部分或全部由该种材料或物质制成的货品。对于部分由该种材料或物质制成的货品,不能因添加了其他材料或物质而失去了品目条文所列货品的特征。例如,品目 5309 的亚麻机织物就包括全部由亚麻制成的机织物。

(4)只有在规则一无法解决时才可运用规则二。

(三)应用实例:已剪成手套型的针织纯棉布

(1)针织纯棉布已具有手套的基本特征,应按针织手套归入 6116 品目。

(2)纺织材料为棉制,故编码是 6116.9200。

## 三、规则三

(一)条文内容

> 当货品按规则二(二)或由于其他原因看起来可归入两个或两个以上品目时,应按以下规则归类:
> 
> (一)列名比较具体的品目,优先于列名一般的品目。但是如果两个或两个以上品目都仅述及混合或组合货品所含的某部分材料或物质,或零售的成套货品中的某些货品,即使其中某个品目对该货品描述得更为全面、详细,这些货品在有关品目的列名应视为同样具体。
> 
> (二)混合物、不同材料构成或不同部件组成的组合物以及零售的成套货品,如果不能按照规则三(一)归类时,在本款可适用的条件下,应按构成货品基本特征的材料或部件归类。
> 
> (三)货品不能按照规则三(一)或(二)归类时,应按号列顺序归入其可归入的最末一个品目。

(二)条文解释

(1)对于根据规则二(二)或其他原因看起来可归入两个或两个以上品目的货品,本规则规定了三种归类办法。这三种办法应按照其在本规则的先后次序加以运用。据此,只有在不能按照规则三(一)归类时,才能运用规则三(二);不能按照规则三(一)和(二)两款归类时,才能运用规则三(三)。因此,它们优先权的次序为:①具体列名;②基本特征;③从后归类。

(2)具体列名原则：

①列出品名比列出类名更具体。例如,"紧身胸衣"应归入品目6212"胸罩、束腰带、紧身胸衣",而不应归入品目6208"女式背心及其他内衣"。

②不同类商品名称的比较,如果某一品目所列名称更为明确地述及某一货品,则该品目要比所列名称不那么明确述及该货品的其他品目更为具体。例如,"用于小汽车的簇绒地毯"不应作为小汽车附件归入品目8708"机动车辆零件、附件",而应归入品目5703"簇绒地毯及纺织材料的其他簇绒铺地制品,不论是否制成的"。

(3)如果两个或两个以上品目都仅述及混合或组合货品所含的某部分材料或物质,或零售成套货品中的某些货品,即使其中某个品目比其他品目对该货品的描述更为全面、详细,这些货品在有关品目的列名也应视为同样具体。在这种情况下,货品应按规则三(二)或规则三(三)的规定进行归类。

(4)基本特征原则：

①不同货品确定其基本特征的因素会有所不同,可根据其所含材料或部件的性质、体积、数量、重量或价值等诸因素进行综合考虑分析来确定,也可以根据其所含材料对货品用途的作用来确定货品的基本特征。如银制茶叶罐归入银制品7114.1100（按所含材料确定）。

②本款所称"零售的成套货品",是指同时符合三个条件的货品：

● 至少由两种看起来可归入不同品目的不同物品构成。
● 为了迎合某项需求或开展某项专门活动而将几件产品或物品包装在一起。
● 其包装形式适于直接销售给用户而货物无须重新包装。

例如,成套理发工具,由一个电动理发推子、一把梳子、一把剪子、一把刷子及一条毛巾,装入一个皮匣子组成,符合上述三个条件,属于零售的成套货品。而"包装在一起的圆珠笔和银制项链"不符合第二个条件,应分开归类。

(5)从后归类原则。货品如果不能按照规则三(一)或(二)归类时,应按号列顺序归入其可归入的最后一个品目。如含铜、锌各50%的铜锌合金管材,应按品目7411与品目7907的后一个品目7907归类。

(三)应用实例

1.汽车车厢内铝合金制行李架

(1)汽车车厢内铝合金制行李架既可按汽车零附件归入品目8708,也可按贱金属杂项制品中的贱金属附件及架座类商品归入品目8302。

(2)两者比较后者描述更具体,故按归类总规则三(一),其编码是8302.3000。

2.一盒零售食品,内有少量薯条和番茄酱,以及一个牛肉汉堡（牛肉重量占60%）

(1)该零售食品的基本特征是牛肉汉堡。

(2)根据归类总规则三(二),其编码是1602.5090。

3.刺绣手帕（含棉50%、丝50%）

(1)棉刺绣手帕6213.2010,丝刺绣手帕6213.9020。

(2)根据归类总规则三(三)从后归类,其编码是6213.9020。

## 四、规则四

### (一)条文内容

根据上述规则无法归类的货品,应归入与其最相类似的货品的品目。

### (二)条文解释

如果按规则一至规则三仍无法归类的货品,只能用最相类似的货品的品目来替代。这里的"最相类似"是指名称、特征、功能、用途、结构等因素,需综合考虑才能确定。

### (三)应用实例:手动自行车打气筒

该商品属于非动力装置的气体压缩泵类,根据归类总规则四,归入手动气泵类,其编码是8414.2000。

## 五、规则五

### (一)条文内容

除上述规则外,本规则适用于下列货品的归类:
(一)制成特殊形状仅适用于盛装某个或某套物品并适合长期使用的照相机套、乐器盒、枪套、绘图仪器盒、项链盒及类似容器,如果与所装物品同时进口或出口,并通常与所装物品一同出售的,应与所装物品一并归类。但本款不适用于本身构成整个货品基本特征的容器。
(二)除规则五(一)规定的以外,与所装货品同时进口或出口的包装材料或包装容器,如果通常是用来包装这类货品的,应与所装货品一并归类。但明显可重复使用的包装材料和包装容器可不受本款限制。

### (二)条文解释

规则五是关于包装材料和包装容器归类的专门条款,由两条分规则构成。
(1)规则五(一)仅适用于同时符合以下各条规定的容器:
①制成特定形状或形式,专门盛装某一物品或某套物品的,即专门按所要盛装的物品进行设计的,有些容器还制成所装物品的特殊形状。
②适合长期使用的,即容器的使用期限与所盛装的物品相比是相称的,在物品不使用期间(如运输或储藏期间),这些容器还起保护物品的作用。
③与所装物品一同报验(单独报验的容器应归入其所应归入的品目)。
④通常与所装物品一同出售。
⑤本身不构成整个货品的基本特征。

例如，与所装电动剃须刀一同报验的电动剃须刀的皮套，应与电动剃须刀一并归入品目8510；但装有茶叶的银质茶叶罐，银罐本身价值很高，已构成整个货品的基本特征，应按银质品归入品目7114。

(2)规则五(二)仅适用于：

①规则五(一)以外。

②通常用于包装有关货品。

③与所装物品一同报验。

④不属于明显可重复使用的。

例如，装电视机的瓦楞纸箱，应与电视机一并归入品目8528；而盛装液化煤气的钢瓶，由于具有明显可重复使用的特性，应与液化煤气分开归类。

(三)应用实例：装有香皂的长方形塑料肥皂盒(有底有盖)

(1)肥皂盒本身是物品的包装物，无论从价值还是作用来看，都不构成整个商品的基本特征。

(2)根据归类总规则五(一)，香皂和盒子应一并归类，其编码是3401.1100。

## 六、规则六

(一)条文内容

> 货品在某一品目项下各子目的法定归类，应按子目条文或有关的子目注释以及以上各条规则来确定，但子目的比较只能在同一数级上进行。除条文另有规定的以外，有关的类注、章注也适用于本规则。

(二)条文解释

本规则是有关确定子目的原则：子目归类首先按子目条文和子目注释确定；如果按子目条文和子目注释还无法确定，则适用归类总规则一至五；除条文另有规定的以外，有关的类注、章注也适用于子目的确定。确定子目时，还应注意：①先确定一级子目，再确定二级子目，然后是三级子目，最后是四级子目；②遵循同级比较的原则，即一级子目与一级子目比较，二级子目与二级子目比较，依此类推。

(三)应用实例：中华绒螯蟹种苗

货品在归入品目0306项下子目时，应先确定一级子目，即将两个一级子目"冻的"与"未冻的"进行比较后归入"未冻的"；再确定二级子目，即将二级子目"龙虾""大螯虾""小虾及对虾""蟹""其他"进行比较后归入"蟹"；然后确定三级子目，即将两个三级子目"种苗"与"其他"进行比较后归入"种苗"。所以，中华绒螯蟹种苗应归入子目0306.2410。

操作导航 >>>

## 10.3 商品归类的方法与步骤

**案例导入**　　　　　　　　　　　　　　　　　　　　　　　　**商品归类的疏忽**

报关人员常娅经过近半年的报关实践发现，商品归类的程序看似简单，但有时因简单图快或碰到不熟悉的商品，直接在商品所在的章中盲目地从子目条文搜寻待归商品的名称，一旦发现子目条文列有该名称就认为此编码就是该商品的商品编码，而忘记商品归类必须是先品目后子目的原则。

日前，常娅接到了一笔"棉制床单"的报关委托，她查阅类、章标题确定品目 6302 后，就忙于从子目条文中找到"棉制床单"的列名，将其归入了子目 6302.2110，结果被赵师傅狠批了一顿。正确的步骤应是先确定一级子目，由于该床单是针织的，所以应归入品目 6302 项下的第一个一级子目"针织或钩编的床上用织物制品"，然后再确定三级子目（这里没有二级子目），由于该床单是棉制的，所以应归入三级子目 6302.1010。

商品归类中还应注意哪些事项？

进出口商品归类尽管复杂，但还是有方法可循的。

### 一、商品归类的一般方法

商品归类主要包括确定品目和确定子目两大步骤。

#### （一）确定品目（4 位数）

确定品目的具体步骤如下：

(1) 根据相关资料分析商品特性（如组成、结构、加工、用途等）。
(2) 根据 HS 的分类规律初步分析该商品可能涉及的类、章和品目（可能有几个）。
(3) 查找涉及的几个有关品目的品目条文。
(4) 查看所涉及的品目所在章和类的注释，检查相关章注和类注是否有特别的规定。
(5) 仍然有几个品目可归而不能确定时，运用规则二、三（主要是规则三）确定。

例如，"液体口香糖，成分为食用酒精、香精、巴斯甜、甘油、山梨醇等，使用时喷于口腔，起清新口气的作用"。口香糖应归入品目 1704，但"成分为食用酒精、香精、巴斯甜、甘油、山梨醇等，使用时喷于口腔"，不能按糖归类；根据其具体成分和用途归入第 33 章，"使用时喷于口腔"的液体口香糖属于口腔卫生用制剂，符合 3306 的品目条文，且类章注释未做特别说明，可确定该商品应归入品目 3306。

#### （二）确定子目（8 位数）

查一级子目条文→查子目注释→查二级子目条文→……→确定子目，查找子目时一定要遵循同级比较原则（规则六）。

微课：商品归类的方法与步骤

例如,"家庭可做床用的沙发,由木框架、弹簧加上软垫和化纤布面制成",沙发属于家具中的坐具,应归入品目 9401 "坐具(包括能做床用的两用椅,但品目 9402 的货品除外)及其零件";查一级子目条文,因是沙发床故应归入一级子目"能做床用的两用椅,但庭园坐具或野营设备除外";因该沙发是布面,故应归入三级子目 9401.4090。

又如,"用于造纸工业的高度砑光机",先通过货物品名查找类、章标题,从用途分析确定归入第 16 类"机器、机械器具、电气设备及其零件;录音机及放音机、电视图像、声音的录制和重放设备及其零件、附件",第 84 章"核反应堆、锅炉、机器、机械器具及其零件";然后查阅相关类、章中的注释和品目条文,获得可能的归入品目 8420 和 8438,根据第 84 章注释二,得出品目 8420 优先于 8438,确定归入品目 8420。在子目确定中,查看子目条文(本章无相关子目注释)进行同级比较,"砑光机或其他滚压机器"(8420.1,列名优先),再查看下一级子目(本例没有),最终确定商品编码为 8420.1000。

## 二、实务解析

(一)精致的玉米油

(1)玉米油属于植物油,应在第 15 章"动、植物油、脂及分解产品;精制的食用油脂;动植物蜡"中查找。

(2)玉米油在品目 1507 至 1514 没有列名,故归入品目 1515 "其他固定植物油、脂及其分离品,不论是否精制,但未经化学改性"。

(3)按子目条文的规定归入"玉米油及其分离品";由于是"精制的",故归入二级子目 1515.2900。

(二)"可口可乐"饮料自动灌装机

(1)饮料灌装机属于机器设备,应归入第 84 章"核反应堆、锅炉、机器、机械器具及其零件"。

(2)按容器的装填机器归入品目 8422 "瓶、罐、箱、袋或其他容器装填、封口、密封、贴标签的机器……"。

(3)按子目条文的规定归入一级子目"瓶、罐、箱、袋或其他容器装填、封口、密封、贴标签的机器;瓶、罐、管、筒或类似容器的包封机器;饮料充气机",由于是用来灌装"可口可乐"饮料的,故归入三级子目"饮料及液体食品罐装设备",即 8422.3010。

(三)甜杏仁(1 000 克塑料瓶装,已炒熟)

(1)甜杏仁是果仁,同时该甜杏仁已经炒熟,即已经深加工,应归入第 20 章"蔬菜、水果、坚果或植物其他部分的制品"。

(2)炒制的果仁未在第 20 章品目条文中列名,故归入品目 2008 "用其他方法制作或保藏的其他品目未列名水果、坚果及植物的其他食用部分"。

(3)按子目条文的规定归入一级子目"坚果、花生及其他籽仁,不论是否混合";由于二级子目并无甜杏仁的列名,故归入二级子目"其他";按相同方法确定三、四级子目,最终归入 2008.1999。

## （四）鲜牛百叶（未经任何加工）

(1)查阅类、章标题,初步归入第一类第 2 章"肉及食用杂碎";查阅第 2 章的注释一(二)可知:动物的肠、膀胱、胃要归入品目 0504,鲜牛百叶作为牛的胃,不能作为牛的杂碎归入第 2 章,应归入第 5 章"其他动物产品"。

(2)按牛的胃归入品目 0504"整个或切块的动物(鱼除外)的肠、膀胱及胃、鲜、冷、冻、干、熏、盐腌或盐渍的"。

(3)按子目条文的规定归入三级子目"胃",因是牛的,归入四级子目 0504.0029。

## （五）儿童乘骑的自行车（两轮）

(1)查阅类、章标题,儿童自行车作为儿童运动用品,初步归入第 95 章"玩具、游戏品、运动用品及其零件、附件"。

(2)查阅本章注释一(十四)可知:本章不包括儿童两轮车,应归入品目 8712。

(3)按子目条文的规定归入三级子目"其他脚踏车",因儿童自行车必定小于 16 英寸,故归入四级子目 8712.0081。

## （六）用巧克力包裹的华夫饼干

(1)华夫饼干用巧克力包裹后并不改变原来饼干的基本特征,根据归类规则二(二),仍要按华夫饼干归类;华夫饼干作为糕饼点心,是由粮食加工制得的食品,查阅章标题应将其归入第 19 章"谷物、粮食粉、淀粉或乳的制品;糕饼点心"。

(2)按饼干类商品归入品目 1905"面包、糕点、饼干及其他烘焙糕饼,不论是否含可可……"。

(3)按子目条文的规定归入一级子目"甜饼干;华夫饼干及圣餐饼",因是华夫饼干,归入二级子目 1905.3200。

## （七）女式雨衣,由涤纶机织物表面（单面）涂布高分子树脂的面料（涂层可明显看出）制成

(1)纺织材料制的雨衣属于服装,服装有两章(第 61 章和第 62 章),第 61 章是针织或钩编的除品目 6212 外,第 62 章是非针织或非钩编的,因雨衣是机织的,故应归入第 62 章"非针织或非钩编的服装及衣着附件"。

(2)因雨衣所用织物是由涂布高分子树脂(塑料)的纺织物制成的,根据第 62 章章注五的规定应归入品目 6210。

(3)按子目条文的规定归入一级子目 6210.3000。

## （八）ABS 塑料制汽车空调用风向转动板

(1)该商品是塑料制品,并且属于机器零件,机器零件应根据第十六类类注二的规定来确定。

(2)根据第十六类类注二(二)"专用于或主要用于某一种机器或同一品目的多种机器(包括品目 8479 或 8543 的机器)的其他零件,应与该种机器一并归类"的规定,应按空调专用零件归入品目 8415。

(3)因是汽车用空调,按子目条文的规定归入子目 8415.9090。

### (九)电动睫毛刷(装有纽扣电池)

(1)睫毛刷可归入品目9603"帚、刷(包括作为机器、器具、车辆零件的刷)……",但电动睫毛刷装有电动机,应属于品目8509"家用电动器具,品目8508的真空吸尘器除外",同时符合第85章章注三(二)"重量不超过20千克的其他机器"的规定。

(2)按子目条文的规定归入一级子目"其他器具",因是睫毛刷,故归入三级子目8509.8090。

## 10.4 进出口货物原产地的确定

**案例导入　　　　　　　　　申请协定税率的失败**

福州某渔业发展有限公司申报进口原产于印尼的冻鱼一批,申请享受中国-东盟自由贸易区协定税率并提交中国-东盟自由贸易区项下印尼原产地证书。海关经审核发现,该原产地证书缺少签证机构签章及官员签名。企业称相关证书均由印尼出口企业向签证机构按正常程序申请,但无法解释证书缺少签章和签名的原因。海关启动境外核查程序,经印尼方面核实,该证书因签证机构工作人员失误导致填制不规范,认定证书无效,但相关货物能否享受协定税率交由中方判断。最后,海关判定企业不能凭该份填制不规范的无效证书享受协定税率,要求企业重新提交符合规定的原产地证书。

1. 什么是优惠原产地规则?
2. 中国-东盟自由贸易协定有哪些通关管理措施?

在国际贸易中,原产地是指货物生产的国家(地区),即货物的"国籍"。原产地决定着进口货物依照进口国的贸易政策所适用的关税和非关税待遇。

原产地的不同决定了进口商品所享受的待遇不同,为此,各国以本国立法形式制定出其鉴别货物"国籍"的标准,即原产地规则。

### 一、原产地规则的类别

原产地规则分为两种:一种是优惠原产地规则;另一种是非优惠原产地规则。

#### (一)优惠原产地规则

优惠原产地规则是指一国为了实施国别优惠政策而制定的原产地规则,是以优惠贸易协定通过双边、多边协定形式或由本国自主形式制定的一些特殊原产地认定标准,也称协定原产地规则。优惠原产地规则具有很强的排他性,优惠范围以原产地为受惠国的进口产品为限,其目的是促进协议方之间的贸易发展。为保障缔约各方的优惠贸易利益,优惠原产地规则中大都设有直接运输规则条款。

### (二) 非优惠原产地规则

非优惠原产地规则是指一国根据实施其海关税则和其他贸易措施的需要,由本国立法自主制定的原产地规则,故也称为"自主原产地规则"。非优惠原产地规则实施时必须遵守最惠国待遇原则,即必须普遍地、无差别地适用于所有原产地为最惠国的进口货物。

## 二、我国优惠原产地管理

《中华人民共和国海关进出口货物优惠原产地管理规定》、各项自由贸易协定和优惠贸易安排项下的原产地管理办法初步构成我国优惠原产地管理的基本框架。

### (一) 原产地认定标准

#### 1. 完全获得标准

优惠原产地规则下原产地认定标准的完全获得标准是指从优惠贸易协定成员国(地区)直接运输进口的货物是完全在该成员国(地区)获得或生产的。具体规则如下:

(1) 在该成员国(地区)境内收获、采摘或采集的植物产品。

(2) 在该成员国(地区)境内出生并饲养的活动物。

(3) 在该成员国(地区)领土或领海开采、提取的矿产品。

(4) 其他符合相应优惠贸易协定项下完全获得标准的产物。

#### 2. 实质性改变标准

(1) 税则归类改变标准,是指原产于非优惠贸易协定成员国(地区)的材料在出口优惠贸易协定成员国(地区)境内制造、加工后,所得货物在《协调制度》中税则归类(4位数级或6位数级)发生了变化。

(2) 区域价值成分标准,是指出口货物船上交货价格(FOB)扣除货物生产过程中该优惠贸易协定成员国(地区)非原产材料价格后,所余价款在出口货物船上交货价格中所占的百分比。

(3) 加工工序标准,是指赋予加工后所得货物基本特征的主要工序。

(4) 其他标准,是指除上述标准外,优惠贸易协定成员国(地区)一致同意采用的确定货物原产地的其他标准。

不同协定框架下的实质性改变标准各有不同,且对各种商品适用何种标准均有明确规定,实际确定原产地时应按商品的具体标准执行。

### (二) 直接运输规则

不同协定框架下的优惠原产地规则均包含直接运输规则。

(1) 直接运输是指优惠贸易协定项下进口货物从该协定成员国(地区)直接运输至中国境内,途中未经过该协定成员国(地区)以外的国家或地区。

(2) 原产于优惠贸易协定成员国(地区)的货物,经过其他国家或地区运输至中国境内,不论在运输途中是否转换运输工具或做临时储存,同时符合以下条件的,视为直接运输:

① 该货物在经过其他国家或地区时,未做除使货物保持良好状态所必须处理以外的其他处

理;②该货物在其他国家或地区停留的时间未超过相应优惠贸易协定规定的期限;③该货物在其他国家或地区做临时储存时,处于该国家或地区海关监管之下。

(三)优惠原产地申报要求

货物申报进口时,进口货物收货人或其代理人应按海关规定填制进口货物报关单,申明适用协定税率或特惠税率,同时提交原产地证书正本或相关优惠贸易协定规定的原产地声明文件(一份报关单对应一份原产地证书、同一批次进口货物),商业发票、运输单证等其他商业单证;若货物经过非协定成员方境内,应提交货物原产国或地区签发的联运提单;若货物在其他非协定成员方临时储存,应提交相关国家或地区海关出具的货物符合直接运输规定的证明文件。

货物申报出口时,出口货物发货人或其代理人应按海关规定填制出口货物报关单,同时向海关提交原产地证书电子数据或原产地证书正本的复印件。

### 三、我国非优惠原产地管理

《中华人民共和国进出口货物原产地条例》和《关于非优惠原产地规则中实质性改变标准的规定》初步构成了我国非优惠进出口货物原产地管理的法制框架。

非优惠原产地规则下原产地认定标准中的完全获得标准,即完全在一个国家(地区)获得或生产制造;实质性改变标准以税则归类改变(4位数级)为基本标准,税则归类改变不能反映实质性改变的,以从价百分比、制造或加工工序等为补充标准。从价百分比标准是指在某一国家(地区)对非该国(地区)原产材料进行制造、加工后的增值部分超过了所得货物的30%。以制造、加工工序和从价百分比作为标准判定实质性改变的货物应在"适用制造或者加工工序及从价百分比标准的货物清单"(海关总署公告)中具体列明,对未列入上述清单的货物,须以税则归类改变标准来判定是否发生实质性改变。

进口货物的收货人或与进口货物直接相关的其他当事人在有正当理由的情况下,可以向进口地直属海关申请对将要进口的货物的原产地进行预确定;出口货物发货人可以向海关、中国国际贸易促进委员会及其地方分会申领出口货物原产地证书;对适用反倾销措施、反补贴措施和保障措施的进口商品应提交原产地证书。

## 10.5 进出口货物的适用税率

**案例导入**

**进口货物的适用税率**

天津凯瑞通公司是澳大利亚外商独资企业,凯瑞通公司向该企业境外的澳大利亚母公司使用自有资金订购进口设备10台,向海关提供的发票价格为CIF XINGANG 30000美元/台。但海关核查后发现,国内其他公司同期购进相同设备的成交价格为CIF XINGANG 40000美元/台;另外,设备进口后在境内销售,该企业将所得价款的10%返还给其母公司。查《进出口税则》获知,该产品最惠国税率为20%,普通税率为40%。请问:

该批进口设备的完税价格及其适用税率分别为多少?

我国进口关税设置最惠国税率、协定税率、特惠税率、关税配额税率和普通税率等,对进口货物及出口货物在一定期限内可以实行暂定税率。

## 一、税率适用的规定

对于同时适用多种税率的进口货物,在选择适用的税率时,基本原则是"从低计征",特殊情况除外。对于出口货物,在计算出口关税时,出口暂定税率优先于出口税率执行。进出口货物适用税率汇总见表10-1。

表 10-1　　　　　　　　　　进出口货物适用税率汇总

| 适用货物 | 可选用的税率 | 最终适用的税率 |
| --- | --- | --- |
| 进口货物 | 同时适用最惠国税率、进口暂定税率 | 应当适用进口暂定税率 |
| | 同时适用协定税率、特惠税率、进口暂定税率 | 应当从低适用税率 |
| | 同时适用国家优惠政策、进口暂定税率 | 按国家优惠政策进口暂定税率商品时,以优惠政策计算确定的税率与进口暂定税率两者取低计征关税,但不得在进口暂定税率基础上再进行减免 |
| | 适用普通税率的进口货物,存在进口暂定税率 | 适用普通税率的进口货物,不适用进口暂定税率 |
| | 适用关税配额税率、其他税率 | 关税配额内的,适用关税配额税率;关税配额外的,适用其他税率 |
| | 同时适用ITA税率、其他税率 | 适用ITA税率 |
| | 反倾销税率、反补贴税率、保障措施税率、报复性关税税率 | 适用反倾销税率、反补贴税率、保障措施税率、报复性关税税率,除按《进出口税则》的税率征收关税外,另外加征的关税 |
| 出口货物 | 出口暂定税率、出口税率 | 适用出口暂定税率 |

**职场热线**

问:我公司准备从德国进口一台污泥涡轮干燥机,商品编码为84193990.02。根据《进出口税则》,该商品进口时最惠国税率为9%,暂定税率为5%。请问进口时应当适用哪种税率?

答:根据相关规定,适用最惠国税率的进口货物有暂定税率的,应当适用暂定税率,所以你公司进口的污泥涡轮干燥机应当适用暂定税率5%。

## 二、税率适用时间

进出口货物应当适用海关接受该货物申报进口或出口之日实施的税率。税率适用时间见表10-2。

表 10-2　　　　　　　　　　　税率适用时间

| 货物类别 | 税率适用时间的规定 |
| --- | --- |
| 进出口货物 | 适用海关接受该货物申报进口或出口之日实施的税率 |
| 超期未申报,海关依法变卖的进口货物 | 适用装载该货物的运输工具申报进境之日实施的税率 |
| 经海关批准,实行集中申报的进出口货物 | 适用每次货物进出口时海关接受该货物申报之日实施的税率 |
| 因纳税人违反规定需追征税款的进出口货物 | 适用违反规定的行为发生之日实施的税率;行为发生之日不能确定的,适用海关发现该行为之日实施的税率 |
| 已申报进境并放行,有下列情形需缴纳税款的:<br>①保税货物经批准不复运出境的;<br>②保税仓储货物转入国内市场销售的;<br>③减免税货物经批准转让或者移作他用的;<br>④暂准进境/出境货物经批准不复运出境/进境的;<br>⑤租赁进口货物,分期缴纳税款的 | 适用海关接受(纳税义务人再次填制报关单)申报办理纳税及有关手续之日实施的税率 |
| 进出口货物关税的补征和退还 | 按上述规定确定适用的税率 |

## 三、汇率适用时间

进出口货物的成交价格及有关费用以外币计价,海关按该货物适用税率之日所适用的计征汇率折合为人民币计算完税价格。海关每月使用的计征汇率为上一个月第三个星期三(如为法定节假日顺延采用第四个星期三)中国人民银行公布的外币对人民币的基准汇率。

**基础知识 >>>**

一、单项选择题

1.《协调制度》主要以商品的自然属性或商品所具有的原理、功能及用途为(　　)的划分依据。
A. 类　　　　　　　B. 章　　　　　　　C. 品目　　　　　　　D. 子目

2. 规则五是阐述(　　)的条款。
A. 有条件地扩大了品目条文所列出的货品范围
B. 货品看起来可归入两个或两个以上品目的归类方法
C. 最相类似方法
D. 容器或包装材料品目归类

3. 归类总规则(　　)是阐述"有条件地扩大了品目条文所列出的货品范围"的条款。
A. 三　　　　　　　B. 四　　　　　　　C. 五　　　　　　　D. 二

4. 某出口加工区企业从我国香港购进我国台湾产的薄型尼龙布一批,加工成女式服装后,经批准运往区外内销。该批服装向海关申报出区时,其原产地应申报为(　　)。
A. 中国香港　　　　B. 中国台湾　　　　C. 中国　　　　　　D. 国别不详

5. 境内某公司从我国香港地区购进孟加拉国产的某商品一批,设该商品的最惠国税率为10%,普通税率为30%,亚太协定税率为9.5%,我国香港CEPA项下税率为0,则该商品进口时适用的税率是(　　)。
A. 10%　　　　　　B. 30%　　　　　　C. 9.5%　　　　　　D. 0

6.根据《中华人民共和国进出口关税条例》的规定,下列表述正确的是(　　)。

A.适用最惠国税率的进口货物有暂定税率的,应当适用最惠国税率

B.适用协定税率的进口货物有暂定税率的,应当从低适用税率

C.适用特惠税率的进口货物有暂定税率的,应当从高适用税率

D.适用普通税率的进口货物有暂定税率的,应当适用暂定税率

7.关于暂定税率适用的原则,下列表述错误的是(　　)。

A.适用最惠国税率的进口货物同时有暂定税率的,应当适用暂定税率

B.适用协定税率、特惠税率的进口货物有暂定税率的,应当从低适用税率

C.适用普通税率的进口货物,不适用暂定税率

D.适用出口税率的出口货物有暂定税率的,不适用暂定税率

8.下列进口货物中,应当适用装载货物的运输工具申报进境之日实施的税率的是(　　)。

A.一般进口货物

B.经海关批准,实行集中申报的进出口货物

C.因超过规定期限未申报而由海关依法变卖的进口货物

D.因纳税义务人违反规定需要追征税款的进口货物

二、多项选择题

1.《协调制度》中的税(品)目所列货品,除完整品或制成品外,还应包括(　　)。

A.在报检时具有完整品基本特征的不完整品

B.在报检时具有制成品基本特征的未制成品

C.完整品或制成品在报检时的未组装件或拆散件

D.具有完整品或制成品基本特征的不完整品或未制成品在报检时的未组装件或拆散件

2.下列食品属于HS归类总规则中所规定的"零售的成套货品"的是(　　)。

A.一个礼盒,内有咖啡一瓶、咖啡伴侣一瓶、塑料杯子两只

B.一个礼盒,内有一瓶白兰地酒、一个打火机

C.一个礼盒,内有一包巧克力、一个塑料玩具

D.一碗方便面,内有一块面饼、两包调味品、一把塑料小叉

3.下列货品进出口时,包装物与所装物品应分别归类的是(　　)。

A.40升专用钢瓶装液化氮气　　　　B.25千克桶(塑料桶)装涂料

C.纸箱包装的彩色电视机　　　　　D.分别进口的照相机和照相机套

4.《协调制度》中具有法律效力的归类依据有(　　)。

A.归类总规则　　B.注释　　C.品目条文　　D.子目条文

5.下列情形中,应当适用海关接受纳税义务人申报办理纳税手续之日实施的税率的是(　　)。

A.保税货物经批准不复运出境的　　　B.保税仓储货物转入国内市场销售的

C.减免税货物经批准转让的　　　　　D.租赁进口货物分期缴纳税款的

6. 关于税率适用原则,下列表述正确的是(　　)。
A. 进口货物应当适用纳税义务人申报该货物进口之日实施的税率
B. 经海关批准,实行集中申报的进出口货物,应适用每次货物进出口时海关接受该货物申报之日实施的税率
C. 因纳税人违反规定需追征税款的进出口货物,应当适用违反规定的行为发生之日实施的税率
D. 保税货物经批准不复运出境的,应当适用海关接受(纳税义务人再次填制报关单)申报办理纳税及有关手续之日实施的税率

三、判断题

(　　)1. 当货品看起来可归入两个或两个以上品目时,应按"从后归类"的原则归类。
(　　)2.《协调制度》第1章的标题为"活动物",所以活动物都归入第1章。
(　　)3. 缺少车轮的摩托车,应按摩托车的零件归类。
(　　)4. 零售成套货品应按基本特征原则归类。
(　　)5.《协调制度》中的编码采用的是8位数编码。
(　　)6. 子目注释是具有法律效力的归类依据,在归类时应优先使用。
(　　)7. 非优惠原产地认定标准中的实质性改变标准,适用于非优惠贸易措施项下两个及两个以上国家(地区)所参与生产的货物原产地的确定。
(　　)8. 适用优惠原产地规则的原产地证书,凡是受惠国政府指定机构签发的,即可适用于多批进口货物,并多次使用。
(　　)9. 在计算出口关税时,优先执行暂定税率。

## 操作技能 >>>

【商品归类】

请查找下列商品的HS编码。
1. 冻小虾仁。
2. 木棉,用于填充坐垫。
3. 精制的玉米油。
4. 蛋形巧克力(内装小玩具)。
5. "女儿红"牌米酒(酒精浓度为15%),用2升的陶罐盛装。
6. 潘婷洗发水,500毫升/瓶。
7. 洗手液,400毫升塑料瓶装,含有机表面活性剂、杀菌剂、香精等成分。
8. 纯棉精梳单纱(细度100分特)。
9. 手工钩编的涤纶餐台布。
10. 快速吸水浴巾,由一种新型超细纤维(70%涤纶和30%锦纶)织成的毛巾布制成。
11. 轿车用后视镜(已镶框)。
12. "飞利浦"牌915型电动剃须刀。

13. "丰田"轿车用电动天窗。

14. 高尔夫球。

15. 立体显微镜。

【案例分析】

在我国台湾地区纺成的纱线,运到日本织成棉织物,并进行冲洗、烫、漂白、染色、印花等加工。上述棉织物又被运往越南制成睡衣,后又经我国香港地区更换包装转销我国内地。

分析该货物的原产国(地区),并说明理由。

【项目】

浙江宇天贸易有限公司从马来西亚进口 2 台带胶轮的移动式吊运架,该产品商标"SBT"是新西兰的品牌,其中液压缸为日本生产,电路控制系统为新西兰生产,吊运架支腿为马来西亚生产,并在马来西亚组装整机(马来西亚是中国-东盟合作框架协议成员方)。

任务1:判断该进口商品原产国应填报的国家。

任务2:查询该进口商品的 HS 编码,确定是否需要相关的监管证件。

任务3:查询该进口商品有哪些税率,并确定适用的税率。

任务4:做好向海关申报的准备工作。

## 学习情境 11

# 进出口税费的核算与缴纳

### 学习目标

**知识目标**：理解进出口环节有关税费的种类、含义、征收范围；掌握进出口货物完税价格的审定原则，掌握进出口税费的计算方法。

**技能目标**：能够计算进出口环节的税费，正确应用进出口货物完税价格的估价方法，完成进出口税费的缴纳，处理进出口税费的退补。

**素质目标**：通过学习进出口税费的核算与缴纳，树立守法经营意识、大局意识、责任意识。

### 知识准备 >>>

## 11.1 认知进出口税费

### 行业资讯

**地条钢"巧"借合金钢之名 套取国家出口退税**

曾经数以千万吨计的钢材在掺加少量铬后，摇身一变以合金钢名义出口，每吨成本增加数十元，与此对应的回报却是数百元的出口退税，重利之下，钢材加铬出口渐成业内皆知的潜规则。

在某 B2B 平台中，可以很容易地找到含有"铬钢""退税"字眼的厂商及产品信息。一位商家提供的报价单显示，某款"专供出口"的含铬钢价格大概在 2 000 元/吨，并"绝对保证含铬 0.3%"。与真正的合金钢每吨近千美元的高价不同，这类"合金钢"实际卖出去的价格多在每吨 300 美元左右，因而在东南亚等地颇有市场。后者往往在我国香港地区"转口走货"，以合金钢的名义骗取国家的出口退税，然后以钢坯、方钢的身份出现在东南亚各国。后来我国政府对此行为进行了严厉的打击。

1. 国家实行出口退税政策的目的是什么？
2. 目前我国主要对哪类商品征收出口关税？

进出口税费是指进出口环节中由海关依法征收的关税、消费税、增值税、船舶吨税等税费。其中增值税、消费税、船舶吨税是海关代为国家税务总局征收的，又称进口环节海关代征税。进出口货物收发货人需要缴纳的税种主要是关税、进口增值税和消费税，可以在中国国际贸易单一窗口根据系统的计税功能进行自报自缴。

## 一、关税

关税是由海关代表国家,按照国家制定的关税政策和公布实施的税法及《进出口税则》,对进出关境的货物和物品征收的一种流转税。(我国税收分财产税和流转税两种。)

关税的征税主体是国家,由海关代表国家向纳税义务人征收。其课税对象是进出关境的货物和物品。关税的纳税义务人是进出口货物的收发货人和进出境物品的所有人。

按照不同的标准,关税可有以下分类:

### (一)按货物流向划分

按货物流向,可分为进口关税、出口关税和过境关税。

进口关税是指一国(地区)海关以进境货物和物品为课税对象所征收的关税,这是关税最重要的一种。

出口关税是指一国(地区)海关以出境货物、物品为课税对象所征收的关税,一般不征收出口关税或仅对少数商品征收出口关税。[2017年关税实施方案确定213项出口关税,主要是两高一资(高耗能、高污染和资源性)产品。]

过境关税是指一国(地区)海关对通过其关境的外国货物所征收的一种关税,随着国际贸易的发展,目前过境关税已很少见,大多以税款担保形式保障过境货物依法原状运出关境。

### (二)按计征标准划分

按计征标准,可分为从价税、从量税、复合税和滑准税。

1. 从价税

从价税是以货物、物品的完税价格为计税标准,以应征税额占货物价格的百分比为税率,价格和税额成正比例关系。我国对进出口货物征收关税主要采用从价税计税标准。

$$应征税额=进口货物的完税价格×进口从价税税率$$

2. 从量税

从量税是以货物和物品的计量单位,如重量、数量、容量等为计税标准,以每一计量单位的应征税额征收的关税。我国目前对冻鸡、石油原油、啤酒、胶卷等进口商品征收进口从量税,对尿素、硫酸钾等出口化学商品征收出口从量税。

$$应征税额=进口货物数量×单位税额$$

3. 复合税

复合税是一个税目中的商品同时使用从价、从量两种标准计税,计税时按两者之和作为应征税额征收的关税。我国目前仅对录像机、放像机、摄像机、非家用型摄录一体机、部分数字照相机等进口商品征收复合税。

$$应征税额=进口货物的完税价格×进口从价税税率+进口货物数量×单位税额$$

4. 滑准税

滑准税是在《进出口税则》中,预先按产品的价格高低分档制定若干不同的税率,然后根据进口商品价格的变动而增减进口税率的一种关税。当商品价格上涨时采用较低税率,当商品价格下跌时则采用较高税率,其目的是使该种商品的国内市场价格保持稳定。我国目前对关税配额外进口的一定数量的棉花实行滑准税。

### (三)按是否施惠划分

按是否施惠,可分为普通关税和优惠关税。

普通关税又称一般关税,是指对与本国没有签署贸易或经济互惠等友好协定的国家或地区原产的货物征收的非优惠关税;对无法判明原产地的货物,适用普通税率。

优惠关税包括最惠国待遇关税(目前主要是IT业)、协定优惠关税(共15个)、特定优惠关税(对40个最不发达国家)和普遍优惠关税(发达国家给予发展中国家出口产品的一种关税优惠制度)。我国是发展中国家,对进口货物不存在普遍优惠关税。

### (四)按是否根据《进出口税则》征收划分

按是否根据《进出口税则》征收,可分为正税和附加税。

正税是按《进出口税则》中的进口税率征收的关税。

附加税一般具有临时性,包括反倾销税、反补贴税、保障措施关税、报复性关税等。世界贸易组织不准其成员方在一般情况下随意征收进口附加税,只有符合世界贸易组织反倾销、反补贴等有关规定的才可以征收。

## 二、进口环节海关代征税

进口货物、物品在办理海关手续放行后,进入国内流通领域,与国内货物同等对待,需缴纳应征的国内税。进口货物、物品的国内税依法由海关在进口环节征收。目前,进口环节海关代国家税务总局主要征收增值税、消费税两种。

### (一)增值税

增值税是以商品的生产、流通和劳务服务各个环节所创造的新增价值为课税对象的一种流转税。

#### 1. 征纳

进口环节的增值税由海关征收,其他环节的增值税由税务机关征收。进口货物由纳税义务人(进口人或者其代理人)向办理进口手续的海关申报纳税。

进口环节增值税的免税、减税项目由国务院规定,任何地区、部门都无权擅自决定增值税的减免。进口环节增值税的起征额为人民币50元,低于50元的免征。

#### 2. 征收范围和税率

我国增值税的征收采取基本税率再加一档低税率的模式。适用基本税率(13%)的范围包括:纳税人销售或者进口除适用低税率的货物以外的货物以及提供加工、修理修配劳务。适用低税率(9%)的范围是指纳税人销售或者进口下列货物:

(1)粮食、食用植物油。

(2)自来水、暖气、冷气、热水、煤气、石油液化气、天然气、沼气、居民用煤炭制品。

(3)图书、报纸、杂志。

(4)饲料、化肥、农药、农机、农膜。

(5)国务院规定的其他货物。

### 3. 计算公式

进口环节的增值税以组成价格为计税价格,征税时不得抵扣任何税额。

$$增值税组成价格＝进口货物完税价格＋进口关税税额＋消费税税额$$

$$应纳增值税税额＝增值税组成价格×增值税税率$$

### (二)消费税

消费税是以消费品或消费行为的流转额为课税对象而征收的一种流转税。我国征收消费税的目的是调节我国的消费结构,引导消费方向,确保国家财政收入。

### 1. 征纳

我国的消费税由税务机关征收,进口环节的消费税由海关征收,进口应税消费品的纳税人(进口人或者其代理人)向办理进口手续的海关申报纳税。

我国进口应税消费品消费税以从价、从量和复合计税的方法计征;消费税的税目、税率,依照《中华人民共和国消费税暂行条例》所附的"消费税税目税率表"执行。进口环节消费税的起征额为人民币50元,低于人民币50元的免征。

### 2. 征收范围

消费税的征收范围仅限于少数消费品,大体可分为以下4种类型:

(1)一些过度消费会对人的身体健康、社会秩序、生态环境等方面造成危害的特殊消费品,如烟、酒、酒精、鞭炮、焰火等。

(2)奢侈品、非生活必需品,如贵重首饰及珠宝玉石、化妆品等。

(3)高能耗的高档消费品,如小轿车、摩托车、汽车轮胎等。

(4)不可再生和替代的资源类消费品,如汽油、柴油等。

### 3. 计算公式

(1)从价征收的消费税的计算公式为

$$消费税组成计税价格＝\frac{关税完税价格＋关税税额}{1－消费税税率}$$

$$应纳税额＝消费税组成计税价格×消费税税率$$

消费税采用价内税的计税方法,即计税价格的组成中包括消费税税额。

(2)从量征收的消费税的计算公式为

$$应纳税额＝应征消费税消费品数量×消费税单位税额$$

(3)复合消费税是上述两种征税方法计算的税额之和,其计算公式为

$$应纳税额＝消费税组成计税价格×消费税税率＋应征消费税消费品数量×消费税单位税额$$

> **职场热线**
>
> 问：我在亚马逊旗下网站 Shopbop 上购买了价值分别为 840 元、770 元的两条裙子，在××路×××号邮政报关大厅办理个人缴税取件业务时，办理窗口收取了 30% 的税费。但根据财政部跨境电商税收新政，2 000 元以内免关税，增值税及消费税按应纳税款的 70% 征收，则我理解应该征收的税率为（13%＋0%）×70%＝9.1%，而非行邮税 30%。请问 30% 的税费收取是否有误？
>
> 答：根据财政部、海关总署、国家税务总局《关于跨境电子商务零售进口税收政策的通知》（财关税〔2016〕18 号）第二条有关规定，跨境电子商务零售进口税收政策适用于从其他国家或地区进口的、《跨境电子商务零售进口商品清单》范围内的以下商品：（一）所有通过与海关联网的电子商务交易平台交易，能够实现交易、支付、物流电子信息"三单"比对的跨境电子商务零售进口商品；（二）未通过与海关联网的电子商务交易平台交易，但快递、邮政企业能够统一提供交易、支付、物流等电子信息，并承诺承担相应法律责任进境的跨境电子商务零售进口商品。不属于跨境电子商务零售进口的个人物品以及无法提供交易、支付、物流等电子信息的跨境电子商务零售进口商品，按现行规定执行。
>
> 因此，亚马逊旗下 Shopbop 网站不适用上述规定，仍按海关总署 2010 年第 43 号公告执行。

### （三）船舶吨税

船舶吨税（简称吨税）是由海关在设关口岸对自中华人民共和国境外港口进入境内港口的船舶（简称应税船舶）征收的一种使用税。征收船舶吨税的目的是用于航道设施的建设。

#### 1. 征纳

船舶吨税设置优惠税率和普通税率。中华人民共和国籍的应税船舶，船籍国（地区）与中华人民共和国签订含有相互给予船舶税费最惠国待遇条款的条约或协定的应税船舶，适用优惠税率；其他应税船舶，适用普通税率。

船舶吨税按船舶净吨位和吨税执照期限征收；船舶吨税分 1 年期缴纳、90 天期缴纳与 30 天期缴纳，缴纳期限由应税船舶负责人或其代理人自行选择。船舶吨税起征日为应税船舶进入港口的当日。

#### 2. 计算公式

船舶吨税按船舶吨位证明中净吨位计征。其计算公式为

$$应纳船舶吨税税额 = 船舶净吨位 \times 适用税率$$

## 三、税款滞纳金

### （一）征收范围

按照规定，关税、进口环节增值税、进口环节消费税、船舶吨税等的纳税义务人或其代理人，应当自海关填发税款缴款书之日起 15 日内向指定银行缴纳税款，逾期缴纳的，海关依法在原应纳税款的基础上，按日加收滞纳税款 0.5‰ 的滞纳金。

## (二)滞纳期间

海关对滞纳天数的计算是自滞纳税款之日起至进出口货物的纳税义务人缴纳税费之日止,其间的法定节假日不予扣除。缴纳期限届满日遇周六、周日等休息日或者法定节假日的,应当顺延至休息日或法定节假日之后的第一个工作日。国务院临时调整休息日与工作日的,则按照调整后的情况计算缴款期限。

## (三)征收标准

税款滞纳金的计算公式为

关税滞纳金金额＝滞纳关税税额×0.5‰×滞纳天数

进口环节海关代征税滞纳金金额＝滞纳进口环节海关代征税税额×0.5‰×滞纳天数

滞纳金的起征额为人民币50元,不足人民币50元的免予征收。

### 知识链接

#### 滞纳、滞报的起征日

缴纳期限届满日如遇周六、周日或法定节假日,则顺延至其后的第一个工作日;滞报金的计征起始日如遇法定节假日,则顺延至其后的第一个工作日。2020年9月、10月日历如下:

| 周日 | 周一 | 周二 | 周三 | 周四 | 周五 | 周六 |
| --- | --- | --- | --- | --- | --- | --- |
| 20 | 21 | 22(1) | 23(2) | 24(3) | 25(4) | 26(5) |
| 27(6) | 28(7) | 29(8) | 30(9) | 1(10) | 2(11) | 3(12) |
| 4(13) | 5(14) | 6(15) | 7 | 8 | 9 | 10 |
| 11 | 12 | 13 | 14 | 15 | 16 | 17 |

若海关于9月21日(周一)填发税款缴款书,纳税义务人本应最迟于10月6日(周二)缴纳税款。但10月1日~10月8日为国庆节、中秋节假期,则最后的缴款期限应为10月9日(周五)。

因此,装载货物的运输工具于9月21日申报进境,则收货人应最迟于10月9日(周五)向海关申报。

### 要点提示 >>>

## 11.2 进出口货物完税价格的确定

### 案例导入

**行政复议的成功**

某年5月至转年6月,A公司先后向B海关申报出口8票工程用建材,申报价格为C地的FOB价,运输方式包括铁路运输和汽车运输。B海关经审查认为,A公司申报的出口货物FOB价格均是以其市场采购价直接除以当日美元汇率计算而得,未计入该货物在从装货地 C 地到出境地 D 地的国内段运费、保险费,不符合《中华人民共和国海关法》中出口货物完税价格的规定,认定 A 公司上述行为导致低报出口货物单价,漏缴税款人民币 16 万元。B 海关根据《中华人民共和国海关行政处罚实施条例》的相关规定,对 A 公司做出罚款 6 万元的行政处罚决定。

A 公司不服 B 海关做出的行政处罚决定,向其上一级海关申请行政复议。复议机关经审查认为,本案申请人出口的建材属于国家规定的应征出口关税的货物,且不享受关税减免,因此申请人应当依法缴纳出口关税。申请人出口的建材在 C 地装车发运,经 D 地出境运至邻国,其间未经换装和卸载重装。因此从 C 地到 D 地这段的运费和保险费是出口货物装载后产生的,不是装载前产生的,不应计入该出口货物的完税价格。被申请人以申请人向海关申报的出口货物价格中未计入 C 地到 D 地的运费和保险费,认定其构成申报不实行为,属于认定事实不清。复议机关对本案做出撤销被申请人对申请人做出的行政处罚决定的复议决定。

1. 出口货物的完税价格是如何规定的?
2. A 公司申请行政复议成功的原因是什么?

审定完税价格是海关根据一定的法律规范和判定标准,确定进出口货物海关计税价格的过程。目前,我国海关审价的法律依据可分为三个层次,即法律层次——《中华人民共和国海关法》、行政法规层次——《中华人民共和国进出口关税条例》、部门规章层次——海关总署颁布施行的《中华人民共和国海关审定进出口货物完税价格办法》等。

完税价格以人民币计征,采用四舍五入法计算。

## 一、一般进口货物完税价格的审定

进口货物的完税价格由海关以该货物的成交价格为基础审查确定,并应包括货物运抵中华人民共和国境内输入地点起卸前的运输及相关费用、保险费。相关费用主要是指与运输有关的费用,如装卸费、搬运费等广义运费范围内的费用。

海关确定进口货物完税价格共有六种估价方法:进口货物成交价格法、相同货物成交价格法、类似货物成交价格法、倒扣价格法、计算价格法、合理方法。上述估价方法应当依次采用,但如果进口货物纳税义务人提出要求,并提供相关资料,经海关同意,可以颠倒倒扣价格法和计算价格法的适用次序。

### (一)进口货物成交价格法

进口货物的成交价格是指卖方向中华人民共和国境内销售该货物时买方为进口该货物向卖方实付、应付的,并按有关规定调整后的价款总额,包括直接支付的价款和间接支付的价款。

成交价格不完全等同于贸易中的发票或合同价格,成交价格有其特定含义:必须符合销售要求,并由实付、应付价格和直接、间接支付及调整因素构成,还要满足一定的条件。

1. 销售要求

销售是指将进口货物实际运入中华人民共和国境内,货物的所有权和风险由卖方转移给买方,买方为此向卖方支付价款的行为。

2. 直接、间接支付

直接支付是买方直接向卖方支付的款项;间接支付是买方根据卖方要求,将货款全部或部分支付给第三方,或冲抵买卖双方之间的其他资金往来的付款方式。

3. 实付、应付价格

实付、应付价格是指买方为购买进口货物已经支付或将要支付的应直接支付或间接支付的价款总额。

4. 调整因素

调整因素包括计入项目和扣减项目。

(1)计入项目

图 11-1 所列的所有项目的费用或价值应计入完税价格中,但必须同时满足以下三个条件:由买方负担;未包括在进口货物的实付或应付价格中;有客观量化的数据资料。

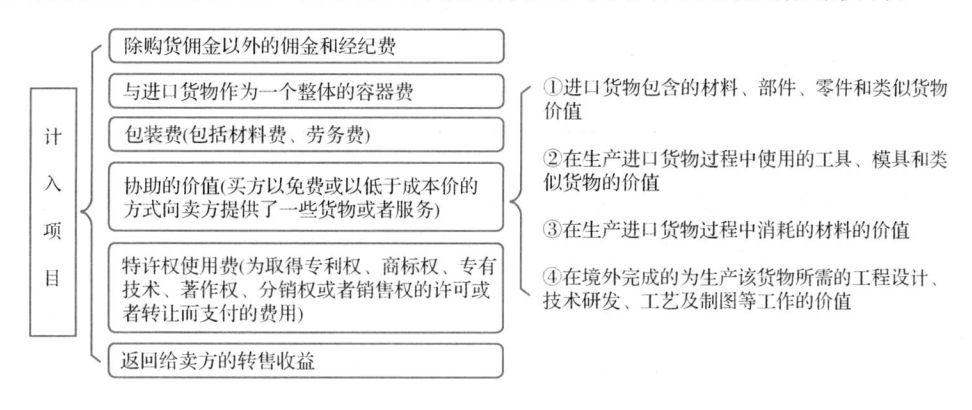

```
              ┌─ 除购货佣金以外的佣金和经纪费
              │
              ├─ 与进口货物作为一个整体的容器费          ①进口货物包含的材料、部件、零件和类似货物
              │                                              价值
              ├─ 包装费(包括材料费、劳务费)
计入          │                                         ②在生产进口货物过程中使用的工具、模具和类
项目          ├─ 协助的价值(买方以免费或低于成本价的        似货物的价值
              │  方式向卖方提供了一些货物或者服务)
              │                                         ③在生产进口货物过程中消耗的材料的价值
              ├─ 特许权使用费(为取得专利权、商标权、专有
              │  技术、著作权、分销权或者销售权的许可或    ④在境外完成的为生产该货物所需的工程设计、
              │  者转让而支付的费用)                        技术研发、工艺及制图等工作的价值
              │
              └─ 返回给卖方的转售收益
```

图 11-1　计入成交价格的调整因素

(2)扣减项目

下列费用如果在进口货物的价款中单独列明,不计入该货物的完税价格:

①厂房、机械或者设备等货物进口后发生的建设、安装、装配、维修或者技术援助费用,但是保修费用除外。

②货物运抵境内输入地点起卸后发生的运输及其相关费用、保险费。

③进口关税、进口环节海关代征税及其他国内税。

④为在境内复制进口货物而支付的费用。

⑤境内外技术培训及境外考察费用。

⑥同时符合下列条件的利息费用:

A. 利息费用是买方为购买进口货物而融资所产生的。

B. 有书面的融资协议的。

C. 利息费用单独列明的。

D. 纳税义务人可以证明有关利率不高于在融资当时、当地此类交易通常具有的利率水平,且没有融资安排的相同或者类似进口货物的价格与进口货物的实付、应付价格非常接近的。

⑦码头装卸费(货物从船舷到集装箱堆场间发生的费用,英文是 Terminal Handing Charge,简称 THC)。

5. 成交价格本身必须满足的条件

采用进口货物成交价格法审定进口货物的完税价格,成交价格必须具备一定条件才能被海关接受,否则不能适用进口货物成交价格法。

(1)买方对进口货物的处置和使用不受限制。如果买方对进口货物的处置权或者使用权受到限制,则进口货物不适用成交价格法,但也存在虽受限制但并不影响成交价格成立的情形,见表11-1。

表11-1　　　　　　　　　买方对进口货物处置和使用限制的情形

| 完税价格的审定不适用进口货物成交价格法 | 完税价格的审定依然适用进口货物成交价格法 |
| --- | --- |
| A. 进口货物只能用于展示或者免费赠送的;<br>B. 进口货物只能销售给指定第三方的;<br>C. 进口货物加工为成品后只能销售给卖方或指定第三方的;<br>D. 其他经海关审查,认定买方对进口货物的处置或者使用受到限制的 | A. 国内法律、行政法规或规章规定的限制;<br>B. 对货物转售地域的限制;<br>C. 对货物价格无实质影响的限制 |

(2)进口货物的价格受到了使该货物成交价格无法确定的条件或因素的影响,例如:

A. 进口货物的价格是以买方向卖方购买一定数量的其他货物为条件而确定的。

B. 进口货物的价格是以买方向卖方销售其他货物为条件而确定的。

C. 其他经海关审查,认定货物的价格受到使该货物成交价格无法确定的条件或者因素影响的。

(3)卖方不得直接或间接从买方获得因转售、处置或使用进口货物而产生的任何收益,除非上述收益能够被合理确定。

(4)买卖双方之间没有特殊关系,或虽有特殊关系但不影响成交价格的。有下列情形之一的,应当认定买卖双方有特殊关系:

A. 双方为同一家族成员。

B. 买卖双方互为对方公司的高级职员或董事。

C. 一方直接或间接受另一方控制。

D. 买卖双方都直接或间接地受第三方控制。

E. 买卖双方共同直接或间接地控制第三方。

F. 一方直接或间接拥有、控制或持有对方5％以上(含5％)公开发行的有表决权的股票或股份。

G. 一方是另一方的雇员、高级职员或董事。

H. 买卖双方是同一合伙的成员。

此外,买卖双方在经营上相互有联系,一方是另一方的独家代理、经销或受让人,若与以上规定相符,也应视为有特殊关系。

买卖双方有特殊关系并不能构成海关拒绝成交价格的理由,买卖双方之间存在特殊关系,但纳税义务人需证明其成交价格未对进口货物的成交价格产生影响。

如果货物的进口非因销售引起或销售不能符合成交价格须满足的条件,则应依次使用下列方法审查确定货物的完税价格。

> **职场热线**
>
> 问：买卖双方签订了一份销售协议，协议规定的成交条款为FOB美国主港，单价为USD80/个。货物经上海口岸进口，并在上海口岸转换国内船舶后运输至最终目的地南京。此批货物的完税价格应为多少？
>
> 答：进口货物的最终目的地为南京，但由于货物在上海口岸进行了运输工具的转换，货物从国际运输班轮上卸下的地点应当视为输入地点，在此之后发生的国内运输及相关费用、保险费不应当计入进口货物的完税价格。因此，本批进口货物的完税价格应为"FOB USD80＋美国主港运输至我国上海口岸卸货前的运输及相关费用、保险费"。

（二）相同及类似货物成交价格法

相同及类似货物成交价格法即以与被估货物同时或大约同时向中华人民共和国境内销售的相同货物及类似货物的成交价格为基础，审查确定进口货物完税价格的方法。

（三）倒扣价格法

倒扣价格法即以进口货物、相同或类似进口货物在境内第一环节的销售价格为基础，扣除境内发生的有关费用来估定完税价格的方法。

（四）计算价格法

计算价格法是以发生在生产国或地区的生产成本作为基础计算完税价格的方法。
按有关规定采用计算价格法时，进口货物的完税价格由下列各项目的总和构成：
(1)生产该货物所使用的物料成本和加工费用。
(2)向境内销售同等级或者同种类货物通常的利润和一般费用（包括直接费用和间接费用）。
(3)货物运抵中华人民共和国境内输入地点起卸前的运费及其相关费用、保险费。

（五）合理方法

合理方法是指当海关不能根据上述方法确定货物的完税价格时，根据公平、统一、客观的估价原则，以客观量化的数据资料为基础审查确定进口货物完税价格的估价方法。

## 知识链接

### 特定减免税货物转内销完税价格的确定

东莞某企业于2018年12月18日免税进口一台冷室压铸机，价值折合人民币68万元，2020年6月28日经海关批准同意，将该生产设备转让给另一企业。在办理纳税手续时，海关是以审定的该设备的原进口价格扣除折旧部分价值作为完税价格。即完税价格为

$$680\,000 \times (1 - \frac{18}{6 \times 12}) = 510\,000(元)$$

说明：补税时实际已进口的时间为18个月零10天，不足15天的不予计算，故按18个月计算完税价格。

## 二、出口货物完税价格的审定

### (一)出口货物的完税价格

出口货物的完税价格由海关以该货物的成交价格为基础审查确定,包括货物运至中华人民共和国境内输出地点装载前的运费及其相关费用、保险费。

出口货物的成交价格是指该货物出口销售时,卖方为出口该货物向买方直接收取和间接收取的价款总额。

不计入出口货物完税价格的费用包括:①出口关税;②在货物价款中单独列明的货物运至中华人民共和国境内输出地点装载后的运费及其相关费用、保险费;③在货物价款中单独列明由卖方承担的佣金。

如果出口货物的销售价格中包含了出口关税,则出口货物完税价格的计算公式为

$$出口货物完税价格 = FOB - 出口关税 = \frac{FOB}{1+出口关税税率}$$

### (二)出口货物完税价格的其他估价方法

出口货物的成交价格不能确定的,海关经了解有关情况,并与纳税义务人进行价格磋商后,依次以下列价格审查确定该货物的完税价格:

(1)同时或者大约同时向同一国家或者地区出口的相同货物的成交价格。

(2)同时或者大约同时向同一国家或者地区出口的类似货物的成交价格。

(3)根据境内生产相同或者类似货物的成本、利润和一般费用(包括直接费用和间接费用)、境内发生的运费及其相关费用、保险费计算所得的价格。

(4)按照合理方法估定的价格。

**操作导航** >>>

# 11.3 进出口税费的计算

**案例导入**　　　　　　　　　　　　　　　　　　　　　　　　　　进口税额的计算

报关人员常娅接到某客户的咨询,该客户从法国进口瓶装葡萄酒(商品编码为22042100.00),成交价格为 CIF 新港 144 000 美元,经查,最惠国税率为 14%,普通税率为 180%,消费税税率为 10%,增值税税率为 13%。请问:

1.该批进口的葡萄酒适用哪种关税税率?

2.该批进口的葡萄酒应缴纳的关税税额、消费税税额和增值税税额分别是多少?

海关征收的关税、进口环节增值税、进口环节消费税、船舶吨税、滞纳金等税费一律以人民币计征,起征点为人民币 50 元。完税价格、税额采用四舍五入法计算至分。

在实际工作中,海关每月使用的计征汇率为上一个月的第三个星期三中国银行的外汇折算价,简称"中行折算价"。为便于计算,本节例题假设 1 美元=人民币 6.9 元。

## 一、进口税费的计算

进口税费计算的程序：
(1)确定完税价格（从价计征关税）。
(2)计算关税。
(3)计算进口环节消费税。
(4)计算进口环节增值税。

【例1】 某公司从日本购进一批日产轿车，经海关审定其成交价格合计为 FOB Osaka 120 000.00 美元，另付运费 5 000.00 美元，保险费费率为 0.3％。该型号的小轿车最惠国税率为 25％，消费税税率为 3％。计算应征进口关税税额、进口环节消费税税额、进口环节增值税税额。

【提示】
计算思路：
1.确定应税货物适用的税率。
2.确定应税货物的 CIF 价格。
3.确定完税价格，将以外币计价的 CIF 价格折算成人民币。
4.按照计算公式计算应征税款。

解：
1.轿车原产国为日本，适用最惠国税率 25％。
2.CIF 价格＝(FOB 价格＋运费)/(1－保险费费率)
　　　　＝(120 000＋5 000)/(1－0.3％)≈125 376.13(美元)
3.完税价格＝125 376.13×6.9≈865 095.30(元)
4.计算应征税额
(1)应征关税税额＝865 095.30×25％≈216 273.83(元)
(2)应征消费税税额＝[(进口货物完税价格＋关税税额)÷(1－消费税税率)]×消费税税率
　　　　＝[(865 095.30＋216 273.83)/(1－3％)]×3％≈33 444.41(元)
(3)应征增值税税额＝(进口货物完税价格＋关税税额＋消费税税额)×增值税税率
　　　　＝(865 095.30＋216 273.83＋33 444.41)×13％≈144 925.76(元)

## 二、出口关税的计算

出口关税的计算程序：
(1)确定应税货物适用的税率。
(2)确定应税货物的 FOB 价格。
(3)将外币折算成人民币。
(4)按照计算公式计算应征税额。

**【例2】** 国内某企业向韩国出口活鳗鱼苗一批,成交价格为 CIF INCHON 9 090 美元,运费为 987 美元,保险费为 50 美元,出口关税税率为 20%,消费税税率为 13%。计算出口关税税额。

解:
1. FOB 价格 = 9 090 − 987 − 50 = 8 053(美元)
2. 完税价格 = 8 053 × 6.9 = 55 565.70(元)
3. 应征出口关税税额 = [出口货物完税价格 ÷ (1 + 出口关税税率)] × 出口关税税率
   = [55 565.70 ÷ (1 + 20%)] × 20% = 9 260.95(元)

## 11.4 进出口税费的缴纳与退补

### 案例导入  税款补不补?

A 公司于 2017 年 5 月立项筹备"引进对开四色印刷机、折页机、电脑直接制版系统等 4 台套"项目并于 2018 年 3 月 10 日获得项目审批机关 B 经委核发的"国家鼓励发展的内外资项目确认书",确认该公司申请的项目符合国家产业政策,批准项目下进口的设备可以免税进口。2018 年 4 月 20 日,A 公司持该项目确认书向 N 海关提交进口海德堡 KH78 折页机和海德堡速霸对开四色胶印机各一台的减免税申请。N 海关于 4 月 25 日向该公司签发了"征免税证明"(Z72018B00033、Z72018B00037)。10 月 13 日,A 公司上述设备免税进口放行。2019 年 9 月 12 日,B 经委向 A 公司发函称 A 公司原申请的项目不适用原批准的产业政策条目,不符合国家产业政策,撤回项目确认书。该函同时抄送 N 海关。N 海关遂于 2019 年 10 月 12 日填发"税款缴款书",向 A 公司补征关税及增值税共计人民币 2 423 611.85 元。

进口设备海关已签发"征免税证明",海关补征税款的决定合理吗?请说明理由。

### 一、税款缴纳

进出口货物的纳税义务人应自海关填发税款缴款书之日起 15 日内缴纳税款,全国通关一体化无纸化报关模式下,纳税义务人可在中国国际贸易单一窗口申报时自报自缴。

### 二、税款退还

纳税义务人按照规定缴纳税款后,因误征、溢征及其他国家政策调整应予退还的税款可由海关依法退还。

(一)多征税款退税

(1)海关发现多征税款的,应当立即通知纳税义务人办理退还手续;纳税义务人应当自收到通知之日起 3 个月内办理有关退税手续。

(2)纳税义务人发现多缴税款的,自缴纳税款之日起 1 年内,可以以书面形式要求海关退还多缴的税款并加算银行同期活期存款利息。

(二)品质或规格原因退税

已缴纳税款的进口货物,由于品质或者规格原因原状退货复运出境的;已缴纳出口关税的出口货物,由于品质或者规格原因原状退货复运进境并已重新缴纳因出口而退还的国内环节有关税收的,纳税义务人自缴纳税款之日起1年内可向海关申请退税。

(三)退关退税

已缴纳出口关税的货物,因故未装运出口申报退关的,纳税义务人自缴纳税款之日起1年内可向海关申请退税。

(四)短装退税

散装进出口货物发生短装并已征税放行的,如果该货物发货人、承运人、保险公司已对短装部分退还或赔偿相应货款,纳税义务人自缴纳税款之日起1年内,可向海关申请退还短装部分相应税款。

(五)赔偿退税

进出口货物由于残损、品质不良、规格不符等原因,由进出口货物的发货人、承运人或保险公司赔偿相应货款的,纳税义务人自缴纳税款之日起1年内,可向海关申请退还赔偿货款部分的相应税款。

进出口环节增值税已予抵缴的除国家另有规定外不予退还;已征收的滞纳金不予退还。

海关应当自受理退税申请之日起30日内查实并通知纳税义务人办理退还手续。纳税义务人应当自收到通知之日起3个月内办理有关退税手续。

## 三、税款追补

(一)少征、漏征税款补税

进出口货物放行后,海关发现少征税款,应当自缴纳税款之日起1年内,由海关补征;海关发现漏征税款,应当自货物放行之日起1年内,向纳税义务人补征漏征的税款。

(二)少征、漏征税款追税

因纳税义务人违反规定导致海关对进出口货物或海关监管货物少征税款的,海关应当自纳税义务人缴纳税款之日起3年内追征少征的税款;因纳税义务人违反规定导致海关对进出口货物或海关监管货物漏征税款的,海关应当自该货物放行之日起3年内追征漏征的税款。

少征或漏征税款部分涉及滞纳金的一并征收。

**基础知识 >>>**

一、单项选择题

1. 广西某公司从韩国进口绣花机1台,发票列明:交易单价为CIF南宁100 000美元/台,商标使用费10 000美元,经纪费3 000美元。该批货物经海关审定的成交价格应为( )。

A. 100 000美元    B. 103 000美元    C. 110 000美元    D. 113 000美元

2. 海关确定进口货物完税价格的方法有:①合理方法;②进口货物成交价格法;③倒扣价格法;④计算价格法;⑤类似货物成交价格法;⑥相同货物成交价格法。采用上述六种估价方法的正确顺序为(    )。
   A. ①②③④⑤⑥            B. ②⑤⑥①③④
   C. ②⑥⑤③④①            D. ①②⑥⑤④③

3. 下列经纳税义务人书面申请,海关无须进行价格质疑和磋商,依法审查确定进出口的是(    )。
   A. 汽车          B. 电梯          C. 矿砂          D. 废五金

4. 某企业从德国进口医疗设备一台,发票分别列明 CIF 上海 50 000 美元/台,境外培训费 3 000 美元,此外,同列名设备投入使用后买方从收益中另行支付卖方 20 000 美元,此批货物海关审定完税价格是(    )。
   A. 73 000 美元    B. 50 000 美元    C. 70 000 美元    D. 53 000 美元

5. 某企业以 CIF 方式购进一台砂光机,先预付设备款 25 000 港币,发货时再支付设备价款 40 000 港币,并另直接支付给境外某权利所有人专用技术使用费 15 000 港币,此外,提单上列明 THC 费为 500 港币,该批货物经海关审定的成交价格为(    )。
   A. 65 500 港币    B. 65 000 港币    C. 80 500 港币    D. 80 000 港币

6. 某企业从法国进口一台模具加工机床,发票分别列明:设备价款 CIF 上海 USD600 000,机器进口后的安装调试费为 USD20 000,卖方佣金 USD2 000,与设备配套使用的操作系统使用费 USD80 000。该批货物经海关审定的成交价格应为(    )。
   A. USD702 000    B. USD682 000    C. USD680 000    D. USD662 000

7. 因纳税义务人违反规定造成少征或漏征税款的,海关可以在规定期限内追征税款并从缴纳税款或者货物放行之日起至海关发现违规行为之日止按日加收少征或漏征税款的滞纳金。其规定期限和滞纳金的征收标准分别为(    )。
   A. 1 年;0.5‰    B. 3 年;0.5‰    C. 1 年;1‰    D. 3 年;1‰

8. 采用价内税计税的税种是(    )。
   A. 进口关税                B. 进口环节增值税
   C. 进口环节消费税          D. 出口关税

9. 目前我国不实行从量计税的进口商品是(    )。
   A. 冻乌鸡        B. 鲜啤酒        C. 未梳原棉        D. 盘装胶卷

10. 某公司进口一批货物,应纳关税 80 万元;海关于 3 月 2 日(周四)填发税款缴款书,但公司迟至 3 月 28 日(周二)才缴纳关税。海关应征收关税滞纳金(    )。
    A. 4 000 元      B. 4 400 元      C. 4 800 元      D. 5 200 元

二、多项选择题

1. 下列属于关税附加税的是(    )。
   A. 反倾销税      B. 反补贴税      C. 消费税        D. 增值税

2. 下列税费中,不足人民币 50 元免予征收的是(    )。
   A. 滞纳金        B. 关税          C. 增值税        D. 消费税

3. 关税的征税主体是国家,其征税对象是(    )。
   A. 进出境的货物              B. 进出关境的物品
   C. 进口货物收货人            D. 出口货物发货人

4. 下列关于滑准税表述正确的是( )。
A. 当商品价格上涨时采用较低税率  B. 当商品价格上涨时采用较高税率
C. 当商品价格下跌时采用较高税率  D. 当商品价格下跌时采用较低税率
5. 特许权使用费包括( )。
A. 专利权使用费  B. 商标权使用费
C. 著作权使用费  D. 专有技术使用费
6. 下列应计入出口货物完税价格的项目是( )。
A. 出口关税
B. 在货物价款中单独列明由卖方承担的佣金
C. 境内生产货物的成本、利润和一般费用
D. 货物运至境内输出地点装载前的运费及相关费用、保险费
7. 下列( )情况海关可以拒绝接受申报价格而另行估价。
A. 买方对进口货物的处置受到了卖方的限制,具体表现在买方必须将进口货物转售给卖方指定的第三方
B. 买卖双方达成的销售价格是以买方同时向卖方购买一定数量的其他货物为前提的
C. 进口方在国内销售进口货物所产生的收益中有一部分返还给出口方,然后这一部分收益的具体金额尚不能确定
D. 进口方和出口方是母子公司,但上述关系并未对成交价格产生影响
8. 进口时在货物的价款中列明的下列税收、费用,不计入货物关税完税价格的有( )。
A. 厂房、机械、设备等货物进口后进行建设、安装、装配、维修和技术服务的费用
B. 进口货物运抵境内输入地点起卸后的运费及相关费用、保险费
C. 进口关税及国内税收
D. 作为该货物向我国境内销售条件,买方必须支付的,与该货物有关的特许权使用费
9. 对于已缴纳进出口关税的货物,纳税义务人在规定期限内可以申请退还关税的有( )。
A. 由于规格原因原状退货复运进境,并已重新缴纳因出口而退还的国内环节有关税收的
B. 因销售渠道不畅原状退货复运进境,并已重新缴纳因出口而退还的国内环节有关税收的
C. 由于品质原因原状退货复运出境的
D. 因故未装运出口申报退关的

三、判断题
( )1. 消费税组成计税价格的计算方法为
消费税组成计税价格＝(进口关税完税价格＋进口关税税额)/(1＋消费税税率)
( )2. 海关发现多征税款的,应当立即通知纳税义务人办理退还手续,但已征收的滞纳金不予退还。

(　　)3. 关税纳税义务人或其代理人应当自海关填发税款缴款书之日起15个工作日内向指定银行缴纳税款。

(　　)4. 海关审定的进口货物的成交价格,是指卖方向中华人民共和国境内销售该货物时买方为进口该货物向卖方实付、应付的价格总额,包括直接支付的价格和间接支付的价格。

### 操作技能 >>>

**【案例分析】**

某年3月17日,中远实业有限公司(以下简称中远公司)以一般贸易方式向某海关申报进口聚酯烯化工原料一批。中远公司按海关审定完税价格缴纳了该批货物进口关税和进口环节增值税,海关办理了结关放行手续。此后,海关经核查发现,其对中远公司进口化工原料的商品归类有误,导致漏征部分税款。4月12日,该海关向中远公司制发税款缴款书,补征进口关税和进口环节增值税共计人民币25万余元,同时向该公司说明了补税原因和理由。中远公司对海关补税决定持有异议,但没有就此申请行政复议或提起行政诉讼,也未缴纳税款。4月28日,法定缴税期限届满,中远公司未缴纳税款。海关开始对该公司计征滞纳金,并催促其履行缴纳税款义务。8月3日,在中远公司逾期3个月未缴纳应缴税款的情况下,海关书面通知该公司,限其在5日内履行税款给付义务,否则将采取强制措施。8月9日,催缴期限届满,中远公司依旧没有回应。海关遂实施税收强制执行措施,书面通知中远公司开户银行,从该公司存款账户内扣缴了其应缴税款以及因迟延履行纳税义务所产生的滞纳金。

请根据上述案例,回答下列问题:
1. 海关要求中远公司补征税款合理吗?为什么?
2. 海关实施税收强制执行措施合理吗?为什么?

**【项目】**

天津凯瑞通公司是澳大利亚外商独资企业,凯瑞通公司向该企业境外的澳大利亚母公司使用自有资金订购进口设备10台(经查属于自动许可证管理、法定检验商品),该企业向海关提供的发票价格为CIF XINGANG 30 000美元/台。但海关核查后发现,国内其他公司同期购进相同设备的成交价格为CIF XINGANG 40 000美元/台。另外,设备进口后在境内销售,该企业将其所得价款的10%返还给其母公司。

查海关《进出口税则》获知,该产品最惠国税率为20%,普通税率为40%,适用的外汇折算价为1美元=6.9元人民币。

作为天津凯瑞通公司的报关人员,应完成以下工作:
任务1:判断该进口设备是否免税,准备报关单证。
任务2:海关审定的完税价格是多少?
任务3:计算海关应征进口税额。

# 学习情境 12

# 新手上路——报关业务综合实训

## 学习目标

从真实全面的业务情景入手,引导学生对所学的相关报关知识及操作技能进行系统思考和综合运用;学生作为准职业人,面对纷繁复杂的报关业务既要讲求原则,又要学会灵活处理,全面提高实操技能,具备良好的职业素养。

通过报关业务综合实训,学习既要坚持原则,又要灵活机动的工作方法,培养善于沟通、团队合作的工作品质。

## 案例导入

**常娅在泉眼通关服务有限公司的第一单**

20××年5月,天津××文具有限公司(91120116609658××××)出口自产打孔机铁件一批,货到目的地后,客商检验发现货物存在质量问题,双方协商同意将货物退回。20××年10月10日,该批打孔机铁件与该公司自同一客商购买的电阻点焊机(使用自有资金)同批抵达天津新港申报进境。天津××文具有限公司委托泉眼通关服务有限公司(91120116609625××××)代为办理进口报关手续。该公司的报关人员常娅经过三个月的学习与跟单跑腿,将独立接受和完成这笔客户委托。

申报模式一:一次申报,分布处置

任务一:获得合法的代理报关资格。

任务二:接收、审核单证,获得必要的通关信息。

任务三:办理特定减免税货物的备案审批手续,取得"征免税证明"。

任务四:填制与复核进口货物报关单预录入凭单,报关单电子数据申报,查询报关状态。

任务五:配合海关现场查验。

任务六:海关现场放行后提货。

任务七:申请签发进口付汇证明联,与客户交接单据,结算相关费用,文件资料归档留存。

申报模式二:"两步申报"

任务一:货到之前概要申报,提离货物。

任务二:货到之后14日内完整申报。

任务三:申请签发进口付汇证明联,与客户交接单据,结算相关费用,文件资料归档留存。

操作导航 >>>

# 12.1 报关随附单证及相关信息的获取与审核

[第一步] 获得合法的代理报关资格。

审核委托方的资质,接受客户委托。双方签订委托报关协议,办理电子委托(电子报关委托书)。

由泉眼通关服务有限公司向天津××文具有限公司发起单一窗口电子委托签订,提前办理电子报关代理委托签订,进出口货物收发货人与报关企业签订电子报关委托书。

办理方式:

(1)在浏览器中搜索"中国电子口岸",进入中国电子口岸官网主页,单击右下角的"中国国际贸易单一窗口";也可直接搜索"中国国际贸易单一窗口"。

(2)单击"标准版应用"→"货物申报",再单击下拉菜单中的"报关代理委托"(图12-1),后续按照系统提示办理即可。

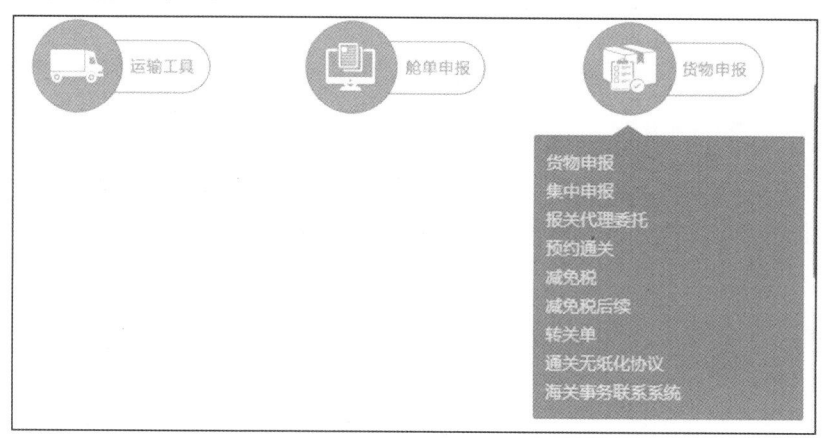

图 12-1 报关代理委托

### 代 理 报 关 委 托 书

编号:

我单位现 A (A逐票,B长期)委托贵公司代理 ABDGH 等通关事宜。(A.填单申报 B.辅助查验 C.垫缴税款 D.办理海关证明联 E.审批手册 F.核销手册 G.申办减免税手续 H.其他)详见《委托报关协议》。

我单位保证遵守《海关法》和国家有关法规,保证所提供的情况真实、完整、单货相符。否则,愿承担相关法律责任。

本委托书有效期自签字之日起到20×× 年 12 月 31 日止。

委托方(盖章):
法定代表人或其授权签署《代理报关委托书》的人(签字)
20×× 年 10 月 10 日

## 委 托 报 关 协 议

为明确委托报关具体事项和各自责任,双方经平等协商签订协议如下:

| 委托方 | 天津××文具有限公司 |
|---|---|
| 主要货物名称 | 电阻点焊机 |
| HS 编码 | 8 5 1 5 2 1 9 9 0 0 |
| 货物总价 | USD142 860.00 |
| 进出口日期 | 20××年10月10日 |
| 提单号 | KKLUUS0681814 |
| 监管方式 | 一般贸易 |
| 原产地/货源地 | 美国 |

其他要求:

无

背面所列通用条款是本协议不可分割的一部分,对本协议的签署构成了对背面通用条款的同意。

委托方业务签章:

经办人签章:
联系电话:5819××××     20××年10月10日

| 被委托方 | 泉眼通关服务有限公司 |
|---|---|
| *报关单编码 | No.020220××1×××××××× |
| 收到单证日期 | 20××年10月10日 |
| 收到单证情况 | 合同 ☑   发票 ☑<br>装箱清单 ☑   提(运)单 ☑<br>加工贸易手册 □   许可证件 ☑<br>其他 |
| 报关收费 | 人民币:      元 |

承诺说明:

无

背面所列通用条款是本协议不可分割的一部分,对本协议的签署构成了对背面通用条款的同意。

被委托方业务签章:

经办报关人员签章:
联系电话:2655××××     20××年10月10日

(白联:海关留存;黄联:被委托方留存;红联:委托方留存)     中国报关协会监制

[第二步] 接收、审核单证,获得必要的通关信息。

(1)接收商业发票、装箱单、提单等单证,审查主要随附单证之间信息的一致性及逻辑关系。

(2)根据委托方提供的随附单证及货物的相关实际情况确认监管方式。

(3)依据《进出口税则》、海关总署发布的关于商品归类的行政裁定、海关总署发布的商品归类决定,审查委托方提供的商品编号。

(4)查阅《中华人民共和国海关进出口商品规范申报目录》,寻找对应的"商品名称""申报要素""说明举例"栏目,根据委托方提供的资料和申报要素栏目中所列各项内容,确定报关单"商品名称及规格型号"栏目的填写内容,并经委托方确认,向海关申请商品预归类。

(5)审查商品的原产地和商品价格。

(6)审查监管证件及其他单证。

本任务中报关人员常娅应完成的工作如下:

(1)本任务中同批进境的商品包括打孔机铁件和电阻点焊机,打孔机铁件是退运进境货物,与特定减免税货物——电阻点焊机的监管方式不同,因此判断应分单填报。

另外,根据天津××文具有限公司(1202940918)海关注册编码第6位和与该公司确认,可确定其为外商独资企业。因此,电阻点焊机是自有资金进口,监管方式为"外资设备物品

(2225)",征免性质为"自有资金(799)",需要办理"征免税证明",需要委托方天津××文具有限公司提供相关材料。

打孔机铁件属于外商自产出口[征免性质为"外资企业(603)"]后退运回境。

(2)打孔机铁件是因质量问题被外商退运的,常娅向天津××文具有限公司询问原出口货物报关单和出口收汇、出口退税的相关信息,索取相关单证。天津××文具有限公司说明此批出口货物尚未收汇,提供了原出口货物报关单(出口报关单号 020220××0546636188)、出口退税联及双方签订的退运协议,同时提供了该批进境货物的发票、装箱单及提单。

(3)常娅代委托方到天津新港船务代理处换取提货单。

(4)常娅从"报关实用手册"查询电阻点焊机的 HS 编码为"85152199.00",监管条件为"AO",属于法检商品,进口申报时还需要提交自动进口许可证。

(5)常娅与天津××文具有限公司核查商品编码,说明报关所需要的特殊单证;询问委托方是否能提供这些特殊单证,如果没有,催促委托方抓紧时间办理或签约代为办理。一般情况下,单一窗口进口申报时,报关、报检可同时进行,自动进口许可证需委托方自行办理。

(6)发票和提单上标明打孔机铁件的外包装是2个木箱,带有木质材料的包装进出境时需要检验检疫。询问委托方货物出口时是否进行了检验检疫,有无 IPPC 标识(检验检疫标识)。如无,需要到检验检疫场所进行处理,得知有 IPPC 标识。

接收的报关随附单证有:打孔机铁件的原出口货物报关单、出口退税联、退运协议、电阻点焊机的进出口合同、自动进口许可证、两种货物的发票、装箱单、海运提单。主要如下:

ACCO BRANDS Corporation

300 Tower Parkway

Lincolnshire, IL 60069-3604

## INVOICE & PACKING LIST

INVOICE NO.: NGBAO7011　　　　　　　　　　　　　　　　　　　　DATE: Sep. 1, 20××

| CONSIGNED TO:<br>Tianjin ×× Stationery Co., Ltd.<br>28# Youyi Road Tianjin, China | | | SHIPPING MARK: | | | |
|---|---|---|---|---|---|---|
| SHIPPED PER<br>Ocean Vessel | SAILING ON OR ABOUT<br>Sep. 3, 20×× | | | | | |
| FROM<br>Long Beach, USA | TO<br>Xingang, China | | | | | |
| DESCRIPTION OF GOODS | QTY | P'KG | G.W. | N.W. | UNIT PRICE | AMOUNT |
| 1. Welding machines<br>As per Contract<br>No. XY20××0303 | 8set | 16pallets | 16 000kg | 15 600kg | CIF XINGANG<br>@ $ 17 100.00 | $ 136 800.00 |
| 2. Punch metal parts-<br>Returned cargo | 40 400pcs | 2wooden cases | 1 600kg | 1 500kg | @ $ 0.15 | $ 6 060.00 |
| | | | | | Price for customs declaration only. | |

Country of Origin: USA

　　　　　　　　　　　　　　　　　　　　　　　　　　　　　　　ACCO BRANDS Corporation
　　　　　　　　　　　　　　　　　　　　　　　　　　　　　　　Authorized Signature

| Shipper<br>ACCO Brands Corporation<br>300 Tower Parkway, Lincolnshire, IL, USA | | B/L No. KKLUUS0681814<br><br>"K"LINE<br><br>BILL OF LADING | |
|---|---|---|---|
| Consignee<br>Tianjin ×× Stationery Co., Ltd.<br>28# Youyi Road, Tianjin, China | | | |
| Notify Party<br>Same as Consignee | | Forwarding Agent References | |
| Pre-carriage by | Place of Receipt<br>Nogales, USA | Point and Country of Origin<br>Nogales, USA | |
| Vessel / Voyage<br>ROTTERDAM BRIDGE V. 226W | Port of Loading<br>Long Beach, USA | | |
| Port of Discharge<br>Xingang, China | Place of Delivery<br>Xingang, China | Type of Movement<br>DOOR/CY | |
| Container & Seal No. | Number & Kind of Packages | Description of Goods | Gross Weight Kgs | Measurement M³ |
| KKFU<br>7044043<br>6794 | 1×40′ container (6794)<br>12 pallets | machinery<br>XTN # 265705100-XINGANG-40FT | 12 000 | 24.82 |
| PRSU<br>2208522<br>6531 | 1×20′ container (6531)<br>6 p'kgs | machinery and parts of other machines<br>XTN # 265705100-XINGANG-20FT<br><br>Shipper's Load Stow and Count | 5 600 | 9.75 |

| Total No. of Container or Packages (In Words):<br>Say: Sixteen Pallets and Two Wooden Cases Only. | |
|---|---|
| Date Laden on Board<br>Sep. 03, 20×× | Place and Date of B/L Issue<br>Richmond, VA<br>Sep. 03, 20×× |
| Freight and Charges<br>Freight Collect | No. of Original B/L Issued<br>Triplicate (3) |
| | STAMP AND SIGNATURE OF CARRIER OR ITS AGENT<br>"K"Line America, Inc. |

## 12.2 办理"征免税证明"

[第三步]办理特定减免税货物的备案审批手续,取得"征免税证明"。

电阻点焊机属于特定减免税货物,需要事先办理备案审批手续。

**1. 海关现场备案申请**

首先到海关现场进行减免税货物备案申请,提交资料如下:

(1)进出口货物减免税备案申请表(表7-1)。

(2)产品情况介绍。

(3)进出口合同、发票、装箱单及货物的相关情况资料。

**2. 单一窗口录入**

海关对纸质备案申请进行确认后,在中国国际贸易单一窗口→"货物申报"→"减免税"→"减免税申请"界面录入电子数据,提交合同、发票、装箱单、产品情况说明等资料,等待海关确认。

**3. 减免税审批**

减免税备案后,货物申报进境前,持进出口货物征免税申请表(备案申请后系统自动生成,打印即可,见表12-1)等资料向主管海关申请办理进口货物减免税审批手续,取得"征免税证明"。

表 12-1　　　　　　　　进出口货物征免税申请表

| 企业代码 | | | 企业名称 | | | |
|---|---|---|---|---|---|---|
| 审批依据 | | 进(出)口标志 | | 征免性质代码 | | |
| 项目统一编号 | | 产业政策审批条目/代码 | | | | |
| 审批部门代码 | | 许可证号 | | 合同号 | | |
| 经营单位/代码 | | | 成交方式 | | | |
| 项目性质 | | | 进(出)口岸 | | | |
| 货物是否已向海关申报进口 | | | 有效日期 | | | |

| 序号 | 商品编码 | 商品名称 | 规格型号 | 法定数量 | 法定计量单位 | 申报数量 | 申报计量单位 | 金额 | 币制 | 原产地 |
|---|---|---|---|---|---|---|---|---|---|---|
| 1 | | | | | | | | | | |
| 2 | | | | | | | | | | |
| 3 | | | | | | | | | | |
| 4 | | | | | | | | | | |
| 5 | | | | | | | | | | |

备注:

减免税申请人签章　　　　　　　　　　联系人:
　　　　　　　　　　　　　　　　　　电话:
　　　　　　年　月　日

## 12.3 报关单的填制与单一窗口录入

[第四步]填制与复核进口货物报关单预录入凭单,报关单电子数据申报,查询报关状态。

按《中华人民共和国海关进出口货物报关单填制规范》填制报关单录入凭单,做到真实、准确、齐全、清楚;根据报关单录入凭单在单一窗口预录入报关单电子数据,上传随附单证,审核无误后确认提交,及时查询报关状态。

电阻点焊机上传的随附单证包括电子报关委托书、进出口合同、提货单、发票、装箱单、自动进口许可证、"征免税证明"等;退运进境的打孔机铁件上传的随附单证包括电子报关委托书、原出口货物报关单及出口退税联、退运协议、提货单、发票、装箱单等。

### 中华人民共和国海关进口货物报关单

| 预录入编号: | | 海关编号: | | |
|---|---|---|---|---|
| 境内收货人(91120116609658××××)<br>天津××文具有限公司 | 进境关别(0202)<br>新港海关 | 进口日期<br>20××1010 | 申报日期 | 备案号<br>Z×××××××××× |
| 境外发货人<br>ACCO Brands Corporation | 运输方式(2)<br>水路运输 | 运输工具名称及航次号<br>ROTTERDAM BRIDGE/226W | 提运单号<br>KKLUUS0681814 | 货物存放地点<br>天津经济技术开发区 |
| 消费使用单位(91120116609658××××)<br>天津××文具有限公司 | 监管方式(2225)<br>外资设备物品 | 征免性质(799)<br>自有资金 | 许可证号 | 启运港(USA255)<br>长滩(美国) |
| 合同协议号<br>XY20××0303 | 贸易国(地区)(USA)<br>美国 | 启运国(地区)(USA)<br>美国 | 经停港(USA255)<br>长滩(美国) | 入境口岸(120001)<br>天津 |
| 包装种类(23)<br>木制或竹藤等植物性材料制盒/箱 | 件数<br>16 | 毛重<br>16 000 | 净重<br>15 600 | 成交方式(1)<br>CIF | 运费 | 保费 | 杂费 |

| 随附单证及编号 |
|---|
| 随附单证2;合同;发票;装箱单;提/运单;自动进口许可证;代理报关委托协议(电子);企业提供的其他 |

| 标记唛码及备注 |
|---|
| 备注:无纸化报检;境外品牌(其他)/用途:用于……/功能:……/品牌:××× N/M 集装箱标箱数及号码:2;KKFU7044043;PRSU2208522 |

| 项号 | 商品编号 | 商品名称及规格型号 | 数量及单位 | 单价/总价/币制 | 原产国(地区) | 最终目的国(地区) | 境内目的地 | 征免 |
|---|---|---|---|---|---|---|---|---|
| 01 | 85152199.00 | 电阻点焊机<br>\|××\|××\|××\|×× | 8 台<br><br>8 套 | 17 100.000 0<br>136 800.00<br>美元 | 美国<br>(USA) | 中国<br>(CHN) | (12072/120116)<br>天津经济技术开发区/(5)<br>天津市滨海新区 | 随征免性质 |

| 特殊关系确认:否 | 价格影响确认:否 | 支付特许权使用费确认:否 | 自报自缴:否 | |
|---|---|---|---|---|
| 报关人员 报关人员证号0410××× | 电话 | 兹申明以上内容承担如实申报、依法纳税之法律责任 | | 海关批注及签章 |
| 申报单位(91120116609625××××) | | 泉眼通关服务有限公司 | 申报单位(签章) | |

# 中华人民共和国海关进口货物报关单

预录入编号：　　　　　　　海关编号：

| 境内收货人(91120116609658××××)<br>天津××文具有限公司 | 进境关别(0202)<br>新港海关 | 进口日期<br>20××1010 | 申报日期 | 备案号 |
|---|---|---|---|---|
| 境外发货人<br>ACCO Brands Corporation | 运输方式(2)<br>水路运输 | 运输工具名称及航次号<br>ROTTERDAM BRIDGE/226W | 提运单号<br>KKLUUS0681814 | 货物存放地点<br>天津经济技术开发区 |
| 消费使用单位(91120116609658××××)<br>天津××文具有限公司 | 监管方式(4561)<br>退运货物 | 征免性质(299)<br>其他法定 | 许可证号 | 启运港(USA255)<br>长滩(美国) |
| 合同协议号<br>HUY20200036 | 贸易国(地区)(USA)<br>美国 | 启运国(地区)(USA)<br>美国 | 经停港(USA255)<br>长滩(美国) | 入境口岸(120001)<br>天津 |
| 包装种类(99)<br>其他包装 | 件数<br>2 | 毛重<br>1 600 | 净重<br>1 500 | 成交方式(1)<br>CIF | 运费 | 保费 | 杂费 |

随附单证及编号
随附单证2；退运协议；发票；装箱单；提/运单；出口退税联；代理报关委托协议(电子)

标记唛码及备注
备注；关联报关单号：020220××0546636188 N/M 集装箱标箱数及号码：1；PRSU2208522

| 项号 | 商品编号 | 商品名称及规格型号 | 数量及单位 | 单价/总价/币制 | 原产国(地区) | 最终目的国(地区) | 境内目的地 | 征免 |
|---|---|---|---|---|---|---|---|---|
| 01 | 84729021.00 | 打孔机铁件<br>\|××\|××\|××\|×× | 40 400 套<br><br>40 400 台 | 0.150 0<br>6 060<br>美元 | 中国<br>(CHN) | 中国<br>(CHN) | (12072/120116)<br>天津经济技术开发区/(1)<br>天津市滨海新区 | 全免 |

特殊关系确认：否　　价格影响确认：否　　支付特许权使用费确认：否　　自报自缴：否

报关人员　　报关人员证号 0410×××　　电话　　兹申明对以上内容承担如实申报、依法纳税之法律责任　　海关批注及签章

申报单位(91120116609625××××)　　泉眼通关服务有限公司　　申报单位(签章)

## 12.4 现场作业及缮后

[第五步] 配合海关现场查验。

(1) 如单一窗口报关状态为"查验通知",则需配合海关查验。

①主动与海关查验部门取得联系,按约定时间抵达现场。

②联系相关集装箱堆场单位,准备待查货物。

③应尽量了解查验货物的相关信息并提前准备好进口货物报关的相关资料。

④提前告知查验禁忌,如实回答海关提问,提供相关资料,并按照海关要求做相关协助工作。

⑤应注意人身安全和货物安全,及时把查验进度报告公司,并做好当天工作记录。

⑥配合场地管理方做好取样登记、施加封条等工作,不能擅自开启海关关封。

⑦根据实际情况在海关查验记录单上签名确认,如发生临时费用,如搬运、送检等费用,应及时报告公司,并与委托方确认。

(2) 若未收到海关查验通知单,则可以进行下一步的工作。

[第六步] 海关现场放行后提货。

常娅获取电子放行指令后,通知天津××文具有限公司提取货物。

[第七步] 申请签发进口付汇证明联,与客户交接单据,结算相关费用,文件资料归档留存。

如客户需要进口付汇证明联,则可向海关申请,打印后加盖本公司报关专用章,送达委托方并做好签收记录。同时,打印结算单据,要求客户确认并交付相关费用;将此笔委托相关的文件资料归档留存。

**操作技能** >>>

【项目】报关单填制

20××年5月,天津富士家具有限公司(9112201123×××6358)从美国同一客户处进口两批货物。一批为红橡木皮,用于加工家具出口,手册编号:C42185100156(列手册第4项);另一批为樱桃木皮,用于加工家具后在国内销售。运载两批货物的同一运输工具于5月8日申报进境,并且委托天津大华物流有限公司(9112205896×××3669)办理报关手续。(濒危物种允许进口证明书编号:20××CNIC1004PH;运费:4 800美元,保费:60美元;法定计量单位:千克)。

*微课:报关单的逻辑审核*

资料一：

## WASHINGTON INTERNATIONAL TRADE CO.,LTD.
## 8021 SOUTH 210TH STREET, KENT, WASHINGTON 98032, USA
## COMMERCIAL INVOICE

| Sold to Customer: TIANJIN FUJI FURNITURE CO., LTD.<br>Vessel: NORTHERN V.127N | Invoice No.: VIT 1024 |
|---|---|
| | PAY Terms: T/T |
| | Contract No.: IO6-145 |
| | Country of Origin: USA |

| From: LOS ANGELES, USA | TO: TIANJIN, CHINA | VIA: OSAKA, JAPAN BY MARE DRICUM 0332W |
|---|---|---|

| ITEM | DESCRIPTION OF GOODS | QUANTITY | UNIT PRICE | AMOUNT |
|---|---|---|---|---|
| 01 | Red Oak Veneer<br>Length>8 feet Width>4 inch<br>Thickness 0.6 mm | 14.5 m³ | FOB LOS ANGELES<br>USD1 630.00 | 23 635.00 |
| 02 | Cherry Veneer<br>Length>8 feet Width>4 inch<br>Thickness 0.6 mm | 14.8 m³ | USD2 480.00 | 36 704.00 |
| | TOTAL: 29.3 m³ | | | USD60 339.00 |

Signed by
WASHINGTON INTERNATIONAL TRADE CO.,LTD.
×××

资料二：

## WASHINGTON INTERNATIONAL TRADE CO.,LTD.
## 8021 SOUTH 210TH STREET, KENT, WASHINGTON 98032, USA
## PACKING LIST

| Sold to Customer: TIANJIN FUJI FURNITURE CO., LTD.<br>Vessel: NORTHERN V.127N | Invoice No.: VIT 1024 |
|---|---|
| | PAY Terms: T/T |
| | Contract No.: IO6-145 |
| | Country of Origin: USA |

| From: LOS ANGELES, USA | TO: TIANJIN, CHINA | VIA: OSAKA, JAPAN BY MARE DRICUM 0332W |
|---|---|---|

| MARKS AND NOS | DESCRIPTION OF GOODS | QUANTITY | N. WEIGHT(KG) | G. WEIGHT(KG) |
|---|---|---|---|---|
| N/M | Red Oak Veneer<br>Packed in 16 pallets<br>Cherry Veneer<br>Packed in 14 pallets<br>2×20' Container to Contain 30 Pallets | 14.5 m³<br><br>14.8 m³ | 13 820.00<br><br>13 740.00 | 14 760.00<br><br>14 580.00 |
| | TOTAL: | 29.3 m³ | 27 560.00 | 29 340.00 |

Signed by
WASHINGTON INTERNATIONAL TRADE CO.,LTD.
×××

资料三：

| Shipper(Name and Full Address)<br>WASHINGTON INTERNATIONAL TRADE CO.,LTD.<br>8021 SOUTH 210TH STREET, KENT, WASHINGTON 98032, USA<br>TEL(253) 486-8790 FAX(253) 486-8798 ||| |
|---|---|---|---|
| Consignee<br>TIANJIN FUJI FURNITURE CO., LTD.<br>112 XINHUA ROAD, ECONOMY TECHNOLOGY DEVELOPMENT ZONE, QINGDAO, CHINA ||| B/L No. LAXSHP543105 **ORIGINAL** |
| Notify Party<br>SAME AS CONSIGNEE ||| **EXPEDITORS INTERNATIONAL OCEAN** |
| Pre-Carriage by || Place of Receipt<br>LOS ANGELES, USA | **BILL OF LADING** |
| Ocean Vessel Voy. No.<br>NOTRHERN V. 127N || Port of Loading<br>LOS ANGELES, USA | |
| Port of Discharge<br>OSAKA, JAPAN || Place of Delivery<br>TIANJIN, CHINA | |
| Container No.<br>Marks & Nos. | No. of Pkgs | Description of Goods and Packages | Gross Weight kgs | Measurement cbm |
| N/M<br>CCLU4230875 20H<br>TARE:2250<br>CCLU1141680 20H<br>TARE:2250 | 30 PLTS | RED OAK VENEER 14.5CBM,<br>16 PALLETS, 14 760.00KGS<br>CHERRY VENEER 14.8CBM,<br>14 PALLETS, 14580.00KGS<br>TOTAL 2×20′ CONTAINER<br>FREIGHT TO COLLECT | 29 340.00 kg | 29.3 m³ |
| TOTAL NUMBER OF CONTAINERS OR PACKAGES(IN WORDS):THIRTY PALLETS ONLY. |||||
| Freight & Charges | Revenue Tons | Rate | Per | Prepaid | Collect |
| Ex. Rate | Prepaid at | Payable at || Place and Date of Issue<br>LOS ANGELES, USA<br>April 8, 20×× ||
| | Total Prepaid | No. of Original B(s)/L<br>THREE(3) || Signed for the Carrier ||
| LADEN ON BOARD THE VESSEL<br>　　　BY:<br>(COSCO STANDARD FORM 07) |||||

# 中华人民共和国海关进口货物报关单

预录入编号：　　　　　　　　海关编号：

| 境内收货人 | 进境关别 | 进口日期 | 申报日期 | 备案号 |
|---|---|---|---|---|
| 境外发货人 | 运输方式 | 运输工具名称及航次号 | 提运单号 | 货物存放地点 |
| 消费使用单位 | 监管方式 | 征免性质 | 许可证号 | 启运港 |
| 合同协议号 | 贸易国（地区） | 启运国（地区） | 经停港 | 入境口岸 |
| 包装种类 | 件数 | 毛重 | 净重 | 成交方式 | 运费 | 保费 | 杂费 |

| 随附单证及编号 |
|---|
| 标记唛码及备注 |

| 项号 | 商品编号 | 商品名称及规格型号 | 数量及单位 | 单价/总价/币制 | 原产国（地区） | 最终目的国（地区） | 境内目的地 | 征免 |
|---|---|---|---|---|---|---|---|---|
| | | | | | | | | |

| 特殊关系确认： | 价格影响确认： | 支付特许权使用费确认： | 自报自缴： |
|---|---|---|---|
| 报关人员　报关人员证号　电话　兹申明对以上内容承担如实申报、依法纳税之法律责任 | | | 海关批注及签章 |
| 申报单位 | | 申报单位（签章） | |

# 中华人民共和国海关进口货物报关单

预录入编号：　　　　　　　　海关编号：

| 境内收货人 | 进境关别 | 进口日期 | 申报日期 | 备案号 |
|---|---|---|---|---|
| 境外发货人 | 运输方式 | 运输工具名称及航次号 | 提运单号 | 货物存放地点 |
| 消费使用单位 | 监管方式 | 征免性质 | 许可证号 | 启运港 |
| 合同协议号 | 贸易国(地区) | 启运国(地区) | 经停港 | 入境口岸 |
| 包装种类 | 件数　　毛重 | 净重　　成交方式 | 运费　　保费 | 杂费 |

随附单证及编号

标记唛码及备注

| 项号 | 商品编号 | 商品名称及规格型号 | 数量及单位 | 单价/总价/币制 | 原产国(地区) | 最终目的国(地区) | 境内目的地 | 征免 |
|---|---|---|---|---|---|---|---|---|
|  |  |  |  |  |  |  |  |  |

特殊关系确认：　　价格影响确认：　　支付特许权使用费确认：　　自报自缴：

| 报关人员　报关人员证号　电话　兹申明对以上内容承担如实申报、依法纳税之法律责任 | 海关批注及签章 |
|---|---|
| 申报单位　　　　　　　　　　　　　　申报单位(签章) |  |

# 参 考 文 献

[1] 报关职业能力训练及水平测试系列教材编委会.报关基础知识(2016年版).北京：中国海关出版社,2016

[2] 报关职业能力训练及水平测试系列教材编委会.报关业务技能(2016年版).北京：中国海关出版社,2016

[3] "关务通·电子口岸系列"编委会.电子口岸实务精讲.北京：中国海关出版社,2015

[4] 《中国海关报关实用手册》编写组.中国海关报关实用手册.北京：中国海关出版社,2020

[5] 海关总署关税征管司.中华人民共和国海关进出口商品规范申报目录.北京：中国海关出版社,2018

[6] "关务通·加贸系列"编委会.加工贸易典型案例启示录.北京：中国海关出版社,2014

[7] 倪淑如,倪波.海关报关实务.北京：中国海关出版社,2016

[8] 汪海青.报关实务.2版.北京：对外经贸大学出版社,2016

[9] 李富,华阳.报关业务基础与技巧.南京：南京大学出版社,2016

[10] 王云.e时代报关实务.北京：中国海关出版社,2016

[11] 武晋军,唐俏.报关实务.3版.北京：电子工业出版社,2016